U0710954

QUALITY IN EARLY CHILDHOOD SERVICES:

AN INTERNATIONAL
PERSPECTIVE

早期教育质量：国际视角

[英] 海伦·佩恩（Helen Penn） 著

潘月娟 杨晓丽 宋贝朵 译

教育科学出版社

·北京·

译者序

　　国内外诸多研究证实，高质量的学前教育不仅能够促进儿童的学习与发展，而且能够有效改善家庭、社区功能，对维护社会稳定、促进社会公平具有重要贡献。学前教育事业发展的最终目标应是确保所有儿童都有机会接受高质量的学前教育。近30年来，越来越多的国家和地区日益重视学前教育质量的提升，在加大对学前教育的财政投入的同时，通过立法、颁布标准、成立专门质量监督机构等途径，加强政府对学前教育质量的评价与监控，推动学前教育质量的改善。

　　质量是我国学前教育政策与实践发展的永恒主题。自2010年7月《国家中长期教育改革和发展规划纲要（2010—2020年）》颁布以来，如何保障和提升学前教育质量获得前所未有的高度关注。为了提高质量，我国各级政府出台了一系列学前教育政策。2010年11月，《国务院关于当前发展学前教育的若干意见》明确要求："严格执行幼儿园准入制度。各地根据国家基本标准和社会对幼儿保教的不同需求，制定各种类型幼儿园的办园标准，实行分类管理、分类指导。县级教育行政部门负责审批各类幼儿园，建立幼儿园信息管理系统，对幼儿园实行动态监管。完善和落实幼儿园年检制度。"2012年2月，教育部印发并开始施行《学前教育督导评估暂行办法》。2017年1月，国务院印发《国家教育事业发展"十三五"规划》，再次强调学前教育事业发展的重要目标之一是"提高幼儿园保育教育质量"。这些政策的制定和实施为提升学前教育质量提供了制度保障，也提出了新的问题。在中国背景下，如何界定质量，如何构建科学合理、国际可比的学前教育质量标准体系，如何公正、有效地评价学前教育质量，如何可行、有效地保障和提升学前教育质量等，都是亟待深入探讨的关键问题。

如何界定质量是学前教育质量及其评价与改善研究所无法回避但又尚未形成定论的一个问题。我国学者多从关系范畴来界定质量，强调质量是客体属性对主体需要的满足程度。究其根本，学前教育质量反映的是处于特定情境中的社会和个体对儿童及其所接受教育的期望。因此，学前教育质量的界定必然受到情境的影响和价值取向的指引。情境是个人的、社会的、文化的、历史的、经济的及政治的因素和情况等的综合体。所处情境不同，价值取向和利益诉求自然有异，对儿童发展和学前教育的期望也就有所差别。因此，我们不应超越所处的历史时期和社会文化背景抽象地讨论学前教育质量，而应考虑以哪些主体的价值取向为尺度，保护哪些主体的利益与需求等。只有在特定的情境中探讨某种形态的学前教育到底能够满足哪些主体的什么需求才具有意义。

学前教育质量的保障和提升是学前教育政策、实践与研究关注的另一重大课题。高质量的学前教育从来不是无需成本投入的服务，也一直不是仅凭托幼机构甚至整个学前教育系统能够解决的问题。一个社会的经济发展水平以及政治和文化传统都会影响学前教育事业的发展以及学前教育质量的保障与提升。在以市场为主体或以政府为主体来提供学前教育的不同国家，政府、市场、托幼机构、家庭的地位及其之间的关系存在着质的差异。当托幼机构的资源主要来源于市场时，托幼机构与政府之间不存在资源依赖关系，政府对托幼机构质量难以施加较强的控制，托幼机构质量水平主要依赖于市场竞争的自主调节，质量差距就会很大。在我国当前发展阶段，必须动用行政机制、市场机制、志愿机制等多种机制来扩大学前教育资源，采用公办和民办并举的方式来发展学前教育。在这个过程中，必须确保公办托幼机构占有合适比例，并向非公办性质托幼机构提供资源支持，否则政府就难以对市场进行有效监管从而确保学前教育质量。因此，在探讨如何提供高质量的学前教育、如何保障和提升学前教育质量时，我们必须采用生态学的观点，将学前教育置于一个宏观的、系统的社会结构体系之中来思考。

学前教育质量评价与监测是控制和提升学前教育质量的有力手段。建立完善的法律制度框架和完备的标准体系，面向托幼机构全面开展学前教育质量评价与监测，已成为越来越多国家学前教育发展的重要趋势。但是，在探讨学前教育质量评价与监测时，我们更多从教育学和心理学的视域来分析价值与技术的问题，更多关注如何界定学前教育质量的要素与标准，采用何种方法能有效可靠地揭示学前教育质量水平等，忽略了学前教育质量评价与监测作为一种外在的制度与托幼机构作为组织之间的互动关系，如学前教育质量评价与监测制度在怎样的条件下对什么样的托幼机构产生影响，托幼机构如何回应学前教育质量评价等，因而难以解释为什么同样结构设计的学前教育质量评价制度在不同情境下的实施过程和效果不同，同样的学前教育质量评价制度对不同托幼机构的质量控制与提升作用不同等。因此，有关学前教育质量评价与监测的研究需要突破教育学和心理学的理论视域，从组织与制度的视角分析学前教育质量评价制度与托幼机构的互动。

以上有关学前教育质量的界定、保障和测量的问题，本书都有涉及。作者结合自己在国际组织开展跨国学前教育研究项目的经验，运用翔实的案例资料，从国际比较的视角探讨了学前教育政策与实践的理论基础，考察了儿童照料市场、课程、培训等对学前教育质量的影响等。本书视角独特、内容丰富，对于我们思考在我国现阶段如何界定、测量和保障学前教育质量具有重要的启示。

目　录

第九章

教室之内

第十章

输出质量

第十一章

测量质量

第十二章

质量链

图次和表次

致　谢

特别感谢东伦敦大学的同事伊娃·劳埃德（Eva Lloyd）和琼·默里（Jean Murray）对我写作的大力支持。谢谢你们容忍我的缺席和低效。感谢澳大利亚、加拿大、南非的朋友以及近期开展的欧盟项目中的同事，尤其是约翰·本尼特（John Bennett）和马尔塔·科林图什（Marta Korintus）。实际上，在写作过程中，我从很多同事和朋友那里获得启发，不一一列举姓名，在这里一并表示感谢。这本书几经修改，开放大学出版社的斯特凡妮·弗罗施（Stephanie Frosch）和菲奥娜·里奇曼（Fiona Richman）始终耐心等待，积极支持。最后，感谢我的合作伙伴汤姆·斯诺（Tom Snow）。他思如泉涌，总是有各种新颖想法。

前　言

　　在我开始写作这本书时，4 岁的小孙女与我们住在一起。每天清晨，我与她一起步行穿过公园去上幼儿园。一路上她像小鸟一样叽叽喳喳说个不停。她会说起在幼儿园学习的儿歌和故事，也会兴致勃勃地描述公园里见到的一切，如哪些树在冬天仍有叶子，鸭和鹅在池塘里做什么，咖啡馆里的圣诞树在闪闪发光，知更鸟在啾唧或者鹡鸰在飞舞等。她会与我讨论公园入口处的地图，找到我们要去的地方。她混合想象与事实。她坚持说与她妈妈在公园散步时在灌木丛中看到了两只绿色的珍珠鸡。看到大斑点狗，她想起最喜欢的林利·多德（Lynley Dodd）的一本睡前故事书中的大斑点狗博顿利·波茨（Bottomly Potts）。天气变化困扰着她，因为她来自一个很少有冷天气的国家。她会问：“在草地上能留下脚印吗？”（此时我会说“你自己试试看”）“你能在结冰的池塘上面走吗？”（我会提醒她永远不要那么做）“我的手戴着手套还是凉的。”（“你需要一件厚外套，我们会去给你买一件”）她会回忆我们过去在公园里的见闻，并憧憬下一次散步。她是我的笑话和见闻的忠实听众。而且让人吃惊的是，她能记住我给她讲的大部分内容。

　　在一次会议上，我受邀谈倾听儿童的话题。我说，从我作为一个祖母的角度来看，不可能不去倾听儿童。我可能有时无法理解我孙女的一些话，但是不可能不对她描述的所见所闻做出回应，不可能不为她广泛的兴趣所触动。我也不可能忽视她的问题，因为她通常会不厌其烦地追问，直到她得到满意的答案。

　　儿童与其母亲或其他家人的大部分对话都源于这样的日常活动，具有强烈的情境性。有关育儿尤其是母亲的研究发现，与教师所遵循的照料原则不同，母亲关注的是儿童的物质需要和情感需要。母亲对子女的认识及与子女的关系不是科学的、一般化的，而是与特定事件相关的、主观的、连续的——会随着时间和情境而发生变化，并具有很强的互惠性。母亲（或祖母）与孩子们共处一室，共同度过美好时光。他们相处的时间是可以根据需要灵活调整的。但是，教师等专业人员所持的儿童观念是抽象的、标准化的，与具体情境无关。专业人员尽力减少与儿童有过多的私人情感联系，会理性地判断对于自己和儿童，怎样的行为才是适宜的。他们在与儿童的相处过程中受到时间、空间和情感的限制。他们不会受快乐、愤怒等情绪的左右。他们会限制对儿童的身体照料（几乎所有国家的幼儿园教育都是在儿童两岁多可以控制自己大小便时正式开始）。他们非常专业，但与儿童保持着一定的情感距离。在一项经典研究中，芭芭拉·蒂泽德（Barbara Tizard）用录像记录、比较了 3 岁女孩在家与母亲的对话以及她们在幼儿园中的对话。她发现不管儿童的家庭背景如何，即无论是工人阶级家庭还是中产阶级家庭，不管对话数量多少，儿童在家庭中的对话要比在幼儿园中的更为丰富、扩展，涉及的事件更广泛，也表现出更多的逻辑思维和有序思维。① 虽然本书仍然积极地强调幼儿园教育是家庭教育的补充，能够为儿童提供新的经验，但是我必须指出，机构中的教师不可能像母亲或其他亲密照料者那样结合情境对儿童做出反应。

我把我与孙女的对话及话题的熟悉度和连续性视为理所当然，社会科学家也把成人与儿童的关系视为正当合理的研究领域。这可能没有考虑到世界上大部分儿童和家庭的事实。北半球国家普遍认为亲子间高强度的情感和言语交流是儿童养育中的关键要素，但是在南半球国家的许多家庭中，事实可能并非如此，各要素的重要性也不一样。人类学家罗伯特·莱文（Robert LeVine）指出，与许多非洲幼小儿童的经历相比，我们对儿童的重视已经使

---

① Tizard, B. (1984) *Young Children Learning：Talking and Thinking at Home and at School.* London：Fontana.

得他们过分强调自我。① 我与孙女在公园中的对话仅仅是特定时间与空间的产物而非一种普遍现象，这多少有点让人想不通，因为我的做法似乎是那么自然、本能并且对我们双方都有好处。事实上，换一种角度来审视我们在公园里的行为和对话并不是否认我所认为正确的事。但是，这的确表明，了解世界上不同国家和文化背景，思考各种有关儿童期的观念的异同，将有助于扩展和丰富我们对儿童的理解与认识。

本书探讨了人们所认为的怎样的儿童与教育是自然的、正常的，如何将这种观念在不同的地方和情境中制度化。它分析了一些有关儿童的观念和实践，探讨了优秀教育实践的观念从何而来，谁将这种观念付诸实践，如何评价实践者的工作，等等。有关质量的问题回答的是我们如何创造最好的环境来抚养儿童，因此，我在书中主要讨论质量观念如何形成以及如何适应不同的情境和广泛的社会背景。在写作过程中，我坚信，即使某种质量观念和实践大大不同于我带孙女去幼儿园的日常经验，社会背景仍然是决定性的。幼儿园教育不可能脱离社会背景而存在。

任何早期教育工作者都不可能愿意承认自己所做的是低质量的。但是，有越来越多的儿童在某种社会机构度过他们一天的大部分时间，他们在这些机构中是相对无助的。假设一个局外人——到访的专家、家长、研究者或者一个邻居——认为一所幼儿园的教育实践是低质量的，接下来会发生什么呢？谁对此负责并如何负责？如果存在一致认可的质量标准，幼儿园、日托中心了解怎样的实践是可接受的，这能否帮助它们提升质量？或者这种质量标准——尤其是当这种标准是非常基础性的，仅仅是防止最恶劣实践的发生——是否会抑制实践水平？是否存在其他照料和教育儿童的方式？作为一位母亲、祖母、管理者和研究者，我必须提出所有这些问题。

但是，这些问题的答案却难以寻觅。鉴于我是一位早期教育专业的教授，我必须再次思考质量概念，探讨它是如何被界定、测量、实施和强化的。我

---

① LeVine，R.（2003）*Childhood Socialization：Comparative Studies of Parenting，Learning and Educational Change*. Hong Kong：Comparative Education Research Centre.

曾在不同时期和场合探讨过质量问题，研究不同国家实施的质量框架，为国际对话和讨论提供自己的思考。我曾受邀在如哈萨克斯坦和南非这样如此遥远且不同的国家的会议上分析质量问题。我曾在连大部分基本质量标准都无法达到的资源贫乏国家和让我感觉自己就是穷人的富有国家工作过。我对有关质量的看法也在不断改变（变老带来的优势）。这条理论研究之路如此老套，让我可能过于乐观地自认为能够为深化质量的认识做些贡献。

即使无数著作、宣传手册和政府文件大量讨论了质量主题，即使"质量"一词已变成"别烦，我们已经做得很好了"的缩略语，即使质量保障仅仅是保障而无关乎质量，即使质量已成为街谈巷议的话题，我也要强调，质量概念仍需要重新思考和探讨。

正如社会科学理论常常做的，质量理论为我们提供了另一番图景。简单地说，一种观点认为质量是必要的并且需要界定，界定质量是基于经验识别相关变量的实证研究过程。与此相反，一种观点认为质量是毫无意义的概念，因为人们的观念具有相对性，而且因条件而异。另有一种观点强调宏观解释（政策和理念）和微观解释（在去幼儿园的路上及在幼儿园里发生了什么）两者都重要。我尝试整合这些不同的理论逻辑。

虽然我试图从不同视角来分析质量，但仍感觉像是在进行不同观点的汇总。阅读爱好者与酗酒者有着相似之处，我就是一名阅读爱好者。我的阅读涉猎广泛，可能我感兴趣的一些领域与早期教育没有直接联系，但可能有些观点和比喻对我有所启发，我也会尝试运用它们。我征得出版者的同意，已在注释中注明。这比在文末列文献更易于理解，又不会像在文中加出版日期那样显得唐突。

我希望能为读者提供国际视野下的质量观念，分析某种质量观念如何变得有影响，某种实践如何渗透和延续以及质量观念和实践如何在国际上传播。显而易见的是，虽然本书深刻剖析了质量观念和实践，但本书没有也不可能提供一个周全的、简便易行的质量手册。期待那样一个手册无异于寻找一文不值的黄铁矿。

第一章
简　介

美国社会生物学家萨拉·希尔迪（Sarah Hrdy）对"幼儿园"这一现象做了如下描述。

> 公共幼儿园每天把婴儿如蝙蝠一样聚集在一起，由收费的异亲（替代父母的人）照看几个小时。这些人不是亲人，但被期望像亲人一样对待婴儿。这是一种革命性的、新奇的产物，但纯粹是一种实验。①

质量

本书关注的是早期教育的一个特殊方面，即为儿童提供保育和教育的社会实践。在提供这种服务时，必须考虑基于怎样的理论基础来论证和判断其合理性。质量在这些情境中到底意味着什么，谁可以做出判断？正如希尔迪生动形象地描述的，幼儿园提供了一种相对较新的儿童养育方式。比利时和法国等一些国家早在 100 年前就已经建立相对系统、完善的面向 3—5 岁儿童

---

① Hrdy，S. B.（1999）*Mother Nature：Maternal Instincts and How They Shape the Human Species*. New York：Ballantine，p. 506.

的全日制早期教育。面向更年幼的 3 岁以下儿童的日托中心，还是比较新的事物，也存在很多争议。直到近 25—50 年，幼儿园和日托中心才开始在大部分国家快速发展和广泛应用，但也有一些国家尚未建立早期教育系统。

在第二章和第三章，我分析了早期教育发展所依赖的政策基础，这些政策基础有的有交叉，有的相互独立。目前主要有两种政策基础：一种强调妇女/家长需要协调家庭与工作关系，儿童照料服务是支持妇女参加工作的必要社会支持；一种强调早期教育干预是后续学习、学校教育的重要基础。这两种政策取向有时并行共用，有时相互独立，甚至相互矛盾。当然还有其他不同类型的政策基础，后面我会继续讨论。

这些政策都有其历史背景。事实上，所有国家的早期教育政策都有一段历史，政策的变迁反映了更广泛的社会问题和社会矛盾，虽然这些问题和矛盾可能与早期教育毫无关系。这些历史背景可能已被遗忘，但从未消失，它们始终在影响着当前的教育实践。这就是所谓的路径依赖（path dependency）或政策黏性（policy stickiness）。现有研究与理论通常由相对短期的政策观点主导，但几乎所有的政策依据都深深根植于过去。政策依据非常重要，因为它们决定了质量的讨论内容。政府有意或无意地设定了质量框架。即使是儿童在幼儿园中的学习与发展，最终也会受到成人与儿童的人际关系的影响。

我在第四章、第五章和第六章讨论了质量系统。每个国家的早期教育和保育服务都涵盖了多种类型，存在较大差异：有的由国家提供并管理，有的则由地方进行管理，举办主体不同，财政支持方式也各有不同；有的侧重教育，有的则侧重保育；有的重在培训从业人员，有的则更重视社会环境。

一些国际组织，如经济合作与发展组织（Organization for Economic Cooperation and Development，OECD）、联合国儿童基金会（United Nations International Children's Emergency Fund，Unicef）、联合国教科文组织（United Nations Educational，Scientific，and Cultural Organization，Unesco）和欧盟（European Union，EU）认为早期教育的连贯性和广泛性决定了质量。联合国儿童基金会给出了 10 个质量指标，其中的一些指标，如贫困水平或儿童健康，与早期教育没有直接关联，但会影响早期教育服务的有效性。若儿童经历了严重贫困或不公平，早期教育就需要做出极大努力来抵消这种不利处境所带来的消极影响。第四章将重点讨论这些国际组织有关质量的研究。

第五章将讨论市场的作用以及对市场的管控。早期教育发展过程中出现的一个新问题就是营利性私立机构的增长。在美国，儿童照料领域始终依靠私立市场。其他发达国家则不尽相同。英国的早期教育发生了根本性转变，过去主要由政府资助和提供，现在私立市场快速增长。小企业或大公司经营的营利性机构带来了不容忽视的质量问题。对质量的理解越来越多地与市场选择和经济价值联系在一起。书中分析了市场的发展如何改变人们对早期教育服务的看法，进而重述质量观念。师生比、课程、师资和教室空间等都应符合质量标准，但是对于营利性私立教育机构的经营者而言，利润的积累远远比儿童的学习或家长的福利更重要。

第六章主要讨论课程与培训问题，分析其国际差异。人们对儿童应该学习什么以及如何学习莫衷一是。在早期教育领域，不同国家乃至一个国家内部，教师培训缺乏一致性和连续性，甚至缺乏强制性要求。许多研究发现，教师培训水平，无论是初始培训还是在职培训，都是确保提供高质量教育的最重要因素。我在这一章回顾了不同国家对培训的界定和要求。性别是一个关键问题。我还分析了传统的性别观念及其与儿童照料之间的关系。

在探讨了一般问题之后，我分析了不同项目和实践层面的质量问题。政府资助并有系统组织和管理的项目质量差异不大，较少存在低质量实践。当然任何系统都存在优秀和低劣的实践。那么高质量和低质量的项目之间到底有什么不同呢？

第七章探讨了为成人和儿童设计的环境。我认为，空间与设计是质量研究中被严重忽略的内容，部分因为英国和其他一些国家并不重视儿童的身体运动和审美感受，没有将之作为儿童身心健康的重要组成部分以及学习与发展的重要基础。我认为空间对儿童和成人都很重要。空间组织是早期教育与保育中的基础问题。

第八章分析了工作实践。研究表明，由工作人员参与并决策的合作管理（可能目前早期教育实践中还较少有类似做法）要比科层管理更有利于质量提升。领导力和良好的资源管理在任何领域都很重要，早期教育领域的大量研究也证实了这一点，那所有权和参与是否同等重要呢？我回顾了已有研究并对管理和领导力提出了一些建议。

第九章讨论了教师与儿童个体的关系以及教师鼓励儿童学习的方式。教师与儿童个体的关系无比重要——虽然不同文化对其价值有不同看法。正如布鲁纳（Bruner）所言："儿童养育不仅是文化实践，还充分反映了本土文化有关世界应是怎样的以及儿童为在此世界中生活应做何准备的观念。"①

家庭关系所具有的亲密性、连续性和情境性特征以及所汲取的文化理解是其他任何机构教育所无法比拟、复制的。在机构教育中，成人和儿童的交往不以亲属关系为基础。因此，萨拉·希尔迪强调机构教育具有相互不熟悉和陌生的特征。人们认为早期教育机构中的成人可以很容易地做出他们应该做出的行为，但实际上这是不可能的。许多早期教育工作人员仅获得了基本的职业训练，尤其是那些照料3岁以下儿童的成人，说教式培训并不能帮助他们很好地应对抽象观念和挑战性问题。一些实践理论，尤其是被称为"后现代"的理论正在改变教师培训。

对于年龄稍大的儿童，讨论的重点转向学习以及早期教育工作者（或者教师）如何鼓励儿童的学习。一些早期教育工作者拥有激发儿童的天赋，能吸引不同儿童的注意力。我印象最深刻的是一位教师带领很大的班级（50个左右的儿童）开展的活动。她让小朋友传看一个洋葱，一起讨论洋葱的口感、气味、质感和烹饪方法。虽然儿童人数过多并且礼堂这种环境很不适宜，她也能想法吸引他们的注意力。当知识被理解为需要传递的事物——或者在条件艰苦的环境中——教学就被珍视为效率（valued as performance）。在这种情况下，一位好的教师就像一个变戏法的魔术师，必须储备大量活动并且经常更新和完善活动。但是，当知识被看作是参与的、建构的，那优秀教师需要其他的或额外的技能。首先，教师必须善于发现有意义的主题、项目和资

---

① Bruner, J. (2000) 'Foreword.' In J. DeLoache and A. Gottlieb (eds) *A World of Babies*: *Imagined Childcare Guides for Seven Societies*. Cambridge：Cambridge University Press, p. xi.

源。其次，教师必须善于与儿童建立良好的关系，能够倾听儿童，鼓励儿童表达并扩展儿童的理解。

儿童的学习是一种客观现象，但也依赖于成人的解释。早期教育工作者学的是源于儿童发展研究的"标准化"的儿童。但是，在具体多样的现实中，儿童有着不同的背景，会表现出各种行为，因此这种主要来自英美白人儿童观的标准是不足以解释和应对真实实践的。学会应对种族、阶层、语言和健康的多样性对于实践工作者是一个莫大的挑战。有关质量的讨论必须要考虑多样性。这些问题在较贫穷国家尤显重要，因为这些国家能够提供给儿童的资源非常有限。第十章将分析贫穷国家如何建设自己的早期教育和保育体系及富裕国家对其的影响。

任何有关质量的讨论都必然涉及分析、测量和问责的问题。目前有许多标准化的早期教育质量测量工具，这些工具大多针对不同的项目和实践，本书会讨论部分工具的使用。正如我前面所指出的，质量测量是一个复杂的问题。质量意味着儿童得到了很好的照料和教育，我们将我们能够做的尽力做到了最好。事实上，质量是一个多层次的概念，反映了人们对儿童及其教育的理解和认识。

在经济合作与发展组织、欧盟和联合国儿童基金会等国际组织进行的国际比较中，质量测量包括一个国家为保障质量所采取的措施和框架——法律框架、实践准则、培训要求和志愿服务等，或者它会涉及早期教育的可获得性、可持续性以及工作人员的工作条件或技能要求等。

在机构层面，质量测量包括服务的提供者和享用者在教育过程中的参与程度，或建议、申诉和补偿程序，或参与式评估的机制和过程。它可能只侧重儿童结果，或机构服务对母亲就业的贡献，或者也可能尝试测量儿童的身心健康水平。在某次会议上，一位早期教育咨询师强调她的质量标准是："儿童快乐吗？"这是一个有意义的指标，非常具有创造性，但并不能全面反映质量。早期教育的其他方面也不容忽视。

不同国家之间乃至国家内部的质量观念和侧重点有较大差异。标准化测量无疑是比较的工具，是系统了解质量现状的有效举措。但是，这种工具只适用于测量其预设能够测量的。米尺哪怕精确到毫米也不能测量收音机的音量大小。使用类似《幼儿环境评量表》（the Early Childhood Environmental Rating Scale）的工具就无法揭示早期教育和保育系统的组织状况或其政治效果。超越工具所能测量的内容进行推断是非常可怕的。

虽然使用标准化测量工具能够有效地揭示不同早期教育实践的差异，但是若要改变实践，它们能够提供的信息就相对有限。政策与研究的关系的核心在于研究能够为政策制定做出多少贡献，政策在多大程度上基于证据来制定。另一方面，人们越来越认可和重视由纳税人、家长甚至是直接经历和体验早期教育服务的儿童进行问责的必要性。到底有多必要让家长和儿童表达他们对早期教育服务的看法？如何落实？虽然测量是本书贯穿始终的主题，但第十一章会重点讨论。

第十二章将对所有讨论做出总结。如萨拉·希尔迪所指出的，早期教育还处于实验之中。我们进行了很多创新性探索，但是萨拉·希尔迪提出了一个问题：机构教育是"非自然的""反本能的"，尤其是在对什么是优秀早期教育的理解众说纷纭的情况下，如何理解机构教育的质量？因此，我建议，可能把质量当作一个动词而非名词更合适。质量是寻求改善的过程，是家长之外的其他人努力为儿童提供最好的保育与教育。其相关主题、策略和方法仍需要更多研究和思考。

国际视角

本书采用国际视野审视早期教育质量。这一方面是因为不同国家的早期教育和保育存在诸多共性与差异，而对这些共性与差异的探讨将深化和丰富我们对质量的理解与讨论，另一方面，从不同历史和地理的视角来分析问题有助于我们克服狭隘的地方主义。质量是相对的，不存在放之四海而皆准的公式，只能根据具体情境做出相应的调整。

我认为不能无视历史与地理的影响，因为它们一方面能拓宽我们的视野，另一方面可以帮助我们摒弃地方主义——这是讨论质量问题的最大障碍。我之所以强调这一点源于我在经济合作与发展组织、欧盟等国际组织的工作经历。最近我在参与欧盟一个比较欧洲国家早期教育服务、管理和质量的项目。我为自己水平不够感到不好意思，但我的确非常感激能有很多宝贵的机会到访不同国家和地区，探讨质量问题。

加拿大、澳大利亚和新西兰等国家大胆抛弃传统做法，反思英国自由主义传统的政治和政策困境，在早期教育领域进行了许多革新尝试，为我们讨论质量问题提供了有益经验。

我在国际组织的工作也让我得以来到非洲和亚洲等截然不同的国家和地区，那儿对固有的对质量的理解提出了巨大挑战。琼斯（Jones）在幼儿生活项目（Young Lives project）中描述秘鲁的早期教育时指出："揭示核心文化概念（如'儿童''家庭'和'工作'）的特定文化理解，以及政治、经济和人口快速变迁的社会如何对这些概念做出解释和再解释是非常关键的。"[1]文化阐释正是本书的重要内容。

在这些国家工作使我们面临知识迁移问题。许多早期教育的观念与理解是由北半球富裕国家提出和发表的，现在被应用到南半球贫穷国家，无论这些观念是否适合这些国家，无论他们愿意不愿意。我把这一现象称为"旅行的政策与全球时髦术语"[2]。在讨论质量时，我始终质疑将早期教育质量观从一个国家出口到另一个国家的适宜性，尤其是从富裕国家到相对贫穷的国家。

这种知识转移在美国尤盛。早期教育领域中的一些最知名的作者、最有趣的研究、最富创新的实践都来自美国。但是，美国早期教育服务的范围和质量几乎在各种比较中都处于或接近最低水平，这完全是因为该服务受制于营利驱动或公司行为。美国的早期教育研究很少承认这一点，他们认为其他国家的优秀做法太普通，不值得一提。美国的不平等指数（或基尼系数）在

① Jones, N. with Villar, E.（2008）'Situating children in international development policy: Challenges involved in successful evidence-informed policy-making.' *Evidence and Policy* 4（1）：31-51.

② Penn, H.（2010）'Travelling policies and global buzzwords: How INGOs and charities spread the word about early childhood.' *Childhood*.

发达国家中最大，也未能很好地提供再分配服务，如健康医疗和其他社会福利。这些都是其他国家用来减少不平等的重要手段。不平等和社会分化的程度扭曲了对早期教育服务的理解和期望。我之所以明确提出这一点，是因为人们经常将美国作为典范。世界银行（World Bank）资助世界上很多贫穷国家开展早期教育和保育项目，但是除了来自美国人力资本理论的证据之外，很少有别的证据。被经济学家广泛引用作为加大早期教育投入的人力资本理论非常依赖于美国的证据资料。诸如此类的实践与理论还有很多。把美国的特殊情况视作优秀是对现实和理论的严重扭曲。

在讨论质量概念时，必须牢记可获得的证据资料的优势与局限性，这一点非常重要。本书将分析国际上对这些问题的理解。

第二章
社会政策和理论的路径依赖

> 文化和历史是理解和解释的基本框架……如果不置于观念与价值、习惯与规范、制度与世界观等之中，任何教育政策都无法得到正确理解，因为正是这些因素使得一个人、地区或群体不同于其他人、地区或群体。①

本章和第三章将讨论不同国家有关提供早期教育和保育服务的政策理念。政策理念是确保政策合法性的基础。无论这种政策理念是否明确，任何质量判断都是依据政策理念做出的价值判断。例如，如果强调提供早期教育和保育服务是为了改善儿童在学校中的表现，有关质量的讨论就会重点关注儿童的学习。但是，即使有明确的政策理念，仍然很难测量质量。我会在本书最后一章重点讨论测量问题。

我在书中描述的这些国家，我都访问过或者工作过，我了解这些国家的历史，但是我只是做了一些折中的选择，而非系统的回顾。之所以选择这些国家，是因为这些国家能够呈现出一系列不同的政策选择和发展路径，体现早期教育和保育的不同目的和功能。北欧国家代表了一种政策方向，但我没

---

① Alexander，R.（2000）*Culture and Pedagogy：International Comparisons in Primary Education*. Oxford：Blackwell，p. 5.

有分析北欧国家，一方面因为我缺乏对北欧国家的深入了解，另一方面已经有很多著作和研究广泛讨论了北欧国家。这并不影响本书的讨论，因为本书的重点是要分析政策的背景和连续性及其对质量界定的影响，而非对各国早期教育政策做系统的国际比较。我对英国最为了解，所以我从立法历史对英国做了深入分析。对其他国家的分析同样也涉及了过去——本章可以说是历史分析。

"时间"这一概念具有相对性。如我在第一章中引用的萨拉·希尔迪的观点，幼儿园是一种比较新的进化产物。然而，在讨论早期教育政策的历史起源时，我们不是按进化论者的时间概念回溯到很久远的古代，而是回溯大概 150 年，甚至更短。事实上，几乎没有"新的起点"，任何事物在某种程度上都根源于曾经的过往。

卡伦·施魏尔和哈里·威尔金斯（Karen Schweie and Harry Willekens）在其书中分析了欧洲国家早期教育制度的历史变迁，指出当前的研究和理论以最新的政策观点为主导，但是政策总是受到历史的影响。

> 托幼机构根植于不同的国家传统，而传统产生于不同的社会和经济发展。这些传统渗透在各种制度以及人们赖以行事的社会和法律结构框架之中。它们可能利于或阻碍创新。要理解公共早期教育服务和托幼机构以及当代社会政策问题的解决措施，有必要分析这些制度如何推动或阻碍社会政策措施的产生。①

研究者运用"路径依赖"一词来说明以往的决策如何影响当前的决策②，而"政策黏性"是描述由于没有瞄准真正需要改变的事物而导致政策停滞不前。本章所描述的例子证明政策制定需要考虑并很好地处理路径依赖问题。

---

① Schweie, K. and Willekens, H. (eds) (2009) *Child Care and Preschool Development in Europe: Institutional Perspectives.* Basingstoke: Palgrave Macmillan, p. 2. 两位专业律师在这本跨学科著作中分析了欧洲国家如何建立和发展早期教育和保育系统.

② Pierson, P. (2000) 'Increasing returns, path dependence and the study of politics.' *American Political Science Review* 94: 251-277. 该文章被广泛引用.

不知道为什么，政策在推进的同时，会表现出停滞。本章也会对这一现象做出解释。

英国

英国教育系统有着悠久的历史。英国学校教育从儿童 5 岁开始，这是一个历史事件而非经过严谨论证的教育抉择。事实上，多数儿童在 5 岁时开始正式学校教育，大部分 4 岁儿童进入了学前班（reception class）。英国在 1870 年通过的立法中规定了入学年龄。最初拟定是 6 岁，但是奥地利儿童在 6 岁入学，年长的男性政治家们为了与奥地利帝国对抗，在最后时刻改投 5 岁。一旦决策变成了法律，专家们尽其所能论证其合理性。该规定在英国课程、评估和考试中得到了充分贯彻落实。如罗宾·亚历山大（Robin Alexander）所指出的，普及和强制教育的决策并非慷慨大方之举。[1] 教育系统被设计成一个"研磨机"系统，贫困儿童接受 3R 训练（读写算训练）以成为服务于制造业的工人阶层。[2] 英国还期望 5 岁儿童的学业表现和学习结果达到某一规定水平——欧洲标准可能认为这毫无意义。这一点与最初率性的入学年龄决策相呼应，体现了由来已久的对待贫困儿童的惩罚性态度。这是一个政策黏性和路径依赖的例子——一个很早之前做出的特别的偶然决定，一种阶层分化，决定了现在的早期教育服务现状。虽然英国政策的起源已被忘记，但它们的影响仍在持续。英格兰现在的国家课程以及早期教育服务类型部分体现了这些很早之前做出的政策选择。

幼儿园教育（nursery education）是学校教育向 3—4 岁儿童的延伸。最早仅在城市地区提供，并且时间仅为每周 12.5 个小时。直到 1972 年，玛格丽特·撒切尔（Margaret Thatcher）才提出幼儿园教育是有益于所有儿童的。

---

[1] Alexander, R. (2000) *Culture and Pedagogy*: *International Comparisons in Primary Education*. Oxford: Blackwell, p. 5. 他比较了法国、印度、俄罗斯、英国和美国.

[2] Alexander, R. (2000) *Culture and Pedagogy*: *International Comparisons in Primary Education*. Oxford: Blackwell, p. 5.

又经过了 30 年，幼儿园教育才广泛实施。

学校教育向下施加了学业压力，导致了早期教育"小学化"①。但福利是另一回事，它要求进行另外一种形式的干预。被批评了几个世纪的贫困儿童及其不负责任的父母的行为在今天仍是一个重要的社会问题。② 相反，中产阶级可以雇佣人或保姆，送子女上公立或私立寄宿学校。他们因有经济能力而免于困境从而不受监督。历史上，日托服务（day nursery provision）和其他形式的家庭福利的主要特点是社会阶层——对贫困阶层的一种慈善关怀。这是一个锁定目标并定量供给的过程，始终涉及如何界定谁有资格接受服务和谁没资格的问题。

在英国，一百多年来，儿童照料服务一直被看作面向因为贫困等无力照料 0—5 岁子女的母亲提供的一种替代性照料服务。第二次世界大战期间以及结束后，健康部门提供了一些日托服务。1974 年，日托服务的职责转交到社会服务部门。当时由地方政府举办的日托中心的职责就是为贫困或不负责任的母亲提供托儿服务，以免这些家庭的孩子被福利机构收养。地方社会服务部门在不同地区提供的服务数量有较大差异，主要集中在城市地区。0—5 岁儿童中进入日托中心的不足 1%。

传统上，家有年幼儿童的母亲被鼓励待在家里陪伴子女。直到 20 世纪 80 年代，虽然有许多家有年幼儿童的妇女参加了兼职工作，但参加全职工作的不到 5%。参加工作的母亲在当时是非常少见的，成为许多心理学和社会学文献关注的一个有趣话题。③ 社会期望参加工作的母亲自己做好安排，来满足开销，地方政府的角色仅限于进行最低限度的管理。大部分地方政府在

---

① Bennett，J.（2006）'Schoolifying early childhood education and care? Reflections on a perennial challenge.' 此为在伦敦大学教育学院召开的 OECD 报告《强力开端》首发式上的报告.

② Cunningham，H.（1991）*Children of the Poor*：*Representations of Childhood since the 17th Century*. Oxford：Blackwell.

③ 有一系列著作讨论了工作女性的特征，其中最有影响力的是 Myrdal，A. and Klein，V.（1946）*Women's Two Roles*：*Home and Work*. London：Routledge & Kegan Paull. 该书第二版于 1968 年出版. 女权主义出版家瓦拉格（Virago）围绕这一主题出版了一系列书籍，包括：一本历史梳理的书，Black，C.（ed.）（1983）*Married Women's Work*. London：Virag；一系列个人传记，Gieve K.（ed）（1989）*Balancing Acts*：*On Being a Mother*. London：Virago.

解读 1974 年立法和随后的政府指导意见时认为，出于儿童心理发展考虑，禁止 3 岁以下儿童使用日托服务。政府积极鼓励使用家庭托儿服务（family day-care）。所以，当时日托机构非常少。地方社会服务部门自 1974 年开始负责家庭托儿所及其他各种形式的儿童照料机构的注册、督导检查，但督导检查不包括居家的保姆。

20 世纪 70 年代后期，由于女权主义者的推动，英国出现为工作的父母提供的合作运营的或社区的日托机构。这些机构由地方政府直接资助，只收取保证最低成本的费用。游戏小组运动也是开始于 20 世纪 70 年代。游戏小组是父母自己出资的一种互助形式的早期教育，每周提供 5—10 个小时的服务，为 3—5 岁儿童提供非正式的集体生活经验，来补偿幼儿园教育的缺失。游戏小组运动广泛开展，也是对主张母亲留在家中的政策的支持。更多的儿童参加了游戏小组（多于参加幼儿园的人数）。

1989 年的《儿童照料法案》（the Child Care Act）明确允许婴儿和 3 岁以下儿童进入幼儿园。地方社会服务部门提供的幼儿园开始招收上班族妈妈的 0—3 岁儿童，并按全成本收费或接受一定政府补贴。与此同时，营利性自筹资金幼儿园和社区幼儿园的数量都逐渐增多。

1997 年工党执政，提出鼓励和支持妇女参加社会工作，并承诺扩大早期教育服务来满足所有儿童的入学需求，但仍是以每周 12.5 小时、每年 33 周来提供部分时间制照料服务。1997 年的情况如下。

• 公共财政资助、地方政府提供的日托机构要招收近 1% 的 0—5 岁儿童，主要服务于城市地区"最迫切需要"的儿童。

• 公共财政资助、地方政府提供的部分时间制早期教育需满足 33% 的 3—4 岁儿童的需求，主要服务于城市地区，主要形式为附设于小学的幼儿班，也有很小比例的独立设置的幼儿园。

• 经过认证的非营利自助性游戏小组为 30% 的 3—4 岁儿童提供非正式集体照料。这些游戏小组的员工主要是志愿者，房屋是租的。

• 经过认证的儿童看护点（家庭托儿服务）为约 10% 的 0—5 岁儿童提供照料。

● 很小一部分经过认证的营利性私立儿童照料机构为 5% 的儿童提供服务。

● 城市地区也有一些合作运营或社区日托中心为 0—5 岁儿童提供照料。

虽然工党宣称支持工作的妇女，但是政府继承的是一个分裂的体系，公立和私立领域的利益相关者都有极大的热情要保持原有的服务体系格局。政府向这些利益相关者的妥协是很大的问题。虽然目标群体的年龄有交叉重叠，但是早期教育和保育政策的实施却是相互割裂的，彼此缺乏关注。儿童照料服务继续面向 0—5 岁儿童（后来又很快扩展到为 5—12 岁儿童提供校外照料），幼儿园教育面向 3—4 岁儿童。

2000 年，政府将儿童照料服务的责任从社会服务部门移交到教育部门。在中央和地方层面，所有的儿童照料机构或教育机构都由教育部（Department for Education，DfE，2007—2010 年更名为儿童、学校与家庭部，Department for Children，Schools and Families，DCSF）来管理。[①] 现在英国已有适用于所有 0—5 岁儿童照料与教育机构的统一的课程框架。注册认证和督导评估的职责从地方政府上移至教育标准局（Office for Standards in Education，Children's Services and Skills，Ofsted）。

尽管行政管理体制改革和各种民间行动试图让不同利益相关者一起讨论共同利益问题，但是教育部延续了儿童照料与教育相分离的传统。例如，儿童照料机构从业人员被视作广大低技能社会服务行业的一部分，只需要低水平的技能培训课程，而儿童教育机构从业人员的管理是另一个独立体系，教师必须具备研究生学历。教育标准局对教育机构的要求同样也比对儿童照料机构的更严格。最重要的是，儿童照料与教育机构的财政投入机制存在差异。儿童照料采用需求方资助法（demand side funding），支持家长的选择，而儿童教育采用提供方资助法（supply side funding），直接向机构提供资助。

政府还出台了一系列战略文件以及给地方政府的指导文件来推动政策的制定和实施。在本书写作过程中，政府新出台了两个关键性战略文件：《儿

---

① 书中提到的所有英国法律法规都可以在英国教育部网站查询：www.education.gov.uk.

童和学习者的 5 年战略》（*Five Year Strategy for Children and Learners*，2004）
和《家长选择：儿童最佳开端——儿童照料 10 年战略》（*Choice for Parents*：
The Best Start for Children—A Ten Year Strategy for Childcare，2004 以下简称《家
长选择》）。前者强调儿童的教育结果，后者强调家长选择和市场灵活性的
重要性。为回应一系列虐童事件，政府在 2006 年发布了小册子《每个儿童都
重要》（*Every Child Matters*），强调了政府对儿童的重视，表明政府致力于提
高儿童的健康、安全和福利水平。但是，在这些各式各样的文件中，仍然存
在着内在固有的并未得到广泛深入探讨的矛盾立场。虽然只在《家长选择》
中间接提及，但政府的观点是：由于过去起点低，营利性私立市场服务是目
前将服务快速扩展到工薪阶层的最佳手段。

　　而且，许多政策的实施不是通过渐进式普及的方法，而是采用了政府主
导的特定短期项目，如确保开端（Sure Start）、邻里幼儿园（Neighbourhood
Nurseries）以及早期发展与保育合作项目（Early Years Development and Child-
care Partnerships，EYDCP）。这些特定项目的实施一方面是为了扩大服务，另
一方面也是为了调和公立和私立各方的利益。事实证明，这些项目的生命很
短暂。确保开端儿童中心主要依托学校。最初设立确保开端儿童中心的目的
是为工作的母亲提供儿童照料服务，但是 2009 年政府出台的最新指导意见删
除了相关要求。

　　工党政府自 1997 年以来的最重要的改革是关于财政资助。1998 年，政
府提出了儿童照料免税政策（Childcare Tax Credit）。政府通过税收抵免政策
来支持家长选择和购买儿童照料服务。这一政策导致营利性儿童照料机构的
快速发展，甚至出现了一些小型营利性机构合并形成大型营利性儿童照料企
业的现象。2006 年《儿童照料法案》免除了地方政府直接资助或举办儿童照
料机构的权力，地方政府只负责"儿童照料市场的管理"。因此，目前，地
方政府的职责主要是通过为家长提供当地儿童照料服务或其他服务的市场信
息，激励当地营利性机构等，来管理和协调儿童照料服务的需求与供给。现
在，许多地方政府设置了儿童照料企业管理员（childcare business managers）。
所有的儿童照料机构都是自收自支、自负盈亏。

自 2002 年至今，营利性私立市场的份额增长了 70%，85% 的儿童照料服务由营利性私立市场提供。[①] 其中，公司（拥有 5 家或更多的机构）占据了一半市场。20 家最大的营利公司中有 19 家是私营企业。2006 年《儿童照料法案》规定，营利性私立企业只要满足课程和教职工要求（低于正式早期教育机构的要求），也可以为 3—4 岁儿童提供早期教育。在那些早期教育机构数量无法满足所有适龄儿童需求的地方，与其由教育部门提供新的机构，地方政府更鼓励营利性私立机构或志愿服务发挥作用。地方政府会按照基本标准对这些机构进行补偿。但是，营利性和非营利性私立机构认为，政府提供的补偿远远不够，而且低于公立机构的标准。为回应来自私立机构的抱怨和不满，儿童、学校和家庭部在 2009 年 7 月出台了《早期教育机构统一资助公式：实践指导》（Implementing an Early Years Single Funding Formula：Practice Guidance），提出采用统一标准资助公立和私立早期教育。但是，由于公立机构强烈反对，该文件被暂时搁置。公立机构强调自己招收了比其他类型机构更高资质的教职工，所以应获得更高标准的资助。

自 1997 年至今，政府出台了一系列有关儿童保育和教育的法案和指导意见。这些文件被汇总后，形成《早期基础阶段法定指导意见》（Statutory Guidance on the Early Years Foundation Stage），针对早期教育机构的所有讨论提出了质量框架。虽然政策文件中没有一处给出明确意见，但是这些政策的最大受益者是营利性私立机构。政府自 1997 年不断做出努力，但是由于营利性儿童照料机构的高昂费用以及难以协调儿童照料与教育的关系（加上有限的产假和家长请假制度），参加全日制工作的妇女的数量并没有显著增加。虽然早期教育和保育服务增加了，超过 95% 的 3—4 岁儿童进入早期教育机构，但是政策仍存在严重的交叉与矛盾。

尤其是英国最新出台的一些政策文件或指导意见几乎总是某种意义上的妥协，但却被视作前所未有的惊人之举。自吹自播、过度宣传的确保开端项

---

① 教育标准局（Ofsted）自 2002 年开始改变了分类体系，并且不再提供儿童照料与教育服务的分类信息，而只是区分"家庭内"和"非家庭内"，有关私立机构的信息见：Laing & Buisson（2009）*Children's Nurseries：UK Market Report 2009. Eighth Edition.* London：Laing & Buisson.

目（工党为解决儿童贫困问题而开展的旗帜性项目）就是一个很好的例子。[①]英国财政部的一位年轻官员就表现了这种自负。他当时在整理关于早期教育工作者的培训报告，他对我说他要在 15 分钟内"搬空"我的大脑！这对我来说是一个非常滑稽有趣的例子。有关质量问题有多种情况，质量问题不可能在政策真空中得以解决。相反，过去就是曾经的现在——事实上，尤其是对我们这些生活在变革中的一代更是如此。英国有着独特的历史，其有关早期教育的政策话语和各种质量概念都有自己的独特之处。

现在英国迎来了新一届政府，人们对公共财政心生疑虑。新一轮的改革可能要开启。可以肯定的是，在原有问题上可能会出现更多变式。英国在这一领域的政策要比其他许多国家更加滞后。

比利时

比利时政府在 1900 年就已经向49%的 3—5 岁儿童提供幼儿园教育（远比英国政府开办第一所幼儿园早）。儿童入小学年龄为 6 岁。1961 年时，91%的儿童进入幼儿园。1972 年英国政府第一次正式努力扩大部分时间制早期教育服务时，比利时已经有超过 95%的儿童进入政府举办的全日制幼儿园。哈里·威尔金斯指出，比利时的幼儿园发展与妇女参加工作的数量毫无关系，因为无论是否提供幼儿园服务，劳动力市场中的妇女数量都因经济发展状况而有所浮动。这与家庭生育政策或者（如法国的）鼓励育儿政策也没有关系。法国很早就开始发展幼儿园。相反，比利时的许多家庭政策和福利政策还很落后。这与苏联式的革命性课程也没有关系，苏联在儿童很小时就有意识地将之与家庭分离。唯一的解释就是 19 世纪 80 年代末期天主教堂与政府的对抗。双方为了争夺年幼儿童成为天主教徒或世俗化的公民而竞争。

---

① 著名精神病专家、流行病学家米歇尔·拉特（Michael Rutter）强调确保开端项目的初衷是好的，但有关消除贫困和社区干预的假设过于简单，详见：Rutter, M.（2007）'Sure Start local programmes：An outsider's perspective.' In J. Belsky, J. Barnes and E. Melhuish（eds）*The National Evaluation of Sure Start*. Bristol：Policy Press.

天主教和非天主教组织纷纷开办幼儿园，互相竞争。这些幼儿园从一建立就受到老百姓的欢迎，并不断扩大发展，直到满足所有儿童的需要。如同英国的政策，比利时的政策是另外一个历史偶然事件。

> 它（幼儿园教育）越稳定，就需要越多的努力去扭转它，但是，由于相关的社会行动者都乐意接受它的永久存在，所以没有人会做出这种努力。①

比利时由弗兰德斯（Flanders，荷语区）和瓦隆（Wallonia，法语区）两个有不同历史的地区组成。② 但是，总体上，两个地区有着相同的历史，所以早期教育政策也遵循相同的发展轨迹。

苏联

可能苏联是政府决定教育理念的最明显的例子。在苏联，儿童和早期教育处于"偶像"地位——无数的宣传海报上，花朵般的儿童簇拥着列宁和斯大林。③ 即使在遥远偏僻的草原和沙漠，苏联早期教育和保育服务的发展也是非常惊人的。苏联的早期教育和保育强调集体感的培养，重视为家庭生活提供补充。幼儿园是培养新一代公民的地方。20 世纪 20 年代最早实行的教学法带有自由主义的特点。随着时间的推移，对服从的强调取代了自由主义的自我表达。但是，早期教育系统内在的连续性和一致性以及政府对早期教育的投入水平是其他任何非共产主义国家所无法比拟的。学者们不断研究和

---

① H. Willekens (2009) 'How and why Belgium became a pioneer of preschool development.' In K. Schweie and H. Willekens (eds) (2009) *Child Care and Preschool Development in Europe*：*Institutional Perspectives*. Basingstoke：Palgrave Macmillan，pp. 43 - 56. 我也是 OECD 报告起草人之一，详见：OECD (2001) *Starting Strong*：*Early Education and Care*. Paris：OECD.

② OECD 报告《强力开端》针对比利时发布了两份关于早期教育和保育的独立报告.

③ Kelly，C. (2007) *Children's World*：*Growing Up in Russia* 1890-1991. New Haven，CT：Yale University Press；Kirschenbaum，L. (2001) *Small Comrades*：*Revolutionizing Childhood in Soviet Russia*，1917-1932. New York：RoutledgeFalmer.

完善教学法，并加以实施。幼儿园的教育目标是培养完整儿童，提供良好的医学检查、有规律的锻炼、营养丰富的食物以及重视系统和积极学习经验的课程，并引导儿童了解他们家庭所属的社区和世界。①

按照西方国家的标准，苏联的许多幼儿园有非常棒的设施，有舞蹈厅、游泳池和医疗室。这源于无法企及的社会投入。20 世纪 60 年代，即使来自美国的访问者如知名学者尤里·布朗芬布伦纳（Urie Bronfenbrenner）也为之震惊。② 布朗芬布伦纳的父母是俄罗斯人，他自己会讲俄语，他能更深入洞察苏联的早期教育体系。③ 布朗芬布伦纳指出，苏联的幼儿园更强调集体目标和集体责任，这一点值得美国学习——美国过分强调个人主义。

> 可能我们过分重视个人自主性的培养，没有充分发挥同伴群体在培养儿童社会责任感和对他人的同情心方面的作用。④

苏联解体之后，那些被派去进行改革的顾问认为这些幼儿园表现了很多错误：说教，强调服从而非个性，有严格的科层制，停滞不前，铺张浪费，腐败，歪曲数据等。大部分请来的西方专家，尤其是经济学家，都认为这些幼儿园是无法可持续发展的，建议关闭。例如索罗斯基金会（Soros Foundation）的教育专家认为，必须在幼儿园中进行彻底改变，要尊重个体化的学习方式。然而，这些改革遭到了教师和家长的强烈抵抗。他们认为这是在降低已经广为接受的标准。⑤ 对质量的界定取决于谁运用权力、谁提供资助。罗宾·亚历山大在 20 世纪 90 年代对俄罗斯教育进行了比较研究，发现俄罗斯教育系统有许多积极且有效的因素或举措。他的研究使得那些贬低这

---

① Penn, H. (2010) 'Swimming pools in the steppes and pianos in the desert.' *Global Childhoods* 1 (1) forthcoming.

② 布朗芬布伦纳带领美国心理协会（American Psychological Association）的人员调查了苏联儿童照料服务体系，详见：Bronfenbrenner, U. (1974) *Two Worlds of Childhood*: *US and USSR*. Harmondsworth: Penguin Education.

③ Kapu'sci'nski, R. (2007) *Imperium*. London: Granta.

④ Bronfenbrenner, *Two Worlds of Childhood*, p. 166.

⑤ Penn, H. (2005) *Unequal Childhoods*. London: Routledge.

一系统并试图去改革它的西方学者黯然失色。①

1990 年后，苏联等一些共产主义国家的幼儿园大量关闭，这部分是因为幼儿园是国有企业的附属机构。当这些企业关闭后，幼儿园也随之关闭。例如在哈萨克斯坦，20 世纪 90 年代之前，50% 的 3—5 岁儿童进入幼儿园（鉴于哈萨克斯坦的地理位置，这一比例非常高），但在苏联解体之后，这一比例下降到 11%。联合国儿童基金会因诺琴蒂研究中心（Innocenti Research Centre，IRC）设置了一个特别督导项目（MONEE），试图记录因苏联解体而导致的儿童生活的不利变化。最近情况有所改善。②

在苏联，宏观和微观层面的项目相互影响、相互依存。脱离彼此的联系和所处历史背景是无法孤立地理解任何一个项目的。早期教育学者列维·维果茨基（Lev Vygotsky）的理论反映了苏联培养未来集体主义公民的教育目标，但他现在被视为一位发展心理学家，他理论中涉及儿童个体学习与教学的微观层面受到关注。

苏联的例子生动地说明了政策制定及其背景的复杂性。即使现在，那些国家仍然在努力提供良好的早期教育服务③，虽然这一系统已经因经费缩减而变得异常脆弱。我在 20 世纪 90 年代末访问过保加利亚。在首都索菲亚，90% 以上的儿童进入了全日制幼儿园，大部分幼儿园有自己的游泳池、舞蹈厅和医疗室。但是，这些幼儿园后来很难维持下去，教师工资水平下降，大部分幼儿园破败不堪。由于没有认识到建立幼儿园体系的意义，幼儿园的价值在苏联解体之后也被否定，如一位母亲对我说的："所有共产主义的东西都被认为是坏的，所有西方的都被认为是好的。"④

---

① Alexander, R. (2000) *Culture and Pedagogy*: *International Comparisons in Primary Education*. Oxford, Blackwell.

② www. unicef-irc. org.

③ OECD (2006) *Starting Strong II*: *Early Childhood Education and Care*. Paris: OECD.

④ Penn, *Unequal Childhoods*, p. 102.

意大利

　　每个欧洲国家都有自己独特的政策话语，进而造就了其独特的早期教育服务体系。例如在意大利，最早的幼儿园于1910—1920年为适应当时的工作条件而在瑞吉欧·艾米利亚（Reggio Emilia）建立。[①] 同样的，在第二次世界大战期间以及结束后，在抵抗运动和意大利妇女组织的支持下，瑞吉欧·艾米利亚再次率先建立24小时制幼儿园。基于当地支持儿童照料的传统，瑞吉欧·艾米利亚的市长（共产党人）在20世纪60年代支持发展市属幼儿园——后来因其创新性的课程而闻名世界。同期，由于意大利政府与天主教堂以及左翼和右翼政党的紧张关系，政府很难在全国范围内立法推动教育，建立早期教育机构，促进教师培训。1968年，有关扩大早期教育规模的争议甚至使得意大利政府倒台。所以，如果瑞吉欧·艾米利亚市要继续发展早期教育，必须自己独立进行。他们自己开展教师的在职培训以弥补国家培训的缺失。目前，早期教育已覆盖意大利全国范围内大多数儿童，但各地的早期教育机构类型多种多样。即使在今天的瑞吉欧·艾米利亚，市属幼儿园、天主教幼儿园和国立幼儿园比肩相邻，它们的教育目标和教育活动却很少有共同点。即使在那个知名的意大利小镇，质量概念也有着巨大差异。

　　苏姗·曼托瓦尼（Susan Mantovani）也精辟地论述了早期教育服务的文化与传统。[②] 她将地方自治传统追溯到中世纪的城邦国家。当地的建筑和公

　　① Hohnerlein, E. M. (2009) 'The paradox of public preschools in a familist welfare regime: The Italian case.' In K. Schweie and H. Willekens (eds) *Child Care and Preschool Development in Europe: Institutional Perspectives*. Basingstoke: Palgrave Macmillan, pp. 88-105. 有关瑞吉欧·艾米利亚模式的书籍描述了心理学家马拉古齐（Loris Malaguzzi）的探索，他被认为是该模式的开创者，我对意大利的分析见：Penn, H. (1997) *Comparing Nurseries: Staff and Children in Italy, Spain and the UK*. London: Paul Chapman. 我调查了意大利3所城市幼儿园，它们都有类似于瑞吉欧·艾米利亚的教育实践，不同的是，它们的教育理念来源于匈牙利心理学家，具体见：Petrie, S. and Owen, S. (2005) *Authentic Relationships in Group Care for Infants and Toddlers*. London: Jessica Kingsley. 意大利幼儿园教育实践的共同特征源于意大利社会文化中的讨论与参与传统.

　　② Mantovani, S. (2007) 'Italy.' In R. New and M. Cochran (eds) *Early Childhood Education: An International Encyclopedia*, vol. 4. Westport, CT: Greenwood.

民文化传统形象地展现了意大利的历史，给到访意大利的游客留下了深刻印象。所以，曼托瓦尼指出，鉴于意大利各地区和城市的巨大差异，在国家层面形成统一的政策根本是不可能的。

新西兰

澳大利亚、加拿大和新西兰都曾是英国的殖民地。在这些国家，土著人口或多或少被忽视，英国传统流行（当然加拿大的魁北克地区除外，那里流行法语和法国文化）。我出于两方面原因选择了新西兰而非澳大利亚或加拿大。首先，海伦·梅伊（Helen May）在一系列著作中很好地描述了新西兰早期教育的历史。[①] 其次，新西兰虽然有很重的英国新自由主义传统，但是在努力协调各方去理解和解决政策问题。土著人口在这个过程中起到了特别重要的作用。在新西兰这样的小国家比较不会被联邦政府的辩论干扰，而在澳大利亚或加拿大就相对较难进行政策改革。

海伦·梅伊指出，新西兰与英国一样是从儿童发展的角度来界定早期教育。心理学家从父权观点审视家庭，通过对儿童行为的系统观察得出儿童发展与教育的常模和标准。鲍尔比（Bowlby）和皮亚杰（Piaget）就是典范。新西兰是一个移民国家，必须要考虑公平问题。1947 年，政府发布了著名的《咨询委员会有关学前教育服务的报告》（*Report of the Consultative Committee on Preschool Education Services*），当时柯林·贝利（Colin Bailey）是委员会主席。该报告认为"志愿原则一般带有慈善的意味"，因此强烈建议由政府投入早期教育。虽然政府很早就接受了3—4岁儿童入园教育的原则，但迟迟未能采取相关行动。政府为幼儿园教师支付工资并提供培训。当经济陷入困境时，政府就改变立场，就像英国一样，让志愿游戏小组或游戏中心来填补空缺。1971 年发布的《咨询委员会有关学前教育服务的报告》遭到批评，被质

---

① May, H. (1997) *The Discovery of Childhood*. Auckland, NZ：Auckland University Press. May, H. (2001) *Politics in the Playground：The World of Early Childhood in Postwar New Zealand*. Wellington, NZ：Bridget Williams Books.

疑学前教育的概念太过狭隘：儿童保育也应该包含在报告之中。当时已经存在 300 个左右的儿童保育中心。如在英国一样，因游戏中心未被纳入官方的正式统计而引发了游戏中心运动。"上帝不准许我们放弃真正的民主、家长自我教育、家庭发展、生命力、多样性和不同文化的成功。"[①] 工会成员、女权主义者、儿童照料活动家以及毛利人的各种联合组织，都从不同观点出发，呼吁重新思考和定位早期教育和保育服务。

1998 年，新西兰发布了第三个报告《再审教育》（*Education to be More*）。总理戴维·朗厄（David Lange）极为支持该报告，提出了自己的行动计划《5 岁之前》（*Before Five*）。这一行动计划吸引了广泛的国际关注：坚定地试图在教育框架之内调和保育与教育问题，并且前所未有地高度重视毛利人的需求。政府专门成立工作小组来讨论社区/家长参与相关的培训、课程、管理、财政投入和质量问题。如往常一样，当政治力量介入，所有领域的快速发展戛然而止。朗厄辞职后，重新执政的是一个保守政府。由于幼儿园太过昂贵且是部分时间制，幼儿园必须自筹资金、自负盈亏。激情有余，实效不足。可能唯一持续的一项最激进的改革就是由毛利人和白人专家以及活动家一起进行的课程改革，该课程方案最终被修订为新西兰的《国家早期教育课程框架》（Te Whariki，原意为"编织而成的席子"）。该方案的核心原则是幸福、归属、贡献、交流和探索——脱离了传统英国课程身体、智力、情感和社会技能的框架。玛格丽特·卡尔（Margaret Carr）参与了新西兰国家课程的研制，也开发了学习故事（Learning Stories）这一评估模式。该评估模式被作为传统评估测验或质量观念的替代模式而被广泛引用。[②]

尽管采取了这些激进行动，新西兰的改革最终未能实现初衷。[③] 不同的提供者一开业，很难不遭到抵抗，因而不得不整合现有资源。这一创新性的课程是集权的，并为早期教育工作者提供了大量的整合的培训项目。财政投

---

① *NZ Play Centre Journal*, in May, *Politics in the Playground*, p. 111.

② Carr, M. (2001) *Assessment in Early Childhood*: *Learning Stories*. London: Sage.

③ May, H. and Mitchell, L. (2009). *Strengthening Community-based Early Childhood Education in Aotearoa New Zealand*. Wellington: NZEI Te Riu Roa.

入转向需求主导的模式——在这种情况下需要确定人均投入标准，根据儿童年龄和机构的质量等级确定金额。许多不同类型的机构，包括很多私立的营利性机构受益于这一投入机制。

美国

索尼娅·米歇尔（Sonya Michel）尝试分析了美国日托机构的发展历史。① 该历史分析展现了妇女尤其是贫困家庭妇女参加工作的需要与妇女应待在家庭中的传统观念之间的矛盾冲突。与其他任何有关美国社会问题的历史研究一样，早期教育历史分析是一项特别艰巨的任务，因为美国是联邦制国家。索尼娅·米歇尔在研究了大量史料之后指出，母性主义（maternalism）认为母亲负有照料子女的责任，这种观念根深蒂固，直到最近也没有任何公共团体或知名的女权主义者考虑反对这种观念。母性主义观念和把贫困视作个人不幸或失败（而非一种不公平）的观念共同阻碍了国家提供任何形式的儿童照料干预。慈善家努力填补空白，但这仅仅是根据个人条件、出于个人荣誉考虑的个人行为。

即使在20世纪初也存在巨大的儿童照料需求，许多贫困母亲尤其是黑人母亲迫于生计不得不参加工作。当时存在的少数幼儿园是由一些来自上流社会的女性社会改良家建立的。美国日托机构联盟（National Federation of Day Nurseries，NFDN）由来自上流社会的约瑟芬·道奇（Josephine Dodge）和她的贵妇人团队领导了四十多年，她们是儿童照料服务的积极倡导者并掌握了儿童照料服务的话语权。这些妇女非常强势，而且对机构招收的儿童的母亲以及在机构中工作的职员非常傲慢。美国日托机构联盟强烈主张母亲应该照看她们的子女，托幼机构政策只是提供暂时性照料服务，所以不能被视作对参加工作的妇女的支持。道奇在第一次世界大战期间以及结束后强烈反对为工厂工人开设新的托幼机构。女权主义者和社会活动家简·亚当斯（Jane

---

① Michel, S. (1999) *Children's Interests/Mothers' Rights*. New Haven, CT: Yale University Press.

Addams）积极呼吁发放"母亲工资"，而非支持母亲参加工作。

20 世纪美国参加工作的母亲的数量稳步增长，虽然统计数据是公开的，但社会公众很少关注这一事实。到 1940 年时，约有 460 万母亲参加工作，但儿童照料机构仅招收 23000 名儿童，结果导致许多母亲不能很好地安排子女的照料。儿童照料机构数量在第二次世界大战期间略有增长，但所有联邦组织，如美国儿童局（US Children's Bureau）、美国妇女局（US Women's Bureau）等参与的儿童照料机构始终对工作妇女持有和米歇尔类似的狭隘观点。这种实际状况与专家学者和社会改良家认为的应然状况之间的断裂在黑人社区更为突出，那里更多的黑人母亲参加工作，而且经常服务于白人家庭。

20 世纪 50 年代，就业率很高，包括保育和教育等许多领域都存在劳动力短缺的问题。然而，母亲参加工作仍被看作背离传统。议会讨论了税收减免，勉强实施了税收优惠政策。1976 年之后，未成年人照料税收减免政策（dependent care tax credit）是联邦政府在儿童照料上唯一的、最大的支出。这一税收政策有意回避了儿童照料服务的提供、分配、可支付性和质量问题——这一状况还将持续多年。1991 年，60% 的 6 岁（入学年龄）以下儿童的母亲进入劳动力市场，但是儿童照料服务仍然缺乏政府的投入和管理。里根总统（President Reagan）增加了中产阶级母亲的税收补贴，但削减了为贫困家庭提供的联邦支持。历史学家埃米莉·施托尔茨富斯（Emilie Stoltzfus）对战后 20 年的情况做了如下评论。

> 参加工作的母亲的数量快速增长，但公共资助的儿童照料机构却很少，这催生了私立商业机构的大规模扩张……儿童照料机构所有者民间协会（private associations of childcare proprietors）的出现，有助于确保在制定儿童照料机构认证标准的过程中充分考虑市场因素，进而强化了公立儿童照料就是为贫困阶层提供服务的观念。私营企业主坚持他们在起草管理规定的过程中应该拥有一定话语权以保障他们的商业利益，并强调公共财政支持的儿童照料机构不应该

通过资助消费者来与他们进行商业竞争。[①]

儿童照料与发展基金（Childcare and Development Fund，CCDF）是旨在支持低收入母亲重返工作的资助项目之一。它主要采用教育券的形式提供资助。该项目是福利性质的，工作的妇女被认为是福利的接受者，这在概念界定和实践操作上都存在一定困难。

提前开端（Head Start）是美国联邦政府的一个持续多年的项目。该项目作为约翰逊总统（President Lyndon Johnson）"战胜贫困"的举措之一，开始于1964年。爱德华·齐格勒（Edward Zigler）是当时的主要顾问，被称为"提前开端项目之父"，他记录了提前开端的发展过程。[②] 提前开端面向贫困社区3—6岁儿童提供部分时间制教育服务。地方群体可以申请资金，因而数量规模扩张迅速，毫无质量保障。

虽然提前开端项目最初由大家熟悉的上流社会妇女组织监督，但至少有专业的管理者。齐格勒本人是智力落后研究方面的专家。正如他在回忆中说的，一般认为贫困儿童在智力和社会性发展方面存在滞后，提前开端项目就是要弥补这种缺陷。

提前开端项目实施已有数十年之久，但始终没能成为主流项目。另有一些与提前开端相关联的项目，如面向更小儿童的早期开端（Early Head Start）。最近这些项目要与儿童照料项目相整合。[③] 尽管齐格勒等人做出诸多努力，开展大量宣传和广泛讨论，并将其融合进教育体系[④]，但该项目始终是脆弱家庭暂时性支持福利项目（Temporary Assistance of Needy Families，TANF）资助项目。最近一些评论认为，提前开端已经成为发展的障碍，是福

---

① Stoltzfus, E. (2003) *Citizen, Mother, Worker*. Chapel Hill, NC: University of North Carolina Press, p. 236.

② 齐格勒记录了在白宫举行的早期开端项目启动晚会的盛大场面.

③ Goffin, S. and Washington, V. (2007) 'History of US early childhood care and education.' In R. New and M. Cochran (eds) *Early Childhood Education: An International Encyclopedia*. Westport, CT: Greenwood, vol. 4, pp. 417-423.

④ Finn-Stevenson, M. and Zigler, E. (1999) *Schools of the 21st Century: Linking Child Care and Education*. Boulder, CO: Westview.

利改革的死胡同，而非联邦资助的普惠教育体系的基础。①

　　不足为奇，经济合作与发展组织在 1999 年评估时给了美国一个差评："拼接的服务，必然导致混乱的管理和资助体系、不均衡的质量和不平等的入学机会。"② 入学机会是黑人家庭和少数族裔家庭"非常关注"的问题。许多州设定的管理标准"太低，即使只是就健康和安全而言"。报告建议政府"采取更积极的措施应对贫困和多元化"。《早期教育：国际百科全书》（*Early Childhood Education：An International Encyclopedia*）有 3 卷讨论美国，仅一卷讨论世界其他国家和地区，其中指出：

　　　　美国早期教育和保育项目质量平平的问题由来已久，甚至可以说达到了国家危机水平，尤其是当低质量伴随着不公平的时候。③

　　现在大部分儿童的母亲都参加工作，母性主义观念式微。但是，它仍然有其影响：人们仍然认为联邦资助只是不受欢迎的福利必需品，无论一个母亲有多么贫困，都需要购买自己的儿童照料服务，结果导致当前以私立机构为主的儿童照料领域的入学机会非常不公平。

南非

　　南非代表了另外一种政策路径，其重点在于解决种族隔离问题。特丽莎·梅纳德（Trisha Maynard）和我介绍过这些政策。④ 林达·比耶施特克尔

---

　　① Zigler，E. and Muenchow，S. (1992) *Head Start：The Inside Story of America's Most Successful Educational Experiment*. New York：Basic Books. Zigler，E. and Styfco，S. (2004) *The Head Start Debates*. Baltimore，MD. Paul H. Brookes.

　　② OECD (2001) *Starting Strong：Early Childhood Education and Care*. Paris：OECD，p. 184.

　　③ New，R. and Cochran，M. (eds) (2007) *Early Childhood Education：An International Encyclopedia*. Westport，CT：Greenwood，vol. 1，p. xxxii.

　　④ Penn，H. and Maynard，T. (2010) *Siyabonana：We All See Each Other. Building Better Childhoods in South Africa*. Edinburgh：Children in Scotland.

（Linda Biersteker）对这些政策做过一些解释。① 在南非，早期教育的含义更广泛，类似于儿童早期发展（early childhood development），被界定为"0—9岁儿童在身体、智力、情感、道德和社会性等方面成长和发展的过程"。在南非，儿童早期发展关乎 830 万 0—9 岁儿童的健康与教育，其中 0—5 岁儿童有 550 万。在实践中，0—5 岁和 5—6 岁两个年龄段又有区分，不同的部门分管不同发展方面。学校入学年龄为 7 岁。教育部负责协调各部门的工作。

南非尚未有对儿童发展机构的常规性统计（这一情况正在发生改变）。最新的 2006 年入户调查数据表明，南非目前有 25000 个学前中心（Preschool Centre），覆盖 16%的适龄儿童。最贫困地区的入学率最低，仅有约 8%的儿童进入学前中心。这些数据会有一定变化，但基本趋势不变。② 最近政府增加了在儿童早期发展领域的财政投入，较上次统计数量可能有所增加，但是由于缺乏未注册机构的数量以及注册儿童流失等原因，这些数据仍然只能是推测。许多机构都没有注册，而且儿童流失率非常高。

政府在稳步增加主要附设在小学的、面向 5—6 岁儿童的学前班的入学率。③ 2007 年，62%的 5—6 岁儿童进入小学学前班，另有部分儿童进入社区学前班，但没有这类儿童的准确统计数据。《教育白皮书之五》（The Education White Paper 5）提出到 2010 年将为所有 5—6 岁儿童提供学前班教育。④

向如此多的儿童提供广泛的儿童早期发展服务，需要教育、社会福利和健康等多个部门协调工作。这种协调不仅是各级政府之间的纵向协调，还需要各地区横向协调。南非现有 9 个省，省级政府有相当大的权力，包括编制

---

① Biersteker, L. (2007) 'South Africa.' In R. New and M. Cochran (eds) *Early Childhood Educa-tion: An International Encyclopedia*. Westport, CT: Greenwood, vol. 4, pp. 1194–1239.

② Department of Education (2001a) *Nationwide Audit of ECD Provisioning in South Africa*. Pretoria: Department of Education.

③ 南非小学入学年龄为 7 岁，政府规定 5—6 岁阶段为 R 年级或学前班（'grade R' or Reception year）.

④ Department of Education (2001b) *White Paper 5-Early Childhood Development*. Pretoria: Early Childhood Development (ECD) Directorate.

预算。

　　由于种族隔离制度，政府根据居民种族进行管理。例如，德兰士瓦省（Transvaal；其白人统治地区现为豪滕省，Gauteng）历来在白人地区有独立的幼儿园。这些幼儿园采用欧式教育，拥有良好的设备、宽敞的空间和接受过专门培训的教师。这些幼儿园主要服务于南非白人和说英语的儿童，直到豪滕省建立了新的种族融合制度，才开始有许多黑人儿童坐车从乡镇来到这里。这些幼儿园雇用了黑人教师，并提供全日制教育。其他省份的早期教育体系各有不同，因此全国范围内有巨大差异。

　　乡镇和农村地区的托幼机构以私立保育和教育中心为主，主要面向工作妇女的子女。这些机构大部分没有注册，设施较差，雇用的都是没有教师资质、工资水平很低的妇女。另有一些非政府组织运营或支持的机构。

　　南非新政府认为这一双轨体系从根本上是不公平的，占人口少数的特权阶层获得了最多的财政资助和（很多时候是）最好的服务。新政府停止对幼儿园的资助，积极增加对能更好支持乡镇和农村地区的贫困儿童的早期教育和保育机构的财政投入，支持和促进早期教育和保育系统的发展。这意味着许多富裕地区的幼儿园为了生存不得不收费，或者倒闭。

　　1998 年之后的新政策和项目开始支持早期儿童发展，包括提供免费的基础医疗和学前班教育。2004 年，内阁通过社会服务一揽子计划（包括社会发展、健康与教育）以综合发展早期教育。这就是知名的《国家 0—4 岁儿童发展整合计划（2005—2010）》（*National Integrated Plan for Early Childhood Development for Children 0-4 Years 2005-2010*，NIP，以下简称《国家整合计划》），其目标如下。

- 打造儿童尤其是处境不利儿童可以从中受益、获得发展的环境。
- 帮助儿童做好入学准备。
- 为年幼儿童的照看者提供支持。
- 减少贫困对儿童发展的消极影响。

　　这一行动计划的根本目的就是通过立法改革和精准扶贫来改善公平和质量，扩大早期发展项目的数量与规模。

1983 年的《儿童照料法案》（Child Care Act）规定了儿童照料的标准。2008 年新的《儿童法案》（Children's Act）重新修订了早期发展服务的相关指南。该法案侧重《国家整合计划》的第三层次（Level 3），重点发展正规机构。然而，国家还没有制定前两个层次的干预指南，也没有支持家庭和社区项目的框架。

政府建立了儿童资助体系，支持低收入家庭的儿童接受儿童发展中心的服务。政府将补助直接发放给非营利的儿童发展中心。这些补助只能用于为儿童提供的服务，不能用于人员工资或其他运行成本。人均补助标准由各省自由决定，从最低每天 9 兰特到 18 兰特（约 1 英镑）不等。约 20% 的机构接受了这些资助。资助管理过程非常复杂，涉及多级政府和部门。政府还设立了 14 岁以下处境不利儿童的资助项目。这些补助直接发放给儿童照看者，似乎这一措施有效地降低了贫困，虽然地方上仍质疑这些补助是否能够或应当用来支付儿童照料费用。

中央政府制定预算决策，然后在省级层面进行分配和执行。最新的个案研究表明，由于省级政府缺乏相应能力，分配到地方的儿童早期发展项目预算并没有执行，甚至被挪用。大部分早期教育机构都是非政府组织举办的、私立的，所以落实这些补助需要大量的管理与协调工作。

虽然刚通过的法规要求对接受补助的机构进行年检，但相关的检查非常有限。检查并获得机构运行的准确数据是科学决策的前提。对机构的检查和支持原先都是由非政府组织来完成的。这些组织以前依靠外部捐赠和政府支持开展工作，由于《国家整合计划》的实施，这些组织现在获得的补助非常少，但是，省级政府并未及时承担起相应角色。

公共职业部（Department of Public Works）资助开展了对贫困社区妇女的培训项目，将这些妇女培训为早期教育工作者。这些人在接受培训时就能领到一点薪水，但这引发了早期教育和保育领域的工资和职业发展机会问题。由于大部分儿童发展机构都是自筹自支，所以工资水平很低，职业发展机会很少。证据表明，接受过良好培训的、有抱负的员工一旦有机会就会离开这个领域，进入小学或者高端私立机构。

南非职业资格局（South African Qualifications Authority）建立了儿童早期发展认证体系。《国家儿童早期发展资格框架》（National Qualifications Framework for Early Childhood Development）试图推动常规化培训和积分培训。达到基础水平后，受训者可以自主选择继续学习到水平 4 和水平 5。

与《国家儿童早期发展资格框架》并行的是课程的研发。之前雄心勃勃的 5—15 岁儿童课程重构计划进行了大幅度调整。政府也在考虑出台语言政策。南非有 11 种国家语言，多语言制在南非黑人、印度人和有色人种社区中尤其明显。教学语言尤其是儿童早期阶段的教学语言问题是一个敏感的政治问题。政府正在研制 5 岁以下儿童的早期学习标准，但似乎采用了美国传统的年龄与发展阶段模式。

南非的儿童早期政策发展快速。除了贫困、艾滋病等严重健康问题，其发展道路还有诸多障碍。这里有许多新观念、新项目，许多精明能干、热爱教育的人士。许多农村地区的干预项目都以家庭和社区为依托，在缺乏其他设施的背景下，试图调动当地人民的内在力量来更好地照料儿童。没有任何一个地方像这里这样需要资金来解决因长期种族隔离而导致的儿童贫困、社会不公和家庭破裂问题。教育部儿童早期发展部门的领导告诉我们："我非常头疼国际比较指标，在这些指标上我们总是垫底。我想找到某种框架能够体现我们南非的独特贡献。"① 事实是，欧美在质量和标准的界定上拥有强大的话语权，这种质量和标准需要丰富的资源才能实施，目前很难与欧洲和北美的政策相抗衡。南非具有重要的战略意义。虽然南非本国仍存在严重的问题，但许多非洲国家都以南非为榜样来制定本国的相关政策。

政策黏性

早期教育和保育领域的政策通常关注的是现在。但是，政策制定受到了过去的影响，过去从而影响现在的标准和指南。表面上，这是对某一社区或

---

① Penn and Maynard, *Siyabonana*, p. 15.

社会在特定时间的特定需求和现状的反映，例如英国因为虐童事件而关注儿童安全问题。但这些标准和指南背后的指标本质上是普遍的、去情境的，被认为是对儿童和家庭"最好的"。任何深入挖掘史料的人都能在现在发现过去的影子。过去不能成为现在的负累，但认识过去是开启现在的良好起点。然而，现在颁布的质量指南并没有结合复杂情境来深入思考：到底什么是对儿童最好的？什么构成了质量？

本章所分析的各国不同的政策历史带来了不同的质量观念。像儿童早期发展这种弱势领域的政策制定很少是理性的、经过深思熟虑的，常常是政府基于过去的传统对现实危机做出的简单反应。一旦政府做出某种行动，或支持某种模式，对于家长、教师、其他专业工作者或整个社会，就成为一种既定事实。学者们就会欢呼雀跃地去解读和阐释这些政策，即使这些政策在其他国家和时间——除了在编写这一政策时毫无意义。

本章对早期教育和保育政策历史的简单回顾说明了政策制定是一个复杂的过程。人们普遍认可任何领域的政策制定在某种程度上都是一个相当主观的过程。除了极少数情况，政治家们常常根据自己能够向公众"兜售"什么来做决策，而非根据现有的证据来理性决策。这样说不是要蔑视或摆脱政治，而是为了更清醒地理解这一过程是如何运行的。

政策制定受迅速变化的事件和公众意见的制约，也必然受到未曾意识到的过去的影响，但学者和知识分子包括学生的职责就是要冷静、理性、批判地分析这些政策及其背后的基本理念。这在早期教育这一相对较新的领域尤显必要。由于政府的特殊声望，人们有种特别的压力视政策为理所当然并盲目服从。从广泛的历史视角来看，这是错误的——虽然现在这是不可避免的。这种盲从只会导致停滞不前。

第三章
互相矛盾的理论基础

这一章是在我提交给社会科学教育专家联盟（Network of Experts of Social Science Education，NESSE）的一篇文章的基础上完成的。该联盟由欧盟委员会教育与文化管理局（European Commission Directorate of Education and Culture）主持，目的是为成员国提供早期教育和保育政策所需的研究信息。因此，这篇文章的重点是欧洲的早期教育，例子主要来自欧洲，但很多问题具有普遍性。①

我在第二章讨论了几个国家早期教育政策的理念基础。我认为，由于很少关注政策的历史根源，人们对政策及质量的讨论缺乏内在一致性。在本章，我试图从另一个角度来分析政策的理论基础，重点讨论早期教育财政投入的理论依据、研究基础以及由此产生的政策主张：一种强调早期教育或其他早期干预对儿童的积极影响，另一种则强调母亲在儿童教育中的作用。目前也有从儿童权利角度进行的分析。

有关早期教育财政投入的理论依据并不是一成不变的，经常因政治家的需要变换。由于我们过分关注当下，所以很难审视过去并预测未来。例如，许多国家有关儿童权利的讨论都发生了变化。在讨论早期教育的理论依据之

---

① European Commission/NESSE（2009）*Early Chilahood Education and Care：Key Lessons from Research for Policy-Makers*. Brussels：European Commission，Education and Culture DG. www. nesse. fr/nesse/ nesse_ top/tasks.

前，我想指出有两种最新趋势影响了早期教育观念：①学术讨论中日益加强的国际化、跨领域性；②经济增长。

变化的理论和学科视域

早期教育和保育政策所依赖的理论观点与学科视域一直在变化之中。总体上，学术对话具有国际性，内容广泛，但也争议不断。有关早期教育的讨论以从儿童发展视角获得的有关儿童需要和兴趣的认识为基础。最新的研究描绘了不同的儿童。大部分儿童发展研究都是来自少数儿童群体（主要来自北美和欧洲），很难推广到其他群体。① 一些人类学研究结果挑战或扩展了以往儿童发展和教养的标准化认识。② 这意味着需要对儿童发展与教育进行跨学科的解释。一项有关异亲照料（由不是父母的成人提供的照料）的研究，从社会生物学、生理学、人口学和人类学的角度探讨了替代性照料对儿童生活的复杂影响。③

我刚为一本有关儿童的新书写了一章内容。该书作者是这样描述该书的写作目的的。

> 揭示一直以来如何通过殖民社会福利项目、传教士教育，或最近的联合国、世界银行等国际组织的工作，将特定群体的儿童观强加给西欧、北美或非西方国家。然而，我们想说明，人们不是被动地接受这些儿童观。相反，他们可能排斥这种儿童观，沿袭他们的本土实践，或者他们可能选择性地吸收，从而出现现代儿童观念与传统观念并存的情况。因此，我们感兴趣的是如何整合国际化与本

---

① LeVine, R. and New, R. (eds) (2008) *Anthropology and Child Development: A Crosscultural Reader*. Oxford: Blackwell.

② DeLoache, J. and Gottleib, A. (eds) (2000) *A World of Babies: Imagined Childcare Guides for Seven Societies*. Cambridge: Cambridge University Press.

③ Bentley, R. and Mace, R. (eds) (2009) *Substitute Parenting: Alloparenting in Human Societies*. Oxford: Berghahn.

土化的观念与实践，今天我们应该如何理解和讨论儿童期问题。[①]

　　参与此书写作的作者来自不同的洲，有着迥然相异的背景。我经常需要将自己的工作置于国际化背景之下（虽然国际化经常意味着工业化或富裕国家的标准）。国际比较、国际百科全书和国际期刊日益增多，重要的是这些图书和期刊大多数是跨学科的、国际化的。有关儿童的跨学科研究正重新塑造着早期教育和保育政策的理论基础。

经济学与市场化

　　影响早期教育领域的思考与决策的另一个重要趋势是经济合理化（economic rationalization）。几乎任何事物都是经济学家的研究对象。经济学采用量化的、实证的、科学的（或者类科学的）方式描述人们之间的金融交易，在国家和国际层面预测财富和贫困。巴巴拉·科伊尔（Barbara Coyle）在其著名的经济学著作《有灵魂的科学》（*The Soulful Science*）中指出，实证经济学家在"发现的黄金时代"用图表描绘经济和社会。[②] 当然也有不同的声音——有时被称为"后孤独症"经济学家（post-autistic economists）的经济学者认为传统经济学家远离了日常世界。[③] 对传统或经典经济学家的最知名的批判来自哈佛政治科学家迈克尔·桑德尔（Michael Sandel）。[④] 他指出：认为经济学能够充分解释社会的观点是错误的，经济学研究低估了人类的团结和集体行动。但是，无论你接受哪种经济学观点（我个人无疑属于桑德尔的阵营），经济学理论都有着强有力的影响。

　　许多经济学家认为金钱交易与道德无关。可能正是这个原因，导致了营

---

① Afua Twom Danso，个人交流.

② Coyle，B.（2007）*The Soulful Science：What Economists Really Do and Why it Matters.* Princeton，NJ：Princeton University Press，p. 232.

③ *Post-Autistic Economics Review* 是挑战传统经济学的一本期刊，详见：www. paecon. net/History-PAE. htm.

④ Sandel，M.（2009）*Justice：What's the Right Thing to Do?* London：Penguin.

利性儿童照料机构的境地。在儿童身上赚钱在道德上是让人无法接受的（正如在老者或弱者身上牟利一样），这是在利用脆弱和需求。然而，你会发现公司报告或投资于儿童照料的银行和上市私营公司的市场分析主要讨论照料儿童带来的预期收益，而非儿童本身。虽然欧盟国家的营利性儿童照料机构相对较少，但营利性儿童照料机构已经逐渐成为英国和其他英语国家早期教育的主要形式。美国的许多研究被有关儿童发展的文献广为引用，但没有考虑到市场化的背景及其引发的入学机会和公平问题。[①] 即使有的营利性企业大笔捞钱——他们不仅剥削付费购买服务的家长，还剥削提供服务的工作人员[②]——狭义的质量概念也是可以适用的。

　　对早期教育和保育的界定及其理论基础存在许多相互矛盾、交叉重叠的观点。我在表3-1中列举了一些最有名的理论，以及它们所依赖的研究证据和所导致的政策观点。正如我所强调的，这些理论不是相互补充的，甚至可能是相互矛盾的。我尝试讨论这些理论的政策意义，但政策制定和实施是一个复杂的过程，尤其是早期教育和保育涉及多个政策领域。我会对这些理论进行细致分析。

① Sosinky, L., Lord, H. and Zigler, E. (2007) 'For-profit/non-profit differences in center-based childcare quality: Results from the National Institute of Child Health and Human Development Study of Early Child Care and Youth Development.' *Journal of Applied Developmental Psychology* 28 (5): 390-410.

② Penn, H. (2011) 'Gambling on the market.' *Journal of Early Childhood Research*. Kilburn, R. and Karoly, L. (2008) *The Economics of Early Childhood Policy: What the Dismal Science Has to Say about Investing in Children*. Santa Monica, CA: Rand.

表3-1　早期教育和保育的理论基础

理论依据	研究视角	政策重点及对质量的启示
早期干预是一项很好的投入，因为它有助于减少小学和中学阶段的补偿教育支出，提高后续成人阶段的生产力，减少反社会行为	经济学、人力资本理论、长期社会效益分析；依据大型长期追踪研究数据和儿童早期干预的成本—收益研究	瞄准最脆弱的儿童提供服务；质量包括瞄准机制的适宜性、最脆弱家庭的参与程度、良好的长期社会效果
只有高质量的早期教育（和保育）才是良好的投入，低质量的早期教育会给最脆弱的儿童带来伤害	儿童发展研究；良好的师生比、课程、教师培训是质量的核心要素	为目标群体提供早期教育服务，强调严格界定和评估质量
早期教育有益于所有儿童，能够提升儿童尤其是贫困家庭和移民家庭儿童的学习品质和社会性发展	有关儿童学习过程和教师教学实践的儿童发展研究	将早期教育作为教育系统的一个组成部分进行普及，并确保最脆弱儿童的入学机会；质量应敏感反映特殊教育需要和后续学校学习结果
教育与终身学习是竞争激烈的知识经济所需要的，教育能够促进社会流动	教育研究数据以及来自经济合作与发展组织和其他国际组织的比较研究数据	将早期教育作为教育系统的一个组成部分进行普及；质量包括后续学校学习结果
妇女是动态经济的关键贡献者	劳动力市场的经济学、成本—收益研究，性别研究	提供全日制儿童照料服务激励妇女参加工作（巴塞罗那会议目标）；质量包括各种水平的机构服务以及妇女参与工作的数量

续表

理论依据	研究视角	政策重点及对质量的启示
母亲参加工作增加了政府税收，减少了社会保障支出，也为家庭做出了重要贡献	福利经济学，强调单亲父母或其他可能依赖政府福利的父母参加工作的意义	产假、陪产假和父母假，提供全日制儿童照料，制定工作支持方案；根据母亲（和父亲）的社会福利机构水平来测量质量
家长需要参与子女的生活与教育，家长是子女的第一任教师	强调关键期、家庭环境和母亲依恋的重要性的儿童发展研究	家访项目，父母学校，母亲做志愿者；根据母亲母子互动的改善来评估质量
低出生率是社会问题	人口学、人口变化的社会福利研究	生育鼓励政策，儿童福利，产假和父母假，儿童照料服务；根据母亲（和父亲）的福利和出生率的增长来测量质量
儿童包括幼儿都拥有权利，所有儿童有受保护权、受教育权、参与权	有关人权和儿童权利的法律规定，有关投资儿童的经验、能力和福利方面的法学和社会学研究	多模式，包括减少儿童贫困，提供健康和福利支持；从儿童的视角来界定测量质量；根据儿童的发展状况测量质量
儿童贫困严重影响儿童的教育结果，自我价值感以及后续的社会贡献	有关贫困对家庭影响的社会福利研究	通过税收和福利的再分配以及其他社会政策来减少儿童贫困；劳动力市场立法，如最低工资立法；根据儿童贫困的降低来测量质量

理论依据 1

> 早期干预是一项很好的投入，因为它有助于减少小学和中学阶段的补偿教育支出，提高后续成人阶段的生产力，减少反社会行为。

这源于人力资本理论，强调个体在不同时间的经济产出以及提高其产出所需的条件。人力资本理论的确让我们重新思考宏观经济政策及其实施。投资人力，尤其是投资教育能够带来更可观的回报。诺贝尔奖获得者和人力资本理论的主要学者詹姆斯·赫克曼（James Heckman）主张，投资儿童早期阶段的教育能够带来比其他任何阶段的教育更大的经济回报。[①]

这一经济学研究结论经常被世界银行、联合国儿基会或伯纳德·范里尔基金会（Bernard Van Leer Organization）等国际发展组织的文献引用。[②] 美国智库如兰德公司（Rand Corporation）和布鲁金斯学会（Brookings Institution）一再引用人力资本理论的解释。[③][④] 现在围绕着运用经济学和商业理论阐述早期教育已经成为一个分支产业。正如萨博（Sabo）所说，在美国，"致力于早期教育的商人成为立法会和宣传游行上炙手可热的人物"[⑤]。

---

① Heckman, J. and Masterov, D. (2004) *The Productivity Argument for Investing in Young Children*. Cambridge, MA: National Bureau of Economic Research. http://jenni. uchicago. edu/Invest/. Heckman, J. (2008) 'The case for investing in young children.' In Brookings Foundation (2009) *Big Ideas for Children*: *Investing in Our Nation's Future*. Washington, DC: First Focus, Brookings Institution.

② Penn, H. (2011) 'Travelling policies and global buzzwords: How INGOs and charities spread the word about early childhood.' *Childhood*.

③ Brookings Foundation (2009) *Big Ideas for Children*: *Investing in Our Nation's Future*. Washington, DC: First Focus, Brookings Institution.

④ 世界银行资助开发了早期教育计算器，供各国计算早期教育投入的每千名儿童收益，参见：http://go. worldbank. org/KHC1NHO580.

⑤ Sabo, J. (2007) 'Dancing the dance of capitalism: The economic rationale and the politics of kids.' *International Journal of Economic Development* 9 (4): 302.

但是，赫克曼和他的跟随者们所依据的证据存在诸多问题。[①] 促进经济发展的证据反映了美国未能制定连续一致的政策或者政府未能投入早期教育的事实。由于美国和加拿大对税收和政府角色的传统观念，即使从经济学角度论述早期教育干预的益处也无济于事。正如哈佛大学杰出的心理学家杰罗姆·卡根（Jerome Kagan）所言，"早期干预能够带来长期效益"这一主张之所以存在，是因为要承认美国存在着严重的社会不公太难了，另外，用税收来支付早期教育服务在政治上是很难接受的。[②] 在美国使用某一特定的经济学证据是一个实用策略，但在其他一些早就接受以低税收来支付教育服务的观念的国家（包括很多富裕国家和一些贫穷国家）可能就是不适宜的。在美国，即使倡导者大量运用经济发展依据，但建设一个公正合理的早期教育服务体系的进程仍是缓慢的，甚至可以说这个体系还不存在。

人力资本理论凸显了早期干预是一种格外有效的经济投入，但并未强调高质量的早期干预可以提高个体在成人期的产出（其他经济理论也未能强调这一点）。这需要采用控制组和对照组实验设计，对早期干预项目进行至少15年的追踪，跟踪儿童到成年初期的研究才能够提供这方面的证据。由于这种研究非常昂贵，而且耗时耗力，所以很少有。有关早期干预成本—收益的长期追踪研究的文献回顾[③]仅发现了3项这种研究：佩里高瞻研究[④]、启蒙者

---

① 桑亚·米歇尔（Sonya Michel）在她关于美国儿童照料服务发展史的论述中指出，慈善干预缺少用户或职工的参与式管理或民主；幼儿园完全是自上而下运行的，干预方式也是一种施舍式干预——我们是为你们做善事，用户或职工没有机会参与决策，他们只是专业实验的对象，详见：Michel, S.（1999）*Children's Interests/Mothers' Rights*. New Haven, CT：Yale University Press.

② Kagan, J.（1998）*Three Seductive Ideas*. Cambridge, MA：Harvard University Press.

③ Penn, H. et al.（2006）*Systematic Review of the Economic Impact of Long-term Centre-based Early Childhood Interventions. Research Evidence in Education Library*. London：Social Science Research Unit, Institute of Education. 参见：www. eppi. ioe. ac. uk.

④ Barnett, W. S.（1996）*Lives in the Balance*：*Age-27 Benefit-Cost Analysis of the High/ Scope Perry Preschool Program*. Ypsilanti, MI：High/Scope Foundation.

研究（Abecedarian）[①]、芝加哥儿童—父母中心研究[②]。这些干预项目分别开始于 20 世纪 60 年代、70 年代、80 年代，主要在美国的少数族裔居住区实施。所调查的群体大多是非裔黑人和墨西哥裔，启蒙者研究调查的是处境尤其不利群体。前两项研究都是随机控制实验——虽然有文献质疑佩里研究的随机性，第三项研究使用了控制组。几十年来，3 项研究发表了一系列著作。

3 个干预项目在目的、目标儿童年龄、干预时间长度、母亲角色、可利用资源等方面有所不同。对这 3 个项目的成本—收益分析采用了基本相似的经济分析程序。这些分析通过地方上特定典型学校的支出（如留级的年数、补偿援助的性质）、美国有关青少年犯罪率和犯罪赔偿等的国家数据库来做经济预测。

每项研究都报告了干预项目对目标群体的显著长期影响效果。3 项研究都报告了控制组学业成绩的提高、留级和补偿项目的减少。启蒙者研究还报告了参加项目的少女妈妈的教育成就、所有妈妈的就业类型上的显著差异。佩里高瞻研究和芝加哥研究发现了干预组和控制组在青少年犯罪率上的差异——虽然差异显著性较小。启蒙者研究在这方面没有发现差异。犯罪率降低构成了佩里高瞻研究和芝加哥研究发现的最主要收益。但是，美国在犯罪控制上的支出非常高。美国的监禁水平很高，而且受害者赔偿相当高，因为美国的枪支犯罪率高。[③] 这两项研究所汇报的早期干预项目带来的成本缩减在其他任何国家都不可能发生。

每项研究根据长期收益预测计算了投入产出比。佩里高瞻研究声称每投入 1 美元能够回报 7.16 美元，芝加哥研究的比例是 1∶7.14，启蒙者研究的是 1∶3.78。由于使用的工具以及测量的指标不同，最终结果存在较大差异。

---

①　Ramey, C. T., Campbell, F. A., Burchinal, M., Skinner, M. L., Gardner, D. M. and Ramey, S. L. (2000) 'Persistent effects of early interventicn on high-risk children and their mothers.' *Applied Developmental Science* 4: 2-14.

②　Reynolds, A. J. (2000) *Success in Early Intervention: The Chicago Child-Parent Centers.* Lincoln, NE: University of Nebraska Press.

③　Aos, S., Phipps, S., Barnoski, R. and Lieb, R. (2001) *The Comparative Costs and Benefits of Programs to Reduce Crime.* Olympia, WA: Washington State Institute for Public Policy.

虽然人们喜欢用最有利的数据进行推断，但对这些数据的解释仍可以讨论。

在应用美国的这些研究或者对这些微观干预的效果进行推论时仍有许多问题值得探讨。例如，种族主义可能会影响对这些长期追踪研究的解释，这一点在启蒙者研究略有提及，而另外两项研究未能涉及。然而，其他学者，尤其是黑人学者指出美国这一段历史上的种族主义是非常严重的。[1] 一些心理学者也指出，追踪研究乃至所有研究都低估了情境的重要性，忽略或者误解了美国贫困黑人和拉美裔的处境。[2] "贫困和脆弱" 的界定是有问题的，与种族和阶层存在交叉，如佩里高瞻研究最初将其样本儿童定位于 "发展滞后、文化被剥夺的黑人学前儿童"[3]，后来才逐渐修改为 "低收入儿童"。

事实上，经济学家有一个共识，就是长期追踪干预研究成本高，但提供的信息非常有限且滞后——20 年后研究完成时，当初研究所提出的问题可能已经过时。[4] 经济学家和社会评论家更重视长期追踪的大数据。英国千禧年出生人口研究（the Millennium Cohort Study）追踪了 19000 名 2000 年出生的儿童，考察了家庭背景、儿童照料机构与教育的发展等问题。欧盟收入与生活条件统计（European Union Statistics on Income and Living Conditions，EU-

---

① Heath, S. B. (1983) *Ways with Words：Language，Life and Work in Communities and Classrooms.* Cambridge：Cambridge University Press. Heath, S. B. (1990) 'The children of Trackton's children：Spoken and written language in social change'. In J. Stigler, R. Shweder and G. Herdt (eds) *Cultural Psychology：Essays on Comparative Human Development.* Cambridge：Cambridge University Press, pp. 496−519. Rosaldo, R. (1993) *Culture and Truth：The Remaking of Social Analysis.* London：Routledge. 黑人作家华特·莫斯利（Walter Mosley）在 20 世纪五六十年代的小说中描绘了严重的种族主义.

② Johnson, D., Jaeger, E., Randolph, S., Cauce, A., Ward, J. and the National Institute of Child Health and Human Development Early Child Care Research Network (2003) 'Studying the effects of early childcare experiences on the development of children of color in the United States：Towards a more inclusive research agenda.' *Child Development* 74 (5)：1227−1244.

③ Weikart, D. P. (ed.) (1967) *Preschool Interventions：Preliminary Results of the Perry Preschool Project.* Ann Arbor, MI：Campus, p. 57.

④ Meadows, P. (2007) 'The methodologies for the evaluation of complex interventions：An ongoing debate.' In J. Belsky, J. Barnes and E. Melhuish (eds) *The National Evaluation of Sure Start.* Bristol：Policy Press.

SILC）应该是很好的信息来源。① 这是在欧盟国家进行的家庭调查，从 2003 年开始，每 4 年进行一次。这一数据库提供了收入、贫困、就业和社会排斥等一系列变量数据，有助于比较不同家庭如何利用儿童照料机构的情况。在对家庭进行不同时间的追踪后，可以提供长期追踪数据，但同时期不同领域的数据也很重要。因此，赫克曼的研究过分依赖于有限的数据，这种方法已经过时。

即使赫克曼所依赖的研究证据是狭隘的，那么投资于早期教育是否有意义呢？如果没有足够的资金为所有儿童提供早期教育服务，是否优先向某些儿童提供呢？有关早期教育的经济学研究建议，向特定群体提供早期教育干预能够带来更好的教育结果，具有更高的投入产出比。所有政府都必须确定优先顺序并合理配置资源，因此，瞄准收益最大的儿童群体是最经济有效的策略。另一位诺贝尔奖获得者，美国经济学家加里·贝克（Gary Becker）强力主张，早期教育干预投入仅对最脆弱儿童是经济有效的。他否定了其他建议州政府加大投入的主张。对于大多数儿童而言，州政府没有必要进行投入，因为经济状况较好的家庭完全可以在市场上购买儿童照料服务，这要比政府运用税收举办公立机构为这些家庭提供服务更有效率。对于需要干预项目的家庭而言，需求方主导系统（给家长纳税优惠或教育券）要比供方主导系统（直接向机构发放补助）更好。政府以教育券的方式向贫困家庭提供补助，贫困家长可以购买任何经过认证的私立儿童照料服务。在他看来，市场可以保证效率和充分供给，竞争还有助于保障质量。这一模式背后的基本观点是政府要尽可能减少介入市场，提高税收是坏事。②

经济合作与发展组织的报告《强力开端 2》（*Starting Strong II*）则提出瞄准脆弱儿童有诸多不利。报告引用谚语说："给贫困者的服务都是低劣的

---

① Plantenga, J. and Remery, C. (2009) *The Provision of Childcare Service: A Comparative Review of 30 European Countries*. EU Directorate for Employment, Social Affairs and Equal Opportunities/European Commission's Expert Groupon Gender and Employment Issues (EGGE). Brussels: EU. 这一文件运用 EU-SILC 数据分析了儿童照料服务及其与家庭之间的关系.

② Becker, G. (2005) *Should Governments Subsidize Childcare and Work Leaves?* November 2005: www. becker-posner-blog. com.

服务。"（A service for the poor is a poor service.）这有多方面的原因。瞄准贫困儿童的机构大多数分布在贫困地区，师资较差，教师对儿童的期望也可能较低。另外，瞄准服务的社会声誉较低，很多家庭对此也不熟悉，所以参与度较低。如果瞄准服务机构附设在小学，早期教育阶段的社会隔离还有可能延续到小学教育阶段。考虑到贫困与非贫困之间的界限区分问题，可能用于判断贫困资格的管理资源也是非常有限的。另外，瞄准贫困儿童的服务可能只能获得短期的资金支持，很难获得长期的政治支持。最终如美国的提前开端项目，瞄准项目只能身处边缘，难以成为主流。一位参与英国确保开端项目的学者认为，这类项目是走向普及的第一步，要实现"瞄准性普及"（targeted universalism）。但是"瞄准性普及"本身就是自相矛盾的。一个项目或者是瞄准的，或者是普及的。一个瞄准项目很难完全改变性质成为普及项目。正如第二章所提出的，这是一种天真幼稚的政策观点。

英国早期干预项目——确保开端是一个很好的例子。这一项目如其他工党资助的早期教育项目一样有非常完整的记录材料。这一项目受到美国有关对处境不利儿童进行早期干预的经济学研究理论的启发，效仿美国提前开端项目而提出。由于瞄准和实施方面的困难——当然原因不止于此——确保开端并没有实现其减少儿童贫困和提高儿童结果的预设目标。这个项目为避免筛选问题，将瞄准对象定位在社区而非个人（界定社区存在更大的测量问题）。但是，在一些社区，尤其是在伦敦这种国际化大都市，富人与穷人同住一条街——即使他们之间没有任何社会交往。在这些区域，恰恰是富裕的家庭独占了确保开端项目，而非穷困家庭。相反，许多没有居住在贫困区域，尤其是那些居住在农村地区的贫困家庭根本没有机会进入任何确保开端项目。在大城市边缘最贫穷的廉租房区域，确保开端如其他社会福利干预项目一样名声不好，入学率非常低。具有讽刺意味的是，确保开端主张要给当地社区的妇女——被压迫的妇女以机会，支持她们做出自己的决策，引导她们学会利用自己的时间。从某种意义上来说，该项目试图杜绝传统的慈善式家长制作风，至少文件中是这样的取向。

项目在设计时期望提供跨领域的服务，但健康、社会工作、教育和志愿组织等各部门向来难以协调工作，其员工之间还存在争论。① 确保开端被指与现行的早期教育、日托机构或健康服务体系相脱离。作为一种新形态的项目，确保开端总是不明确该如何融入现有服务结构体系。因此，用户之间、员工之间以及与其他类型的服务之间的边界界定问题阻碍了确保开端的实施与发展。正如确保开端实施报告中指出的，项目实施还存在很多未预期的成本。平均一个项目的实施要比预计的时间长两倍，这种拖延花费大量资金。② 然而，政治家们仍然将确保开端视为旗帜性项目，以此展示政府对早期教育和保育的重视与投入。在英国，它被称为"杰出"项目，只是标准有点低。

如果在英国扩大早期教育服务，另外一种替代性策略就是为儿童提供目前被认为最高标准的、独立的幼儿园。1997 年，大约有 500 个这种机构，主要分布在城市的贫困地区。这些机构有良好的设施配备、户外空间和师资条件，并受到家长的认可和欢迎。幼儿园是普及性学校系统的一个部分。但是，这种服务是一种昂贵的选择，有深厚的教育传统。而确保开端源于英国福利传统——虽然它自己宣称是一种全新的模式。

总体上，确保开端的初衷是好的，但在改变生活和减少贫困方面言过其实。③④ 影响英国政治家的美国提前开端项目的成功是有限的，其效果是不均衡的；影响英国财政部的人力资本理论是建立在错误的数据资料之上的。作为一个瞄准干预项目，确保开端花费不少，但未能实现预期结果。不过因为其是政府减少儿童贫困的关键举措，因此对其的批评不受重视。该项目的支持者仍声称即使现在效果不明显，等到被试成人后一定会表现出积极效果，就像美国长期追踪研究所报告的一样。

---

① 我参观一个地方项目时，社会工作管理人员指出，她的最大成功就是开放了这个与地方健康服务信用体系（NHS Primary Health Care Trust system）兼容的电脑系统.

② Tunstill，J. and Alnock，D.（2007）'Sure Start local programmes：An overview of the implementation process.' In J. Belsky，J. Barnes and E. Melhuish（eds）*The National Evaluation of Sure Start*. Bristol：Policy Press，pp. 79-96.

③ Belsky，J.，Barnes，J. and Melhuish，E.（eds）（2007）*The National Evaluation of Sure Start*. Bristol：Policy Press.

④ National Equality Committee（2009）*An Anatomy of Economic Inequality in the UK*. London：Centre for the Analysis of Social Exclusion.

支持瞄准干预项目的论据并不像看起来那样有说服力。其他理论依据看上去好像更有力。

理论依据2

> 只有高质量的早期教育（和保育）才是良好的投入，低质量的早期教育会给最脆弱的儿童带来伤害。

保罗·莱泽曼（Paul Leseman）在两篇评论中①指出，虽然有很好的基本指标确保最低质量，包括合理的师生比例、经过良好培训的成人、富有刺激的认知环境，真正挑战政策的是：

> "重构现有早期教育和保育体系的关键特征来为所有儿童提供高质量的服务。这种服务应该是整合的，对任何社会阶层和种族而言都是支付得起的、有吸引力的，能敏感回应不同教育需求的。"②

不同国家儿童发展研究形成的一致认识是：高质量的早期教育和保育服务能够带来良好的儿童发展结果，相反，低质量的早期教育和保育服务带来的结果堪忧。经历低质量照料的儿童可能存在消极行为，甚至是攻击性行为；他们的语言发展较缓；年龄越小的儿童，受到的影响越大。这些结果非常可怕，这些研究忽略的因素同样非常可怕。没有研究提及儿童在低质量的机构中是否快乐，身体状况如何，以及母亲是否焦虑。没有研究涉及教师在良好工作环境中的工作满意度或者在恶劣工作环境中的倦怠。高质量和低质量到

---

① Leseman，P.（2002）*Early Childhood Education and Care for Children from Low Income and Minority Backgrounds*. Paris：OECD. Leseman，P.（2009）'The impact of high quality education and care on the development of young children.' In Eurydice（2009）*Early Education and Care in Europe*：*Tackling Social and Cultural Inequalities*. Brussels：Education，Audiovisual and Culture Executive Agency，pp. 17-40.

② Leseman，P. 'The impact of high quality education and care on the development of young children'，p. 39.

底意味着什么呢？

美国国家儿童健康与人类发展研究所（National Institute of Child Health and Human Development，NICHD）收集了有关 1364 名背景多样的 0—3 岁儿童的人口学、家庭、儿童照料机构特征以及儿童行为发展方面的长期追踪数据——排除了最贫困社区。[①] 该研究指出，良好的师生比、受过培训的教师、优质的教学（good pedagogic programmes）是保障质量的最重要因素。英国的有效学前教育项目（Effective Provision of Pre-School Education，EPPE）也是一项大规模追踪研究，同样证实优质教学实践对于儿童结果的重要意义，相反，低质量的教学实践对儿童会产生消极影响。[②]

争议最大的是如何形成令人满意的、文化适宜的质量定义以及如何来评估和监控质量。英美文献强调师生比、教师培训、优质教学实践的重要性。温情、敏感的照料对于儿童非常重要。人们采用标准测量工具，如《幼儿环境评量表》以及测查儿童后期教育表现的测验来评价和监控质量。无论教育机构性质如何，由谁提供和管理运行的，侧重保育还是教育，是公立的还是私立营利性或私立非营利性的，这些质量指标都被视作重要因素。人们在讨论质量时并没有充分考虑不同资金来源的重要性，认为这理所当然。但是，在其他一些国家，不同资金来源有重大影响，需要细致分析。在强调儿童权利的国家，这些一般性的质量指标还不能充分反映质量，评价被视为一个复杂的互动过程。

需求方而非供方资助模式下的早期教育和保育体系过度依赖市场和私立营利性企业，难以保障质量以及贫困和脆弱儿童的公平入学机会。多个国家的研究表明，营利性机构的质量通常都低于私立非营利性机构或公立机构。

---

① NICHD Early Child Care Research Network（2005）*Study of Early Child Care and Youth Development*. New York：Guilford Press.

② Siraj-Blatchford，I.，Sylva，K.，Gilden，R. and Bell，D.（2002）*Researching Effective Pedagogy in the Early Years*. London：Department for Education and Skills. Siraj-Blatchford，I. and Sylva，K.（2004）'Researching pedagogy in English preschools.' *British Educctional Research Journal* 30（5）：713-730. Siraj-Blatchford，I.，Taggart，B.，Sylva，K. et al.（2008）'Towards the transformation of practice in early childhood education：The effective provision of preschool education（EPPE）project.' *Cambridge Journal of Education* 38（1）：23-36.

乔尔·诺阿伊和萨比娜·比塞尔（Joelle Noailly and Sabine Visser）指出，荷兰在儿童照料领域引入自由市场和需求方资助模式，导致原先在贫困地区的非营利性机构转向高收入城市地区的营利性机构。① 戈登·克利夫兰（Gordon Cleveland）和他的同事重新分析了加拿大的大规模研究数据，估计营利性机构与非营利性机构之间的质量差距为 7.5%—22%。② 耶鲁大学齐格勒中心的劳拉·索斯基（Laura Sosinsky）和她的同事使用美国国家儿童健康与人类发展研究所数据，分析了儿童照料质量、成本、机构类型之间的关系，发现比起非营利性机构，在营利性机构尤其是儿童照料企业，缺乏培训的教师更多，工资更低，质量更低。③ 第六章将更详细地讨论这些研究结果。

在市场化程度高的国家，质量问题非常突出。但是，主流的政府资助的机构也一定会受到批评质疑。经济合作与发展组织报告《早期教育的小学化》（*Schoolification of Early Childhood Education*）中对此有所讨论。④ 当把早期教育和保育视为学校教育系统的下延而非满足儿童需要的专门系统时，很难提供适宜的教育和保育——过分依赖于说教模式的正规集体教学，过度强调目标和测验。法国⑤⑥⑦和英国的早期教育体系都受到同样的批判。目前，在英国，早期基础阶段课程（Early Years Foundation Stage Curriculum）的实施遭到了强烈反对。该课程被"放眼看世界"（Open EYE）戏称为"小屁孩课

---

① Noailly, J. and Visser, S. (2009) 'The impact of market forces on the provision of childcare: Insights from the 2005 Childcare Act in the Netherlands.' *Journal of Social Policy* 38 (3): 477–498.

② Cleveland, G., Forer, B., Hyatt, D., Japel, C. and Krashinsky, M. (2007) *An Economic Perspective on the Current and Future Role of Nonprofit Provision of Early Learning and Childcare Services in Canada*. Toronto: Toronto University and Human Resources and Skills Department, Canada.

③ Sosinsky, L., Lord, H. and Zigler, E. (2007) 'For-profit/non-profit differences in center-based childcare quality: Results from the National Institute of Child Health and Human Development Study of Early Child Care and Youth Development.' *Journal of Applied Developmental Psychology* 28 (5): 390–410.

④ OECD (2006) *Starting Strong II: Early Childhood Education and Care*. Paris: OECD.

⑤ Plaisance, E. and Rayna, S. (1997) 'L'éducation préscolaire aujourd'hui: Réalités, questions et perspectives.' *Revue française de pédagogie* 119: 107–139.

⑥ Caille, J. and Rosenwald, F. (2006) *Les Inégalités de réussite à l'école élémentaire: Construction et évolution*. Paris: INSEE.

⑦ Brisset, C. and Gosle, B. (eds) (2006). *L'Ecole à 2 ans est-ce bon pour l'enfant?* Paris: Odile Jacob.

程"（nappy curriculum）——主要是因为该课程为0—6岁儿童设定了69项发展目标。[①]

一些国家也担心早期教育和保育服务对移民家庭的适用性，不确定普及教育到底能够在多大程度上促进社会融合。与其他儿童相比，少数族裔儿童更少使用现有早期教育和保育服务，这是不同国家研究的共同发现。[②] 早期教育和保育是同化移民家庭、开展语言教学和文化融合的一种策略。[③] 2008年，欧盟委员会有关教育和移民的报告重点讨论了学校在同化中的作用。[④] 但是，同化是正确的策略吗？

移民社区的背景和价值观各不相同，很多时候，移民社区的长期教育结果要比当地社区的更好。例如，在英国，白人工人阶层男孩的发展结果总是比大多数移民儿童的差。[⑤] 许多活动家和研究者强调，种族主义和结构性不公是影响移民家庭的关键因素，必须重视并解决，就像对待机构教育一样。[⑥⑦]

由于儿童早期完全依赖于家庭，早期教育和保育机构作为首个在家庭之外给儿童提供经验的机构，必须首先考虑融合、多样性和尊重的问题。[⑧] 伯

---

① Open EYE Early Years Campaign（2008）*Memorandum Submitted to the Select Committee on Children*, *Schools and Families. Minutes of Evidence*. London：House of Commons，May. 详见：www. parliament. the-stationery-office. co. uk.

② OECD，*Starting Strong II*.

③ Eurydice（2009）*Early Education and Care in Europe*：*Tackling Social and Cultural Inequalities*. Brussels：Education，Audiovisual and Culture Executive Agency.

④ European Commission（2008）*Education and Migration*：*Strategies for Integrating Migrant Children in European Schools and Societies. A Synthesis of Research Findings for Policy-Makers*. Report submitted to the European Commission by the NESSE network of experts，2008.

⑤ Strand，S.（2008）*Minority Ethnic Pupils in the Longitudinal Study of Young People in England*：*Extension Report on Performance in Public Examinations at Age 16*. Research Report 029. London：Department for Children，Schools and Families.

⑥ Vandenbroeck，M.（2007）*Deculturalising Social Inclusion and Reculturalizing Outcomes in Promoting Social Inclusion and Respect for Diversity in the Early Years*. The Hague：Bernard van Leer Foundation.

⑦ Gillborn，D.（2008）*Racism and Education*：*Coincidence or Conspiracy*. London：Routledge.

⑧ Brougère，G. and Vandenbroeck，M.（eds）（2007）*Repenser l'éducation des jeunes enfants*：*Deuxième tirage*. Paris：PIE Peter Lang.

纳德·范里尔基金会支持建立了儿童早期多样性与培训欧洲联盟（Diversity in Early Childhood and Training European Network，DECET）。基于比利时、荷兰、德国的实践和研究，该联盟研发了大量资源和培训材料来支持多样性。和许多其他早期教育支持团体一样，主张融合和对多样性的尊重是高质量早期教育的核心构成要素。① 接受差异而非增强共性更有益于早期儿童，但也是更难以完成的任务。

在欧洲的前共产主义国家，全民健康服务与托儿所和幼儿园服务紧密相连。在一些国家，其中最知名的是法国，始终由健康部管理面向 3 岁以下儿童的服务。世界银行认为儿童健康筛查和营养是完整早期教育和保育服务的组成部分，是质量的有机构成要素。从健康的角度，筛查和监控儿童发展是必需的。将之与早期教育与保育整合在一起能够更好地服务于儿童健康。

理论依据 3

早期教育有益于所有儿童，能够提升儿童尤其是贫困家庭和移民家庭儿童的学习品质和社会性发展。

儿童发展研究一致认为，儿童的早期经验与学习为后续学习奠定了基础。"技能产生技能"，婴儿期、儿童早期是学习的关键期。虽然人们广泛认可早期学习是后续学习的重要前提，但是有关语言、认知、数学和情绪调节等学习过程的理论有所不同。保罗·莱泽曼详细回顾了儿童发展研究资料。② 他也强调应该为儿童提供整合的服务，这是一种理想的实践，但大部分国家难以实现。

理想的早期教育体系既要有所整合，又要有所区分；能够协调儿童和家

① DECET（2008）*Diversity in Early Childhood and Training European Network*. 详见：www. decet. org.

② Leseman，P.（2002），*Early Childhood Education and Care for Children from Low Income and Minority Backgrounds*. Leseman，P.（2002）'The impact of high quality education and care on the development of young children'. In Eurydice（2009）*Early Education and Care in Europe*. Brassels：Education，Audiovisual and Culture Executive Agency.

庭的需要，在确保实现共同的发展和教育目标的同时，适应个体的需要和偏好。这一体系应该整合各种不同类型的保育、教育和支持，并针对所有类型进行恰当的质量管理。①

一些学者认为应该采用神经科学的研究成果来分析讨论早期教育。② 联合国儿基会因诺琴蒂研究中心在 2008 年关于早期教育和保育的报告中就用到了相关成果。③ 大脑研究结果表明，人生头几年大脑具有惊人的可塑性和适应性，发育速度极快。"适宜的"照料（如照料者对很小的孩子说话、唱歌、讲故事）能刺激大脑，促进大脑神经网络的发展。但是，这些研究结果被各种媒体夸大。没有任何直接的神经科学研究结果证实，教给母亲和照料者如何刺激儿童能够显著提升儿童长期结果。关键期是大脑发展的特例而非常态。大脑发育持续一生，大脑研究尚处于"婴儿期"。大部分神经科学家强调大脑格外复杂，必须谨慎解释和使用相关研究结果。④

神经科学家马克斯·本尼特（Max Bennett）和哲学家彼得·哈克（Peter Hacker）共同探讨了心智（mind）与大脑（brain）的概念，认为不能将心智与大脑的概念简单地联系起来。把两者进行关联和比较毫无逻辑可言。⑤ 换言之，那些运用神经科学研究结果来论证支持早期干预的主张显然已严重越界。

无论这些争论的来龙去脉如何，一个基本共识就是高质量的早期教育有益于所有儿童，能够扩展和促进儿童的学习，尤其是认知和情绪调节方面的学习。大部分欧洲国家已经认可这一点，并专门提供政府资金，为所有 3—4 岁儿童提供早期教育。

---

① Leseman, 'The impact of high quality education and care on the development of young children', p. 40. In Eurydice（2009）*Early Education and Care in Europe*. Brassels：Education, Audiovisual and Culture Executive Agency.

② Mustard, J.（2006）*Early Childhood Development and Experience-based Brain Development：The Scientific Underpinnings of the Importance of Early Child Development in a Globalized World*. Washington, DC. Brookings Institution.

③ Unicef（2007）*Child Poverty in Perspective：An Overview of Child Well-being in Rich Countries*. Innocenti Report Card 2007. Florence：Unicef/IRC.

④ Thompson, R. and Nelson, C.（2001）'Developmental science and the media.' *American Psychologist* 56：5-15.

⑤ Bennett, M. and Hacker, P.（2003）*The Philosophical Foundations of Neuroscience*. Oxford：Blackwell.

然而，就提供多少早期教育、在什么年龄提供、提供什么内容、如何培训教师等具体问题，各国尚无一致意见。各国早期教育服务的性质差异较大，机构类型和服务的时长等都有不同。儿童教育和儿童照料在文献中常混用，但在实践中指向截然不同的安排。顾名思义，早期教育属于教育体系，它有明确的（国家）课程目标，并根据国家期望标准测量儿童的教育表现。职工的工资和工作条件通常由教师工会进行协商确定，并与国家规定的中小学教师的工作时间和假期保持一致，这也妨碍了机构提供更灵活的服务。[①]

概括而言，各国提供的早期教育在以下方面存在差异。

- 起始和结束年龄。
- 每天在园时长。
- 早期教育年限。
- 支持认知发展或社会互动的内容类型。
- 空间安排。
- 班级的规模与年龄范围。
- 成人与儿童的比例。
- 教师培训。

表3-2呈现了4个国家的早期教育——只是简单的比较，并未涉及针对移民家庭的家长或儿童的政策以及有关儿童权利和参与的新政策。欧洲教育信息网络（Eurydice，2009）公布了欧盟统计局（Eurostat）针对欧盟国家早期教育的统计数据。[②] 但是，欧洲教育信息网络统计的欧洲教育数据仅限于正规学校教育，不包括任何形式的儿童照料，因此，这一数据具有一定的局限性。由于持续不断的改革实验，即使再完善的系统也容易很快过时。如表中所示，芬兰的早期教育体系是综合、普及的，在改革之中，但仍存在许多复杂问题（芬兰STAKES做了修改）。[③]

---

① Educational International（2004-2008）*Worlds of Education Journal.* www. eiie. org/en/index. php.

② Eurydice（2009）*Early Education and Care in Europe.* Brussels. Education，Audiovisual and culture Exective Agency.

③ Paivi Lindberg，个人交流.

表3-2　4个欧盟国家的早期教育比较

国家	服务与提供者类型	性质	入学率	空间	师资：培训与工资（占小学教师工资的比例）	儿童—成人比	开放时间	小学入学年龄	年限	政府投入	父母缴费
捷克共和国	公立：面向3—5岁儿童的幼儿园	教育	98%	专门建造，室内和室外空间都大	幼儿园：3年专门的教学法培训；小学教师工资的75%	1：12	全日制8—10小时	6	3年	没有，但学位充足	免费
芬兰	公立日托中心+面向6—7岁儿童的学前班	社会福利 教育	70% 97%	专门建造，室内和室外空间都大	1/3师资：教育学本科或硕士学历，3年教学法培训；社会科学培训；小学教师工资的81%（不确定）2/3师资：社会福利和健康照料领域的中等教育学历	1：7	学前班每天4小时（每年700小时）	7	7年	政府投入所有早期教育机构，一、二年级学生和所有特殊需要儿童提供大量校外服务	按家庭收入百分比缴费，学前班教育免费

续表

国家	服务与提供者类型	性质	入学率	空间	师资：培训与工资（占小学教师工资的比例）	儿童—成人比	开放时间	小学入学年龄	年限	政府投入	父母缴费
法国	公立：面向2岁儿童的托儿所和幼儿园；面向3-5岁儿童的托儿所和幼儿园	教育	35% 99%	大部分是专门建造，一些由小学改造而成	专门化，本科，外加2年教学法培训	2：27（教师外加助理）	全日制8小时	6	3—4年	政府投入	免费
英国—英格兰	公立和私立：面向3-4岁的幼儿班，私立机构日益增多；面向4岁儿童的小学学前班	教育	99% 100%	大部分设在小学，对私立机构不强制要求有室外空间	非专门化，任何学科的本科加上1年教师培训，2年中保健医，等教育；公立机构不拿100%小学教师工资，但非教师人员不能；私立机构差异较大	2：26（教师外加保健医） （非公立教育机构1：10）	每周12.5小时，每年33周 每周6小时，每年33周	5	1—2年	政府为所有3—4岁儿童分时间提供育资金	免费，但是部分时间制；私立机构的校外服务由市场定价

注：表中给出的数字根据OECD数据估算得来；很难对高度复杂的不同系统进行直接比较。

这些组织因素相互影响、相互作用，且各国差异巨大，但现有研究没有清晰揭示组织因素的效果。表3-2说明基于本土背景进行细致比较的重要意义，但数据的获得是一大难点。在最广泛意义上来说，早期教育能够带来积极效益，但具体实施才是真正的难题，对于政策和研究都是如此。研究只能对已实施政策的效率进行判断，而且要有比较的前提。虽然欧洲教育信息网络的报告试图计算早期教育的成本，但是计算如此复杂多样的早期教育体系的成本实在太困难。

所有国家的早期教育入学率都很高，且随着近年来早期教育机构数量的增加，入学率还在增长。[①] 早期教育非常受欢迎，不仅因为是免费的，更因为有助于儿童的入学准备。家长认为早期教育是对自己孩子有帮助的服务。在这样的国家，入学率几乎达到百分之百。

理论依据4

> 教育与终身学习是竞争激烈的知识经济所需要的，教育能够促进社会流动。

欧盟国家重视经济竞争，强调教育要培养个体成为具有竞争力的公民，促进社会融合。简·詹森（Jane Jenson）认为主要是人力资本理论推动了欧盟的最新改革。[②] 人力资本理论从根本上强调以个体的经济生产力作为计算经济竞争力的关键指标——不同于强调家庭是劳动力市场单位的社会福利主义模式。儿童被视为潜在的生产个体，其最重要的贡献在未来，因此要通过适宜的教育改革来为他们的未来做准备。反过来说，防止儿童丧失生产力，确保儿童不被排斥在宏伟蓝图之外，或偏离未来的正常轨道（如犯罪），也

---

① Eurydice（2009）*Early Education and Care in Europe.* Brussels：Education，Audiovisual and Culture Executive Agency. Table 2：11.

② Jenson，J.（2008）'Writing women out，folding gender in：The European Union "modernises" social policy.' *Social Politics* 15（2）：131-153.

是非常重要的。社会融合政策旨在确保所有儿童行进在迈向高效生产力的正确道路上。

儿童先天具有的素质和后天家庭及父母提供的机会都存在差异。如果公平是教育所追求的重要目标，教育的目的是要为所有儿童提供从教育中受益的公平机会，那么，早期教育无疑是重要的一环。如贡斯塔（Gosta Esping-Andersen）在文章中指出的：“如果在儿童开始正式学校教育之前，种族就已经产生影响，那么我们就要深刻检视人生早期到底发生了什么。”①

估计有 1/6 的儿童存在某种暂时或永久妨碍学习的残障或发展问题，这是提供融合教育体系并预测其结果的困难之一。各个社会阶层的儿童都存在这些学习问题，但贫困家庭应对这些问题的资源最为贫乏。② 社会融合政策要求所提供的服务能够最大限度地满足儿童的广泛需要。某些类型的机构例如营利性市场体系就很难实现这一目标。特殊需要儿童经常需要某种专业支持，但私立市场无法提供，因为私立市场以赢利为目的，这是私立市场的局限。

什么样的条件能够促进社会流动仍是一个问题。③ 在一些国家，虽然早期教育投入显著增加，但是社会流动明显降低。已有资料表明，贫困和弱势是由多方面原因造成的。教育包括早期教育可能有助于改善现状，但不能缓解广泛的社会不公并促进社会流动。如著名心理学家杰罗姆·卡根所指出的，早期教育和保育似乎能带来改变，但将其夸大为解决社会流动问题的一大良策，明显言过其实，因为通过经济和社会举措来解决再分配和不公平问题显得难度更大。

很多人由于忽略了社会阶层的影响力，而相信婴儿期决定人的

---

① Esping-Andersen, G. (2004) 'Untying the Gordian Knot of social inheritance.' *Research in Social Stratification and Mobility* 21：115-139.

② Feinstein, L., Hearn, B., Renton, Z. with Abrahams, C. and Macleod, M. (2007) *Reducing Inequalities：Realising the Talent of All*. London：National Children's Bureau.

③ Feinstein, L., Duckworth, K. and Sabato, R. (2008) *Education and the Family：Passing Success Across the Generations*. London：Routledge.

一生。一个儿童的社会阶层是其未来职业、学业成就和心智健康的最佳预测指标。①

这不是去否定早期教育和保育在各种情境中的作用，而是强调需要避免提出简单的、华而不实的解决方案。

理论依据5

妇女是动态经济的关键贡献者。

2000 年，里斯本峰会（the Lisbon Summit）强调欧盟要保持竞争力，必须重视妇女对经济发展所做出的无可替代的作用。在这一背景下，2002 年巴塞罗那目标提出：

成员国应该消除阻止妇女参加工作的障碍，满足儿童照料服务需求，到 2010 年，至少满足90%的 3 岁以上学前儿童以及33%的 3 岁以下儿童的入托需求。②

许多社会政策活动家批评这一目标实际上阻碍了妇女的工作，因为它将儿童照料机构等同于"儿童寄存处"，而非重要的早期教育服务。欧洲儿童在 2008 年欧洲议会（the European Parliament）论坛上指出：

巴塞罗那目标忽略了许多早期教育政策的核心要素。
● 将儿童视为拥有权利的公民，应当获得保护、婴儿期健康照料、早期教育和保育服务。

① Kagan，J.（1998）*Three Seductive Ideas*. Cambridge，MA：Harvard University Press，p. 147.
② Barcelona European Council （2002）*Presidency Conclusions*. Brussels：European Union，p. 12. www. consilium. europa. eu/ueDocs/cms_ Data/docs/pressData/en/ec/71025. pdf.

● 采用全纳的概念，尤其是面向0—3岁儿童的服务。

● 重视儿童照料与教育领域工作人员的培训、工资、工作条件。①

露丝·利斯特（Ruth Lister）② 和简·詹森③回顾总结了英国、欧洲乃至世界其他国家逐渐放弃社会福利模式而采用人力资本理论的发展历程，并重点分析了从家庭福利转向竞争性个体主义的政策变化对妇女和儿童的影响。詹森批评指出，人力资本理论强调终身学习以及成功的、富有生产力的个体对经济发展的贡献，而忽略了妇女和儿童所处的背景是不同于男人的。人力资本理论更重视鼓励个体努力，而非重视社会结构因素。但是，妇女照料年幼子女和年迈老人的合法需求就显得与竞争性经济的发展需求格格不入。

> 几十年来的女权主义研究和著作已经证实，性别不平等不是因为妇女准备不足、教育有所欠缺或缺乏成就动机，而是因为直接性别歧视或间接工作机制所带来的系统性和结构性的障碍。④

正如詹森所指出的，仅仅关注儿童照料是不足以支持妇女的。为了支持妇女充分就业，还需要采取其他举措来帮助妇女很好地协调工作与家庭生活。谢莱·卡默和彼得·摩斯（Sheila Kamerman and Peter Moss）分析了多个国家的产假、陪产假（paternity leave）和父母假（parental leave）。⑤ 他们指出，即使有很好的父母假政策也很难保证母亲能协调家庭与工作，进而增进儿童

---

① www. Eurochild. org.

② Lister, R. (2006) 'Children (but not women) first: New Labour, *child welfare and gender.*' *Critical Social Policy* 26 (2): 315-335.

③ Jenson, J. (2008) 'Writing women out, folding gender in'. *Social Politics* 15 (2): 131-153.

④ Jenson, J. (2008) 'Writing women out, folding gender in'. *Social Politics* 15 (2): 149.

⑤ Kamerman, S. and Moss, P. (eds) (2009) *The Politics of Parental Leave Policies: Children, Parenting, Gender and the Labour Market.* Bristol: Policy Press.

的福祉。由于家庭情况各不相同，不同阶段的需求也多种多样，可能把假期作为个体带薪休假的一个组成部分更好。工作模式和休假模式都需要重新思考和设计。

为确保母亲能保住工作，产假和父母假都应与早期教育和保育体系相协调。与其为很小的儿童提供照料服务，不如为母亲和父亲提供较长的产假/父母假来照料出生第一年的儿童，这可以同时满足儿童和父母的利益需求。一些国家甚至为父母提供长达 3 年的假期。假期政策至少要与正规儿童照料服务的可获得性和实际需求相匹配。在大部分国家，工作妇女的 3 岁以下子女获得的是非正式照料。许多母亲主要依赖家庭提供的支持帮助，与丈夫、祖父母或其他家庭成员来共同照料。这种非正式照料是机构照料的替代和补充（对作为奶奶的我来说是非常熟悉和快乐的安排）。

然而，当孩子到了该上幼儿园的年龄，母亲们又会面临一系列适应学校作息的困难。像英国这样的国家，幼儿园教育时间非常短，每周 12—15 小时，母亲们必须解决幼儿园之外的照料问题——这不是一个简单任务。在其他像法国这样的国家，此类教育一般一周 28 小时，没有校外服务。在北欧国家，保育与教育相整合，全天开放。

这种假期安排当然只能适应那些对工作有严格管理的国家。欧盟对工作条件有许多建议和要求，以避免国家之间出现工作条件的不公平。即使如此，大部分国家仍然存在非正式经济，工资用现金支付，政府毫无记录。妇女——母亲主要从事这种工作，如服务员、保洁人员、农场工人等。这类工作经常是移民在做。一些学者称其为"服务链"，贫困国家如菲律宾或加勒比岛的母亲离开自己的家庭，到富裕国家来照料别人的孩子或老人。[1] 母亲们可以购买保姆的服务，出去参加工作，但是这是以其他妇女离开自己的家庭为代价的。这在英国、美国以及富裕的中东国家的中产阶级家庭很常见。

在贫困国家，有大量人口从农村地区迁移到城市地区。这种家庭的母亲

---

[1]　Williams, F. and Gavanas, A. (2008) 'The intersection of childcare regimes and migration regimes: A three-country study.' In H. Lutz (ed.) *Migration and Domestic Work: A European Perspective on a Global Theme.* London: Routledge.

离开她们熟悉的农村，努力在城市中谋求生存。她们主要从事家政或商贩的工作，且工作时间很长。托儿服务在城市地区如雨后春笋般快速增加以满足这些母亲的育儿需求，但这些机构的质量通常较差。约30%的幼小儿童还是被留在家中自己照顾自己。① 在富裕国家，在欧洲，参加工作的母亲可以享有一些特权，但是对于贫穷国家的母亲，实现基本的性别平等可能是遥不可及的梦想。

欧洲大部分国家都有某种类型的育儿假期安排。表格3-3列出了欧洲4个国家的相关政策，比较了育儿假期的类型和范围以及其他类型的支持政策。从表格中可以看出，政策的性质存在较大差异，在欧盟国家进行推广具有困难。各国的实际情况有所不同，而且变化迅速。有的国家在增加儿童照料服务，有的国家如捷克就在关闭托儿所，转而支持待在家中的母亲。

欧盟委员会性别与就业问题小组专家雅内科·普朗塔格和尚塔尔·雷米（Janneke Plantenga and Chantal Remy）详细总结了儿童照料与育儿假期安排的关系。② 如果就业安排灵活，育儿假期充足，有付得起的高质量的儿童照料服务，母亲更愿意参加工作。例如，在法国，儿童照料服务、育儿假期和母亲参与工作存在高相关。③ 但是，在其他一些国家，没有儿童照料或育儿假期安排，家有幼小儿童的母亲参加工作的比例也很高——最典型的就是美国和加拿大。因为即使没有这些育儿支持政策，母亲也参加工作，于是一些经济学家认为没有必要提供这些支持。这类判断所依据的母亲参加工作的数据掩盖了国家内部以及国家之间的巨大差异，忽略了母亲所处的艰难困境以及儿童仅能获得低质量服务等问题。

---

① Heymann, J. (2006) *Forgotten Families: Ending the Growing Crisis Confronting Children and Working Parents in the Global Economy*. Oxford: Oxford University Press.

② Plantenga, J. and Remery, C. (2009) *The Provision of Childcare Services: A Comparative Review of 30 European Countries*. Brussels: EC Directorate-General for Employment, Social Affairs and Equal Opportunities G1 Unit.

③ Maurin, E. and Roy, D. (2008) *L'Effet de l'obtention d'une place en crèche sur le retour a l'emploi des mères et leur perception du développement de leurs enfants*. Grenoble: Centre pour la Recherche Economique et les Applications. Paper given May 2008.

表3-3 对母亲和父亲育儿的支持

国家	3岁以下儿童母亲的就业率	产假	工资比例	家长育儿假制度	工资比例	额外假期	托儿服务	费用
捷克共和国	14.2%	28周	69%	4岁之前	统一标准		由于转型，大部分托儿所关闭，仅剩67家	家长缴费；供给方主导的财政投入
芬兰	66.4%	18周	—66%	26周	—66%的收入	陪产假 1-3/5周；最小子女3岁前的陪护假（子女未进入市立日托中心）；出生—小学二年级的减薪假；3岁以下，一年级、二年级的无薪假，生活费；子女生病时的无薪假	38.9%的2岁以下儿童和65%的3岁儿童进入家庭托儿所和日托中心（2006年数据，包括公立和私立）	家长按家庭收入百分比缴费；供给方主导的财政投入

续表

国家	3岁以下儿童母亲的就业率	产假	工资比例	家长育儿假制度	工资比例	额外假期	托儿服务	费用
法国	49.2%	16周	最高84%的工资	3岁之前	每月485欧元，固定标准，家庭收入经过核查	陪产假14天	36%的2岁以下儿童进入托儿所和家庭托儿所 35%的2—3岁儿童进入托儿所	家长付费，有补助；供给方主导的财政投入
英国—英格兰	5岁以下儿童的母亲为55%，兼职工作的母亲为40%	26周 如果在同一雇主单位工作26周，另加28周无薪假期	6周拿90%工资；20周固定标准（100英镑），或90%工资的26%，按较低标准执行	13周 如果子女为残障，为18周	无薪	陪产假1—2周，每周100英镑或90%的工资，按较低标准执行	主要是私立营利性幼儿园，家庭托儿所数量在减少	市场定价，伦敦市中心平均每周300多英镑；需求方主导的财政投入；给家长的税收减免政策（大部分为中产阶级家庭，最贫困家庭的比例很小）

如果从儿童而非母亲的角度来看，儿童照料服务质量非常关键，但很多关于妇女参加工作的讨论都忽略了这一点。经济合作与发展组织在《婴儿与老板》（*Babies and Bosses*）中强调，必须要权衡考量儿童照料服务的数量和质量问题。政策制定者常以牺牲质量为代价来增加儿童照料机构的数量，但家长是否认同是另外一回事。①

理论依据6

> 母亲参加工作增加了政府税收，减少了社会保障支出，也为家庭收入做出了重要贡献。

鼓励母亲进入劳动力市场的一个原因是针对单身母亲和低收入家庭妇女的社会保障支出给国家经济增加了负担，如果这些母亲能参加工作就可以增加税收。这对财政来讲是一个净收益。另一个原因是贫困家庭通常是无业家庭，工资收入能够大幅提高家庭收入。来自多个国家的证据表明，政府都乐于积极鼓励母亲参加工作，并提供儿童照料服务来支持母亲进入劳动力市场。②③

如果有灵活的工作安排、充足的育儿假期、良好的儿童照料服务，母亲更愿意参加工作。但如果母亲每天需要花费时间到很远的地方工作，这对母亲来讲有很大困难。所以，她们更喜欢在当地工作。如果只有工厂工作，或倒班工作，或收入低又不灵活的工作，母亲可能就不工作了（虽然她们可能

---

① OECD（2002）*Babies and Bosses*：*Australia*，*Denmark and the Netherlands*，vol. 1. Paris：OECD. OECD（2003）*Babies and Bosses*：*Austria*，*Ireland and Japan*，vol. 2. Paris：OECD. OECD（2004）*Babies and Bosses*：*New Zealand*，*Portugal and Switzerland*，vol. 3. Paris：OECD. 这些报告都是由 OECD 的就业部门（Employment Division）而非教育与培训部门（Education and Training Division）发布. 教育与培训部门发布的《强力开端》，核心问题是质量，见第四章.

② Muller Kucera，K. and Bauer，T.（2001）*Costs and Benefits of Child Care Services in Switzerland-Empirical Findings from Zurich*. Cited in OECD，*Starting Strong II*，p. 257.

③ Pricewaterhouse-Cooper（2004）*Universal Education and Care in* 2020：*Costs*，*Benefits and Funding Options*. London：Daycare Trust.

会从事一些支付现金的工作）。[1] 家庭的支出收益比例可能不支持母亲参加工作。移民妇女可能更难获得就业机会。[2]

虽然政策制定者大力支持母亲参加工作，尤其是单身母亲和低收入家庭的母亲——这是鼓励妇女进入劳动力市场的标准经济学分析[3]，但事实正好相反。一个国家内部乃至不同国家之间的母亲参与工作情况存在巨大差异；而且当缺乏外部支持时，母亲很少参加工作。例如，英国确保开端项目的一个重要目标就是通过为母亲提供生活技能培训，鼓励和支持母亲回归工作，进而增加税收。尽管政府为这个项目投入相当资金，但未能显著改变参加工作的妇女比例，只有单身母亲参加工作的比例略有增长。儿童照料税用于补贴私立日托机构费用，但是最贫穷的群体由于烦琐的申请程序而很少申请。[4]英国的大部分儿童照料机构是私立的，质量差异大，但费用昂贵，许多贫困母亲不愿把孩子送到这种机构。[5]

在提供多样育儿支持的国家中，母亲参加工作的比例很高。有些国家要求成人必须工作，并且提供了育儿假和儿童照料机构。国家转型之后，妇女就业机会以及儿童照料机构数量都大幅减少。因此，除非综合考虑不同理论和政策，例如高质量的儿童照料与母亲参加工作，否则政策难以达到预期效果。

理论依据 7

家长需要参与子女的生活与教育，家长是子女的第一任教师。

---

① Dean, H. (2007) 'Tipping the balance：The problematic nature of work-life balance in a low income neighbourhood.' *Journal of Social Policy* 36 (4)：519–537.

② Mozère, L. (1999) *Travail au noir, informalité：Liberté ou sujetion?* Paris：L'Harmattan.

③ OECD, *Babies and Bosses：Australia, Denmark and the Netherlands*, vol. 1. *Babies and Bosses：Austria, Ireland and Japan*, vol. 2. *Babies and Bosses：New Zealand, Portugal and Switzerland*, vol. 3.

④ Brewer, M. and Shepherd, A. (2004) *Has Labour Made Work Pay?* York：Joseph Rowntree Foundation and Institute of Fiscal Studies.

⑤ Vincent, C., Braun, A. and Ball, S. (2008) 'Childcare, choice and social class：Caring for young children in the UK.' *Critical Social Policy* 28 (1)：5–9.

　　与努力说服母亲参加工作的理论截然相反的一种观点是，母亲养育照料子女比参加工作更重要。照料他人是一项责任且是互惠的。① 照料儿童尤其耗费时间和体力。有关儿童对母亲时间影响的研究表明，年幼子女占据了母亲的大量时间，父亲则相对较少。职业女性通常要双肩挑，既要工作，又要照料子女，这通常要牺牲掉她们个人的休息和睡眠时间。② "父母" 这一概念的使用掩盖了在儿童照料和家务劳动的责任分配上的性别不平等。

　　有关母亲角色行为的研究表明，母亲更关注子女的物质需求和情感需求，她们的儿童照料观不同于教师。母亲有关儿童的知识及双方关系不是科学的、一般化的，而是主观的、与特定事件相关的、连续的——在具体情境中形成并随时间和情境变化而变化。母亲通常爱孩子并努力保护孩子；她们与孩子有亲密的关系，在孩子非常小时更是如此。相反，教师和专业教育工作者持有去情境化的、抽象的、标准化的儿童知识和期望，对关系的互惠性或连续性不抱期望。幼小儿童发展迅速，但在身体和情感上依赖于母亲和其他照料者。有学者援引神经科学研究的结果，论证母亲在激发儿童认知发展和大脑发育过程中的关键作用（虽然有学者质疑运用这类研究结果来验证某种教养方式是否合理）。

　　研究证据表明，无论种族或其他变量条件，贫困家庭的母亲在支持儿童做好入学准备方面的表现较差。母亲的受教育水平、社会经济地位与儿童发展结果之间存在显著相关。家庭利用教育机会的态度与能力强化了社会阶层差距，限制了事实上的机会公平。③ 经济学家约翰·埃米施（John Ermisch）分析了英国千禧年出生儿童数据，指出儿童 3 岁时的认知能力和行为发展与家长收入存在关联。家长收入越低，儿童在认知与行为的标准化测验上的分

　　① Finch, J. (1993) 'The concept of caring: Feminist and other perspectives.' In J. Twigg (ed.) *Informal Care in Europe*. York: Social Policy Research Unit, pp. 5–22.

　　② Craig, L. (2007) *Contemporary Motherhood: The Impact of Children on Adult Time*. Aldershot: Ashgate.

　　③ Feinstein, L., Duckworth, K. and Sabato, R. (2008) *Education and the Family: Passing Success across the Generations*. London: Routledge.

数越低。他运用生产函数分析指出，这种差异部分源于家长的教养行为——低收入家长较少进行认知激发活动，如阅读。[①] 凯西·西尔瓦（Kathy Sylva）及其同事在有效学前教育研究（EPPE）中有相似结论，虽然早期教育干预同样有重要影响，但家长教养方式是儿童后续发展结果的更有力的决定因素。[②]

由于家庭环境的重要性——尤其是对于来自处境不利家庭的脆弱儿童而言，一些国家大量投入家访和家长教育项目。既然母亲在儿童最初的发展中起到至关重要的作用，那就应该重视早期家庭环境和家校关系。然而，家长参与研究通常没有考虑性别问题，想当然地假定母亲有足够时间，并愿意参与这些项目。最新研究结果表明，家访和家长教育项目对儿童结果没有显著影响，虽然这些项目在某种程度上改变了家长的行为。[③][④]

但是，家庭模式越来越多样，这是一个国际发展趋势。不结婚、离婚、单身、男女角色对调（男人待在家中，女人出去工作）、高龄母亲、国内和国际间流动频繁等现象都有所增多。[⑤] 因此，有必要对早期教育干预背后有关家庭生活的假设进行细致而深入研究。

专业教育工作者通常对家长参与持有狭义的理解，对家庭生活的看法是传统的、未经研究证实的。从这一观点出发，则家长（未区分性别）是幼儿园或学校活动的忠实支持者，会帮助筹集资金、参加学校郊游等。从另一种观点出发——最著名的是意大利北部的早期教育机构，认为家长（无论是男

---

① Ermisch, J. (2008) 'Origins of social immobility and inequality: parenting and early child development.' *National Institute Economic Review* 205. 这个研究根据 6 个关键问题分析了家长风格，包括规则与规则强化、管理、饮食习惯、看电视的时间.

② Sylva, K., Siraj-Blatchford, I. and Taggart, B. (2006) *Assessing Quality in the Early Years: Early Childhood Environment Rating Scale Extension (ECERS-E): Four Curricular Subscales.* Stoke-on-Trent: Trentham.

③ Blok, H., Fukkin, R., Gebhardt, E. and Leseman, P. (2005) 'The relevance of delivery mode and other program characteristics for the effectiveness of early childhood interventions with disadvantaged children.' *International Journal of Behavioural Development* 29: 36-37.

④ Waldfogel, J. (2004) *Social Mobility, Life Chances and the Early Years.* CASE Paper. 88. London: Centre for the Analysis of Social Inclu-Sion.

⑤ Bianchi, S., Casper, L. and Berkowitz King, R. (eds) (2003) *Work, Family, Health, and Well-being.* New York: National Institute of Child Health and Human Development and Routledge.

性还是女性）是早期教育和保育事业的正当合作者。①② 欧盟国家的许多家长参与项目和实验，欧洲儿童组织等各种团体都主张早期教育和保育是一个民主空间，人们可以就多元化社会和社区如何养育儿童展开充分且富有成效的讨论。

就母亲所面临的巨大压力而言，早期教育和保育服务需要面对的一个挑战是，如何通过认可母亲在家庭之内和之外所付出的时间以及她们作为家长所拥有的权利来支持母亲，这不仅包括脆弱环境中的母亲，还包括参加工作的母亲。联合国儿基会因诺琴蒂研究中心的报告和经济合作与发展组织的《强力开端2》都强调，早期教育机构应认可母亲和父亲在机构教育中的权利，包括他们的知情权、评价权以及参与有关儿童的重大决策的权利。

理论依据 8

低出生率是社会问题。

一些国家投入早期教育和保育服务的另一个理论依据是人口学方面的考虑。几乎所有富裕国家都存在低出生率问题。低出生率问题在后转型国家，如捷克共和国尤为严峻（来自欧盟以外的移民群体是个例外，他们的出生率一般较高）。这是一个棘手问题，因为出生率是国家确保未来劳动力供给和现有经济发展速度的人口学预测指标。这些国家的父母育儿假期更长，以期支持母亲待在家中。③

家庭模式在发生变化，受过教育的妇女的结婚时间延后，甚至一些根本不结婚。整合就业、家庭、早期教育和保育等政策措施支持家庭育儿毫无疑

---

① Moss, P. (2007) 'Bringing politics into the nursery: Early childhood education as a democratic practice.' *European Early Childhood Education Research Journal* 15 (1): 5-20.

② Bloomer, K. and Cohen, B. (2008) *Young Children in Charge*. Edinburgh. Children in Scotland.

③ Kocourkova, J. (2009) 'Czech Republic: Normative or choice-orientated system.' In S. Kamerman and P. Moss (eds) *The Politics of Parental Leave Policies: Children, Parenting, Gender and the Labour Market. Bristol*: Policy Press, pp. 51-68.

问地可以支持父母参加工作，但是其实际效果存在差异。虽然有最佳政策的国家（法国和北欧国家）有很高的出生率，但爱尔兰和英国的出生率也很高，政策措施却并不好。由于在支持政策与出生率之间缺乏明确的相关关系，贝克利认为这种支持政策完全是经济上的浪费①，但母亲们强烈认同这些政策。虽然没有相关证据表明有直接的经济回报或可预测的结果（母亲和儿童的身心健康没有被作为计算经济回报的指标），她们要求政府增加财政投入。另外，母亲是养育子女的重要角色。幸运的是他的观点被认为是极端的。

出生率下降让一些欧盟国家开始反思他们关于年幼儿童的母亲参加工作的观点。在 2009 年捷克家长育儿与就业政策（Parental Childcare and the Employment Policy）总统会议上，人口学家、家庭政策专家、社会团体共同参与讨论，尤其是讨论怎样的政策变革可以鼓励母亲在家陪伴年幼儿童。全球经济衰退也使人们关注妇女就业政策问题。② 一些会议论文强调传统家庭价值观念的重要性，并支持男人赚钱养家、女人在家的家庭生活。③ 凯瑟琳·哈基姆（Catherine Hakim）指出有关研究过高估计了年幼儿童的母亲参加社会工作的主观意愿。相反，基亚拉·萨拉切诺（Chiara Saraceno）分析了欧盟国家的家庭发展趋势，总结指出支持性家庭政策对出生率和妇女解放有积极影响效果。④

母亲（和父亲）在子女年龄较小时更喜欢从事部分时间制工作。母亲能控制自己的工作时间更有益于她们的身心健康，但是灵活的儿童照料服务安排不一定有相同的结果⑤，详见下文。

---

① Becker, G. (2005) *Should Governments Subsidize Childcare and Work Leaves?* November 2005. www.becker-posner-blog.com.

② 会议报告详见：www.mpsv.cz/en/6391.

③ 与德国和奥地利智库一样，卡森（Carlson）博士，伊利诺伊斯州罗克福德的霍华德中心（Howard Center）主席、家庭研究中心（Family Studies Center）主任，在会议上提出了这一观点，有关发言名单参见：www.mpsv.cz/en/6391.

④ www.mpsv.cz/en/6391.

⑤ World Health Organization（WHO）(2003) Global Strategy for Infant and Young Child Feeding. Geneva：WHO.

理论依据 9

> 儿童包括幼小儿童都拥有权利，所有儿童有受保护权、参与权、受教育权。

从人力资本理论的角度来看，儿童是发展中的人，可以通过适宜的教育和正确的发展干预成为满足社会需要的未来公民；如果母亲无法给予子女直接的照料，需要提供早期教育和保育服务来安全看护和教育儿童。这一关于儿童照料的假设在巴塞罗那目标中也有所体现。

儿童权利和儿童福利的讨论要求重视儿童的当下生活。法国社会学家吕克·博尔坦斯基（Luc Boltanski）有一个精辟论述（在一个完全不同的背景下）。

> 关注当下非同小可。过去已经逝去，未来尚不存在，当下才是真实。①

换言之，儿童的日常经验是生动真实的、切实感受到的，不好的经历可能不会对长远发展造成伤害，但可能会带来极大的不快乐。灵活的儿童照料服务就是一个例子。虽然这种灵活的儿童照料服务方便母亲参加工作，但可能会带给儿童经验的不连续性，他们可能要在不同时间参加不同的儿童照料机构，无法与同伴群体建立持续、紧密的关系。友谊在任何一个年龄都是重要的。仅适应母亲的工作安排，而忽略儿童对连续和稳定的儿童照料的需求可能会给儿童带来不良的体验。可以说，那种付费就可购买的格外灵活的儿童照料安排严重损害了儿童的权利——在英国，这种安排因被认为能增加家长选择而得到许可，甚至是大力宣扬。

---

① Boltanski, L. (1999) Distant Suffering: Morality, Media and Politics. Cambridge. Cambridge University Press, p. 192.

《联合国儿童权利公约》（the UN Convention on the Rights of the Child, UNCRC）强调，儿童作为社会成员拥有公民权利。联合国儿童权利委员会在2005年会议上详细阐释了儿童权利。

- 通过分配资源和提供机构教育来促进幼小儿童能力发展。

- 通过多领域综合模式来增进所有儿童的福祉，确保儿童基本的生活和社会安全，尤其关注需要特别保护的幼小儿童。

- 认识到儿童拥有《联合国儿童权利公约》所提出的所有权利，包括受教育权。教育的定义比较广泛，从婴儿期开始直到上学。

- 建设高质量的发展适宜性和文化适宜性的教育项目。这要求根据当地背景而非抽象定义来界定并监控质量。

- 结合儿童休息、娱乐与游戏的权利等来综合理解儿童发展与教育的核心特征。

《联合国儿童权利公约》的颁布给早期教育和保育政策和实践带来许多全新解释，这在国际组织的工作就有所反映。联合国教科文组织2007年的工作报告重点解释了幼小儿童的权利。联合国儿基会根据《联合国儿童权利公约》提出的要求，制定了富裕国家早期教育和保育服务的发展指标。第四章将对此做详细讨论。

《联合国儿童权利公约》激发了大量法学和社会学讨论。现在统计学和社会计量学有方法在社会和福利分析中识别和分离出儿童的地位。正如对种族、阶层、性别等社会类别的界定，社会学家试图将儿童界定为拥有一些共同属性的社会群体。有些学者探讨"能力"这一概念。正如成人有能力在规则范围内做出自己的决策，儿童，即使是年龄很小的儿童，也是拥有权利的社会行动者。历史研究深化了人们对儿童期的认识。如保拉·法斯（Paula Fass）的研究使得人们重新认识"游戏"概念及其在儿童生活中的作用，探讨了不同历史时期或地理空间中的社会对游戏、工作或学习的理解。[①]

---

① Fass, P. (ed.) (2004) *Encyclopaedia of Children and Childhood in History and Society*. New York: Thompson/Gale. Fass, P. (2007) *Children of a New World: Society, Culture and Globalization*. New York: New York University Press.

学界日益关注贫穷国家和富裕国家在儿童观念上的差异。如最近在秘鲁、印度、埃塞俄比亚和越南实施的幼儿生活大型追踪研究，对 15000 名儿童进行长达 15 年的追踪，分析贫穷对儿童生活的影响以及儿童的经历的共性，包括所接受的早期教育和保育的共性。① 从广泛的国际视野来理解儿童生活和行动的世界有助于扩展对儿童能力的狭隘理解。

联合国儿基会因诺琴蒂研究中心的报告探讨了不同国家的早期教育和保育模式以及更广泛意义上的儿童生活，本书第四章会对此有详细讨论。儿童权利模式对未来经济准备模式提出了挑战，强调应更加关注儿童当下的经验并激发儿童的参与。早期干预不是为了塑造儿童的未来而向儿童提供的服务，而应与儿童合作完成。这种教育观在意大利北部早期教育和保育中有充分体现。意大利北部的早期教育实践是一种"致力于儿童福祉的教育"②。这一模式强调儿童、家长、教师以及更广泛的社区等各个层次的参与过程。它强调同伴群体的重要性——不同于传统学习观念强调成人教导的重要作用，视儿童为独立学习者，强调同伴关系在学习和情感支持中的关键影响。③

毫不夸张地说，从儿童权利的角度来看，早期教育和保育需要重新思考和设计。吉莱斯·布罗杰和米歇尔·范登布洛克（Gilles Brougere and Michel Vandenbroeck）从儿童权利的视角总结了欧洲早期教育和保育的最新发展。④越来越多的社会组织支持并采纳儿童权利观点。但是，儿童生活的其他方面同样需要得到更多的关注，其中最重要的是物质条件以及父母协调工作与家庭的方式。这是最后一个但也很重要的理论依据。

---

① www. younglives. org. uk.

② Mantovani, S. (2007) 'Pedagogy in early childhood in Italy.' In R. New and M. Cochran (eds) *Early Childhood Education: An International Encyclopedia.* Westport, CT: Greenwood, vol. 4, pp. 1115 – 1118.

③ Corsaro, W. and Molinari, L. (2008) 'Policy and practice in Italian children's transition from pre-school to elementary school.' *Research in Comparative and International Education* 3 (3): 250-265.

④ Brougère and Vandenbroeck (2007) *Repenser l'éducation des jeunes enfants.* Paris: PIE Peter Lary.

理论依据 10

> 儿童贫困严重影响儿童的教育结果、自我价值感以及后续的社会贡献。

大量文献讨论了儿童贫困问题，这里只是一个简单的总结。已有研究已经清楚证实贫困对儿童教育结果有负面影响，富足还是贫困是影响儿童身心健康的关键因素。我们在这里所关心的问题是早期教育和保育资源的再分配能够在多大程度上战胜儿童贫困。

亚纳森·布拉德肖（Jonathon Bradshaw）和他的同事探索了从儿童角度评估贫困的方法。他们提出以下测量儿童贫困的指标：物质条件、住房、健康、幸福感、教育、儿童的社会关系、社会参与、危险与安全。[1] 其团队运用这些指标对泛欧洲国家进行了比较（pan-European Comparison）。研究结果表明，与其他欧洲国家相比，英国在消除儿童贫困方面做得远远不够。他们的一个结论是，英国公众对待贫困的态度通常是敌对的，贫困被认为是因为个人缺乏努力而非结构性不公。[2]

其他一些新自由国家同样持有这种态度，其中最主要的一个例子就是美国。"贫困源于懒惰和不努力"的公众看法有着深刻的文化历史根源。富人获得的收入是合情合理的，收入不平等不是问题。新自由主义尽可能贬低因袭的财产和社会资本的重要影响，强调个人努力和竞争的作用，主张任何人只要足够努力就可以成功。事实上，一些儿童生而拥有高起点，而另一些儿童则面临着无法逾越的困难。那些"含银匙出生"的富人从不放弃他们所拥

---

[1] Bradshaw, J., Hoelscher, P. and Richardson, D. (2007) 'An Index of Child Well-Being in the European Union 25.' *Journal of Social Indicators Research* 80：133-177.

[2] Bradshaw, J. and Bennett, F. (2007) UK：*Tackling Child Poverty and Promoting the Social Inclusion of Children：A Study of National Policies.* Brussels：European Commission (DG Employment, Social Affairs and Equal Opportunities). www. peer-review-social-inclusion. net/policy-assessmentactivities/reports/first-semester-2007/first-semester-reports-2007/united-kingdom_ 1_ 07.

有的财富。

埃斯平-安德森（Esping-Anderson）尝试建立国家、市场和家庭分担社会福利责任的模型。他区分了 3 种社会福利模式：剩余模式（residual，自由经济体）、社会保险模式（social insurance，保守党）、普惠模式（universalist，社会民主党）。普惠模式通过一系列措施显著减少了儿童贫困，而自由经济体存在较大程度的社会不公和儿童贫困。[①]

与不公平相比，总收入并不重要。儿童及其所处社会对自身的生活和富裕家庭的生活的感知影响儿童的身心健康。联合国教科文组织全民教育国际报告《消除不公：为什么政府管理至关重要》（*Overcoming Inequality：Why Governance Matters*）[②] 和经济合作与发展组织《生而不公：OECD 国家的收入分配与贫穷》（*Growing Unequal? Income Distribution and Poverty in OECD Countries*）[③] 的核心内容就是不公平问题。最近，理查德·威尔金森和凯特·皮克特（Richard Wilkinson and Kate Pickett）的研究得到广泛关注。[④] 他们考察了健康和教育结果等一系列指标，指出社会不公的程度越高，贫困群体的结果越糟糕。

总体上，贫困击败了期望和希望。贫困不只是收入贫困，而是包含多种不利因素。低收入家庭的儿童更可能生活在功能不良的家庭中，更可能生活在存在吸毒和高失业率的问题社区，更可能遭遇视觉、听觉、肢体等方面的残障问题。贫困和脆弱家庭中的父母较少使用早期教育和保育服务，贫困儿童的教育结果比其他儿童差。

经济合作与发展组织的报告《强力开端》讨论了早期教育和保育服务的再分配功能。[⑤] 那些提供普惠性早期教育和保育服务的国家的儿童贫困率较

① Esping-Andersen，G.（2004）'Untying the Gordian Knot of social inheritance.' *Research in social stroatification and Mobility* 21：115−139.

② Unesco（2009）*Overcoming Inequality：Why Governance Matters*. EFA Global Monitoring Report. Paris：Unesco.

③ OECD（2008）*Growing Unequal? Income Distribution and Poverty in OECD Countries*. Paris：OECD.

④ Wilkinson，R. and Pickett，K.（2009）*The Spirit Level：Why More Equal Societies Almost Always Do Better*. London：Allen Lane.

⑤ OECD（2006）*Starting Strong II：Early Childhood Education and Care*. Paris：OECD.

低，但这些国家同时还采取了其他再分配措施，例如针对有年幼儿童的家庭的税收政策和基本福利等。精准干预模式可以减轻不利处境对儿童的消极影响，并使目标儿童获得一些进步。但是，如果其他再分配措施不到位，家庭贫困会延续下去。仅仅依赖早期教育和保育根本不可能真正影响社会的财富和收入分配。虽然早期教育和保育可以减小贫穷带来的恶劣影响，但不可能从根本上消除贫困。

本章的核心观点是：早期教育和保育服务的提供受到多方面因素的影响，其中一些因素甚至可能与托幼机构中的教育实践没有直接联系。质量不是抽象的概念，而是具体政策的产物。无视所处的社会背景和政策框架空谈质量是毫无意义的。但是，仅仅考虑政策而忽略实践，也无法讨论优秀实践的特征与构成。综合考虑政策与实践是最佳道路。

第四章
有关早期教育和保育的国际共识

第二章和第三章讨论了政府发展早期教育和保育政策与实践的理论依据以及原因。有关理论依据解释了为什么早期教育和保育重要（或不重要）以致政府对早期教育进行财政投入（或不投入），表达的是有关早期教育和保育的价值判断。本章将讨论这些理论依据如何转化成政策以及政策落实所需要的条件。理论依据和政策框架有所不同，政府应如何保障早期教育和保育质量呢？

在政府层面审视早期教育和保育体系本质上是一种比较研究。只有考察国家层面的数据才能解释政府的有效性。这适用于包括早期教育和保育在内的许多政府工作。例如，如果一个国家的碳排放量持续低于其他国家，那么该国家有什么成功经验呢？如果一个国家的儿童贫困率始终比别的国家高，那么这个国家在消除贫困方面有哪些失败的教训呢？如果一个国家的教育结果始终优于其他国家，那这个国家的教育体系为什么会有如此效果呢？

在早期教育和保育领域，由于一些国际组织已经进行了早期教育服务方面的分析，所以很容易开展比较研究。经济合作与发展组织、联合国教科文组织、联合国儿基会和欧盟都开展了国家比较和/或评估，并提出了高质量早期教育体系的原则。我们有充分的理由从单个国家的分析转向国际层面的比较。首先，在世界经济日益相互依赖的今天，经济分析非常重要。虽然如第三章所讨论的，提供早期教育和保育被视为促进国家经济发展的举措，但是这一论断仍有待进一步论证。如果提供早期教育和保育能够通过培养儿童成为积极能动的未来公民，或者帮助儿童的母亲为经济发展做出贡献，或者至少可以通过减少用于控制社会失调的支出等来促进经济发展，那国际社会就有充足理由来发展早期教育和保育。经济合作与发展组织、欧盟之所以重视早期教育就是基于类似逻辑。

另外一个重要原因就是儿童权利。所有儿童都应受益于国家的发展，而非少数儿童。联合国儿基会因诺琴蒂研究中心调查了发达国家儿童权利保护的进展。联合国教科文组织的职责之一是在各发达和贫困国家推进全民教育，其理论依据就是早期教育和保育是后续学习的重要基础，因此联合国教科文组织也格外关注儿童权利问题。

所有这些组织都向其成员国、支持者或其他合作者宣传什么是最成功的早期教育服务的提供和管理方式。这些组织的确发布了建议，虽然它们的建议常被忽略。经济合作与发展组织被看作世界领先的知识生产组织，如其定期发布的报告《教育概览》（*Education at a Glance*）会总结有关教育数据，这些数据被世界广泛引用。经济合作与发展组织提供了详细的比较信息和国家排名。欧盟为成员国提供政策简报，英国公民很乐意去了解，但不是所有的成员国对其提出的政策建议都有着同样的热情。

这些组织相互依赖，其代表在彼此的会议上发言，工作人员相互流动，他们相互分享研究证据和观点。各组织都有很多内部管理部门。与所有行政管理一样，这些组织的不同管理部门有不同的关注重点。这些组织的外围是诸多的说客、智囊团以及其他急切想要推动事业发展的组织。联合国教科文组织、经济合作与发展组织、欧盟要对政府授权的委员会负责，有时，有的成员在多个委员会中任职。因此，虽然这些组织的工作有所侧重，如联合国儿基会重点关注儿童权利，但它们共享大量信息，并达成一定政策共识。无论这些组织官方和非官方的联系如何，无论它们的内部争议如何，它们都主张政府有必要干预早期教育和保育，就如何架构和管理早期教育和保育也有共同认识。这些组织强调，为提供高质量的早期教育和保育，政府应该设立特别机构提供、管理、监督早期教育和保育服务；应该增加经费资源，因为早期教育和保育是社会和教育事业，而非自负盈亏的企业；应该分配人力资源，尤其是机构中工作人员的培训，确保机构工作人员有合理的薪资、工作条件和工作权利；应该保障托幼机构有充分的基础设施——对建筑和其他物质条件有经费投入。

正如第三章所提出的，早期教育体系的效率依赖于更广泛的社会和经济环境。例如，贫困和不公平现象越严重，早期教育体系就越难达成其预期目标。政府越少关注父母协调工作与家庭生活的需要，早期教育服务的提供就越混乱。政府越多采用市场化模式，早期教育体系越可能缺乏内在一致性。在一些评论家看来，由于早期教育体系分层严重，富有家庭使用某种类型的服务，而贫困家庭使用其他类型的，公民社会建设受到的阻碍加大。无论早期教育和保育体系的质量如何，单靠早期教育和保育体系难以解决社会根本问题。这不是说政府行动不必要，恰恰相反。

本章探讨了一些社会组织或团体提出的提供高质量早期教育和服务的理论依据、重点。

联合国儿基会因诺琴蒂研究中心

儿基会致力于所有儿童的福祉，所以持有最广义的儿童观念。它强调广泛的社会和经济环境对儿童成长所具有的重要作用。《联合国儿童权利公约》列出了政府的责任。

● 为父母、法定监护人和扩展家庭提供适宜的支持，帮助他们履行抚养儿童的责任。（第 18.2 条和第 18.3 条）

● 帮助父母提供儿童发展所必需的生活条件。（第 27.2 条）

● 确保儿童获得必要的保护与照料。（第 3.2 条）

联合国儿基会在佛罗伦萨的下设机构因诺琴蒂研究中心基于对《联合国儿童权利公约》的理解与解释，开展了大量早期教育项目。它指出，富裕和贫穷国家、转型国家和西欧国家的政府能力和收入存在巨大差异。它认为，富裕国家更应采取措施努力履行《联合国儿童权利公约》。因诺琴蒂研究中心 2008 年发布的宣传手册提出了早期教育与服务标准的 4 个关键维度。

- 国家对早期教育事业的重视。
- 早期教育的可获得性和全纳性。
- 早期教育和保育的质量。
- 儿童早期生活的社会与经济背景。

联合国儿基会因诺琴蒂研究中心还描述了早期教育服务的 10 个关键特征，见表 4-1。它指出这些特征不是对理想早期教育的描述，而是最低统计指标，首先反映儿童需要并兼顾发达国家的家长和政府实际。"这些特征表示任何发达国家不应低于此标准，且应该随着时间的推移不断提高这一标准。"①

研究所调查的发达国家大部分是经济合作与发展组织《强力开端》报告中所分析的国家，主要是因为所掌握的数据都是这些国家的。可预见的是，北欧国家得分最高，为 8—10 分；新自由经济国家的得分最低，美国、澳大利亚、加拿大和爱尔兰的得分为 1—3 分。英国由于近年来加大了对早期教育的财政投入，得分为 5 分，但是在儿童贫困、早期教育财政支出总额方面未达到联合国儿基会的标准要求。这一排行榜颇具影响力，被许多团体用于影响政府行动。

---

① Unicef/IRC（2008）'Introduction.' In *The Child Care Transition：A League Table of Early Childhood Education and Care in Economically Advanced Countries. Report Card 8.* Florence：Unicef/IRC.

本报告讨论了儿童照料转型带来的机会与风险，提出了国际广泛使用的早期教育和保育发展指标——在儿童最脆弱并最具可塑性的阶段保护儿童权益的最低标准。

下表呈现了哪些国家当前达到了哪些标准，总结了对 25 个 OECD 国家早期教育服务进行评估和比较的初步结果。

表 4-1　早期教育服务排行榜

指标	达标项数	1 1年父母假，50%工资	2 有优先关注处境不利儿童的国家计划	3 对25%的面向3岁以下儿童的照料机构进行补助和管理	4 对80%的面向4岁儿童的教育机构进行补助和认证	5 80%的儿童照料机构师资得到培训	6 早期教育机构中经过认证的师资有50%获得高等教育学历和相应资格	7 师生比至少为1:15	8 早期教育财政投入在GDP中占比达到1.0%	9 儿童贫困率低于10%	10 基本普及基础儿童健康服务
瑞典	10	√	√	√	√	√	√	√	√	√	√
冰岛	9		√	√	√	√	√	√	√	√	√
丹麦	8	√	√	√	√	√	√	√	√		
芬兰	8	√	√	√	√	√	√		√	√	
法国	8	√	√	√	√	√	√	√	√		
挪威	8	√	√	√	√	√	√	√			√
比利时 (佛兰德斯)	6		√	√	√		√			√	√
匈牙利	6		√	√	√		√	√		√	
新西兰	6		√	√	√	√	√			√	
斯洛文尼亚	6	√	√		√		√			√	√
奥地利	5		√	√	√		√	√			
荷兰	5		√	√		√	√	√			
英国*	5		√	√	√		√			√	
德国	4		√	√	√		√				
意大利	4		√		√	√	√				
日本	4		√		√	√					√
葡萄牙	4		√		√	√	√				

续表

指标	达标项数	1 年父母假，50%工资	有优先关注处境不利儿童的国家计划	对25%的面向3岁以下儿童的照料机构进行补助和管理	对80%的面向4岁儿童的教育机构进行补助和认证	80%的儿童照料机构师资得到培训	早期教育机构中经过认证的师资有50%获得高等教育学历和相应资格	师生比至少为1：15	早期教育财政投入在GDP中占比达到1.0%	儿童贫困率低于10%	基本普及基础儿童健康服务
		1	2	3	4	5	6	7	8	9	10
韩国	4		√			√	√				√
墨西哥	3		√			√	√				
西班牙	3				√	√	√				
瑞士	3					√		√		√	
美国	3			√			√	√			
澳大利亚	2		√								
加拿大	1						√				
爱尔兰	1						√				
总达标项数	126	6	19	13	15	17	20	12	6	10	8

注：英国的数据仅指英格兰。

来源：http：//www. unicef-irc. org/publications/pdf/rc8_eng. pdf.

欧盟

欧盟主要是一个经济性组织，会发布其成员国的经济发展简报。各成员国如一个经济体一样行动。欧盟关心的是经济规则在各成员国之间必须一致，因此没有任何一个国家过度发达，也没有一个国家会被排斥在经济成就之外。欧盟的内部规则适用于所有成员国，根本上是促进经济竞争，提高成员国的经济成就。与其他国际组织一样，欧盟没有任何强制权，仅按欧盟法律规定行事，这些法律规定主要与商业竞争相关。欧盟颁发了所有成员国一致认可并应遵守的指导意见，但是其成员国也可以选择退出，如英国。英国通常对任何可能削弱其市场竞争力的指导意见都持谨慎态度，如限制工作时长或增加母亲/家长的育儿假期。

欧盟的政治结构非常有趣。理论上欧盟由选举产生的议会管理，议会总部设在斯特拉斯堡（Strasbourg）。但欧盟的重大决策由成员国推荐的部长做出。欧盟还有 6 个月一换的轮值主席。每个成员国轮流主持欧盟，并趁此机会提出自己关心的议题。欧盟的日常工作由一个权力强大的复杂行政机构——位于布鲁塞尔的欧盟委员会来处理。欧盟委员会由各成员国推荐委员组成。事实上，所有这些安排都是精心设计的民主，是一种联邦制度模型，尽管欧盟不是严格意义上的联邦而是一个经济联合体。

欧盟委员会自身有着国际化的员工，这些员工都是从欧盟国家中公开招聘的。欧盟委员会下设不同的管理局，有的负责提出欧盟政策建议，有的负责委任和协调各种组织、研究人员和咨询公司来完善政策细节和研究证据。有关欧盟的组织机构及其运行可进一步查询欧盟网站。[①]

欧盟认为员工的福利是经济成就的有机组成部分，包括员工的教育和培训、工作权益、健康、流动（从一个成员国到另一个成员国）及其在商业事务中的发言权等，这已被写进欧盟法律。鉴于对劳动力效率的重视，妇女被视作潜在的劳动力，对生产力有重要影响，因此，提供平等的就业机会，提供儿童照料服务、产假及陪产假等来协调工作与家庭生活被认为是非常关键的措施。

从经济竞争力和经济成就的角度来看，欧盟委员会教育与文化管理局以及就业、社会事务与平等机会管理局（Employment，Social Affairs and Equal Opportunities directorate）和早期教育的关系最为紧密（虽然在实际运行过程中未必如此）。

欧盟教育与文化管理局发布了一系列与早期教育有关的研究报告、统计

---

① http：//europa. eu/about-eu/institutions-bodies/index_ en. htm.

报告和政策文件。①② 最近的一项报告是第三章所讨论的社会科学与教育专家联盟的报告。该管理局特别关注终身学习和教育中的社会融合，尤其是移民儿童。为该管理局工作的研究者所使用的大部分数据来自欧盟统计局，主要参考各教育行政部门。直到最近，教育行政部门仍然很少有儿童照料方面的统计数据。欧盟收入与生活条件数据（详细内容见第十一章）监控与追踪系统的建立应该能够为研究者提供更多有用信息，包括早期教育方面的信息。

就业、社会事务与平等机会管理局长期从为妇女提供平等机会、协调工作与家庭生活的角度关注早期教育。20 世纪 90 年代中期，欧洲 15 个国家建立了欧洲儿童照料网络（European Childcare Network）来探讨早期教育质量问题（现有 27 个国家，还有其他国家准备加入）。该组织由各成员国推荐人员组成，由我的同事彼得·摩斯（Peter Moss）做召集人。欧洲儿童照料网络发布了了有关质量的讨论文件，提出宏观的体制和微观的项目都会影响质量。③后续文件提出了质量目标，并试图融合教育和保育。

从提供服务的角度来看，没有必要区分父母参加工作的儿童与其他儿童。面向幼小儿童的服务应充分考虑所有儿童及其照料者的所有需求。④

质量目标包括以下几类。

- 提供服务的政策框架，包括协调相关责任。
- 财政投入目标（占 GDP 比重）。
- 为不同年龄儿童提供的服务类型与水平。
- 包括质量框架在内的教育目标。

---

① Eurydice（2009）*Early Education and Care in Europe：Tackling Social and Cultural Inequalities.* Brussels：Education, Audiovisual and Culture Executive Agency.

② European Commission/NESSE（2009）*Early Childhood Education and Care：Key Lessons from Research for Policy-Makers.* Brussels：European Commission, Education and Culture DG. See www. nesse. fr/nesse/nesse_top/tasks.

③ European Childcare Network（1996）*Quality Targets in Services for Young Children.* Brussels：European Commission, p. 6.

④ European Childcare Network（1994）*Quality in Services for Young Children.* Brussels：European Commission.

- 师生比目标。
- 师资与工作条件，包括培训与薪资。
- 环境与健康。
- 家长与社区目标。
- 绩效目标，包括研究与监控。

这一报告（1996 年出版）被翻译成所有欧洲国家的语言，并被广泛传播。

有些国家以该报告为基础发展了自己的质量体系，有些国家则忽略此报告。可能该报告最持久的影响是对经济合作与发展组织的影响——经济合作与发展组织在《强力开端》中称此报告为"里程碑"。

如其他许多报告一样，该报告已被束之高阁。由于该报告出版于网络兴盛之前，因此也鲜有人知。欧洲早期教育发展的另一个重要转折点是签订欧盟《里斯本条约》（Lisbon Treaty）。随后在巴塞罗那召开的会议重点讨论了该条约中的劳动力问题，其中妇女就业率目标是到 2010 年从 51% 提高到 60%。另外，巴塞罗那目标强调：

> 成员国应努力消除妇女参加工作的障碍。充分考虑家庭对儿童照料服务的需求，结合本国的早期教育发展模式，争取到 2010 年，至少满足 90% 的 3 岁以上学前儿童和 33% 的 3 岁以下儿童接受儿童照料服务的需求。[1]

欧盟外围的许多游说团体反对这些目标，认为这些目标没有谈及质量和教育。[2] 随后，就业、社会事务与平等机会管理局发布了一份从妇女权益角度讨论儿童照料的报告，该报告也删除了许多与教育相关的数据，但明确论

---

[1]　http：//europa. eu/rapid/pressReleasesAction. do？ reference ＝ MEMO/08/592&format ＝ HTML& aged ＝ 0&language ＝ EN&guiLanguage ＝ en.

[2]　捷克总统于 2009 年第一次召开会议讨论巴塞罗那目标及其修订问题．

及儿童照料服务与妇女就业、家长育儿假安排的关系。①

最近，就业、社会事务与平等机会管理局开展了一项名为"普遍关注的社会服务"（Social services of general interest）的工作，内容涉及老年人长期照料、住房、就业以及儿童照料服务等。所有这些服务有一个共性，就是它们已经现代化，即面向市场竞争，只不过程度有所不同。这一工作就是要探讨市场化程度对管理和质量的影响。最近，欧洲法院（European Court of Jus-tice）正式规定，满足社会需要、具有安全保障作用的社会服务不受竞争规则限制。政府可以立法规定不市场化这类服务，不允许企业在最脆弱的群体中牟利。就业、社会事务与平等机会管理局试图了解成员国如何制定现代化或市场化政策，如何处理财政投入、管理与质量之间的关系。质量界定涉及监控服务和改善服务的方式、服务的普及程度、服务对于需要使用服务的群体的可获得性、师资权益的保障程度以及工作人员的专业自主权。

欧盟代表了早期教育和保育的进步立场，通过欧盟委员会对早期教育和保育服务做了许多总结分析。它为早期教育工作者提供了有用资源和交流论坛。但是，鉴于职权和管理，欧盟难以介入过多。

经济合作与发展组织

总部位于巴黎的经济合作与发展组织有时被称为"富人俱乐部"。它于1961 年成立，代表了美国、澳大利亚、日本、韩国、墨西哥和智利等发达国家，致力于达成以下目标。

- 支持可持续的经济发展。
- 增加就业。
- 提高生活标准。
- 促进经济稳定。

---

① Plantenga, J. and Remery, C. (2009) *The Provision of Childcare Service：A Comparative Review of 30 European Countries*. EU Directorate for Employment, Social Affairs and Equal Opportunities/European Commission's Expert Groupon Gender and Employment Issues (EGGE). Brussels：EU.

●帮助其他国家的经济发展。

●促进世界贸易发展。

经济合作与发展组织是知识生产和交流的世界领先跨国组织，聘请了许多优秀研究者。借助经济合作与发展组织，政府可以比较政策，寻找共同问题的答案，发现优秀实践，协调国内和国际政策。它是世界上最大、最可靠的比较统计数据以及经济和社会数据来源。例如，《教育概览》统计数据就是一个世界里程碑。经济合作与发展组织不仅收集数据，而且监控发展趋势，分析和预测经济发展，探讨教育、贸易、环境、农业、技术、税收和其他相关领域的变革或发展模式。经济合作与发展组织有一个由成员国代表组成的委员会，另有一位来自欧盟委员会的成员。经济合作与发展组织委员会的日常工作也由秘书处来处理，秘书处分成几个管理局。每个管理局由成员国推荐的成员组成委员会进行管理。

教育管理局（Directorate for Education）以及就业、劳工与社会事务管理局（Directorate for Employment，Labour and Affairs）的工作，与早期教育和保育服务有关。另外，经济合作与发展组织对成员国开展定期的经济调查，就有效支出提出建议。例如，经济合作与发展组织批评英国儿童照料支出水平较低，税收制度与其他福利制度不配套，寻致家长在儿童照料上的支出高于除爱尔兰之外的其他所有 OECD 国家。[1][2]

图 4-1 总结了 OECD 国家早期教育和保育支出占 GDP 的比例。

教育管理局 1999—2006 年项目总结分析了 20 个国家的早期教育和保育，包括英国、美国、加拿大、澳大利亚、韩国、墨西哥，以及捷克共和国、法国、德国、匈牙利、爱尔兰、意大利、荷兰和葡萄牙等。其力作《强力开端2》提出了发展早期教育和保育服务的原则，为世界各国的决策者提供了重要参考。[3]

---

①　OECD（2005）*Economic Survey of the United Kingdom*. Paris：OECD，Chapter 5.

②　OECD's *Social and Family Database* gives updated detailed figures on childcare payments by household：see www. oecd. org/els/social/family/database.

③　OECD（2006）*Starting Strong II*：*Early Childhood Education and Care*. Paris：OECD.

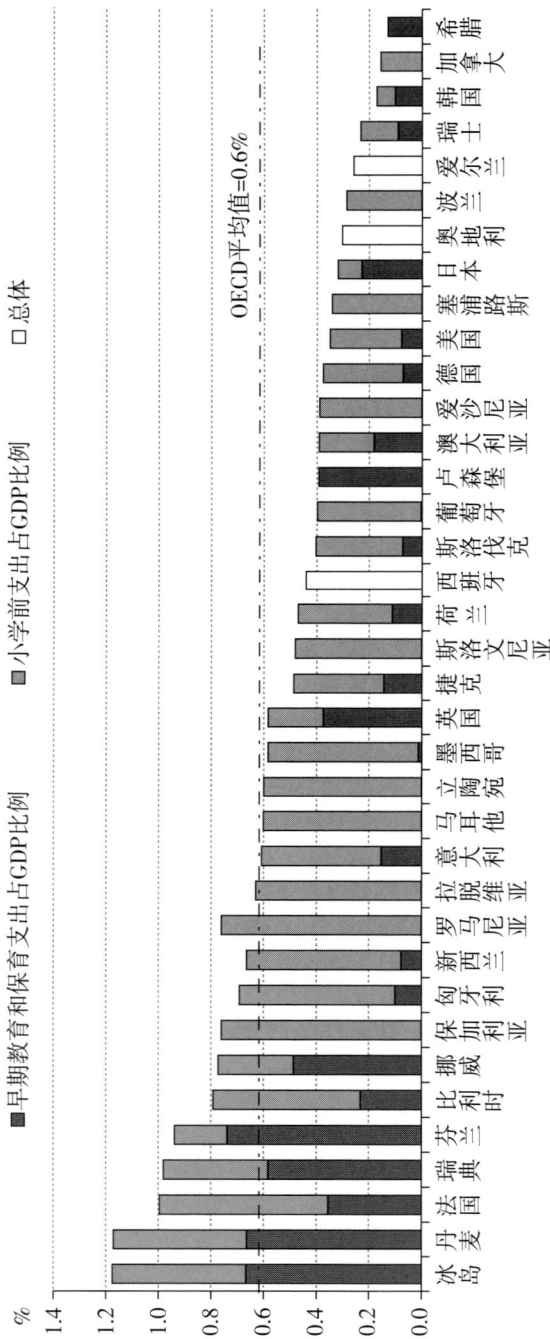

图 4-1 早期教育和保育服务的公共财政支出占 GDP 的比例（2005 年）

注：奥地利、爱尔兰和西班牙的数据无法按教育阶段进行区分。

a. 土耳其的脚注：这份文件中的"塞浦路斯"是指塞浦路斯岛的南部。在联合国找到人人、公平解决方案之前，土耳其在塞浦路斯问题上保留自己的立场。

b. 经济合作与发展组织成员和欧盟委员会的脚注：除土耳其之外的所有联合国成员和欧盟成员都承认塞浦路斯。这份文件的信息是指塞浦路斯政府有效统治的地区。

来源：Social Expenditure database 1980—2005；OECD Education database；Eurostat.

经济合作与发展组织是一个强大的统计组织，也是一个通过同行审议达成共识的组织。《强力开端》系列从某种程度上可以说是一种共识。评估小组在各个国家收集类似的统计数据。20 个国家都要求评估小组从外部来审视其国家存在的特殊问题（访问英国的评估小组指出，正式学校教育开始年龄过小是一个大问题[①]）。访问每个国家的评估小组由起草报告的研究人员/报告员、一位经济合作与发展组织的代表、两三位参加研究的其他国家的决策者共同组成。例如，我作为报告员与来自经济合作与发展组织的代表、芬兰和比利时的高级官员组成小组访问加拿大。[②] 每个 OECD 国家的研究数据来自多种途径。每个国家需要提供一份背景报告总结相关政策，并提供有关儿童、早期教育、妇女就业、贫困及其他人口学信息的统计数据。评估小组拿到背景报告后，访谈主管官员和政治家以及包括研究者在内的各种利益相关者，并接收他们愿意提供的各种材料。评估小组需要检视这些人员的报告与背景报告之间的矛盾与一致，形成最终的国家报告，并关注该国家的特别问题。最后，官员和政治家必须在报告中反思自己的工作（有一个国家的官员没有做这项工作，未能完成国家报告）。国家报告最终成为经济合作与发展组织有关该国家早期教育和保育的官方报告。

《强力开端》汇总了 20 份国家报告。另外，经济合作与发展组织还举行了专家论坛，研究人员需就关键议题提交报告。这些报告也被整合进经济合作与发展组织的最终报告中。

虽然国家之间差异巨大，但它们也有许多共同之处。综合每个国家的情况，以下因素对于高质量的早期教育和保育体系至关重要。

● 系统的、整合的早期教育和保育政策——国家政策框架、中央和地方管理机构协调[③]；合作式、参与式改革模式；地方机构工作人员、专家和家

---

① OECD（2001）*Country Note*：*UK*. Paris：OECD.

② 详细名单请见：OECD, *Starting Strong II*.

③ 一些国家是联邦制度，澳大利亚、加拿大、美国和一些欧洲国家如德国和西班牙都是联邦国家，管理权力下放到州/省政府，不同的州/省政府采用了不同的早期教育和保育政策与制度. 现在英国的管理权力，包括早期教育和保育服务的管理权都下放到英格兰、苏格兰、威尔士和北爱尔兰政府. 这些国家面临一个协调问题.

长密切联系。

● 教育体系内部的平等伙伴关系——不仅有统一、一致的学习模式，还要认可儿童的特殊需求。

● 普及早期教育和保育——确保所有儿童无论其环境条件如何都能有平等的入学机会。

● 大量公共财政投入早期教育和保育服务以及基础设施——包括控制父母的支出。

● 质量改善和保障的参与模式——包括管理制度和课程发展。

● 为早期教育和保育工作人员提供适当的培训和工作条件——合格的师资、体面的收入。

● 数据收集和监控体系。

● 稳定的、长期的研究与评估框架体系。

然而，与其他大型国际组织一样，经济合作与发展组织同样也面临内部协调问题。在强力开端项目进行的同时，经济合作与发展组织的就业管理局也发布了《婴儿与老板》系列报告，其重点完全不同，甚至截然相反。

《婴儿与老板》在经济合作与发展组织原有指标的基础上，又考察了影响家长参加工作和建设家庭的税收/福利政策、家长育儿假期、儿童照料和校外照料服务等指标。《婴儿与老板》有关工作与家庭协调的报告分析了如下国家的政策和家庭：澳大利亚、丹麦和荷兰[1]；奥地利、爱尔兰和日本[2]；新西兰、葡萄牙和瑞士[3]；加拿大、芬兰、瑞典和英国[4][5]。

如莱恩·马洪（Rianne Mahon）所指出的，这些报告的参考框架存在很大差异。《强力开端》关注的是儿童的最佳利益。《婴儿与老板》关心的则是经济发展，即如何形成灵活有效的劳动力市场，在这个过程中，妇女和儿童仅被视作工具。《婴儿与老板》主张的是"一种肤浅的'性别平等'观念，

---

① OECD (2002) *Babies and Bosses：Australia，Denmark and the Netherlands*，vol. 1. Paris：OECD.

② OECD (2003) *Babies and Bosses：Austria，Ireland and Japan*，vol. 2. Paris：OECD.

③ OECD (2004) *Babies and Bosses：New Zealand，Portugal and Switzerland*，vol. 3. Paris：OECD.

④ OECD (2005) *Babies and Bosses：Canada，Finland，Sweden and UK*，vol. 4. Paris：OECD.

⑤ OECD (2007) *Babies and Bosses：A Synthesis of Findings*，vol. 5. Paris：OECD.

很少关心儿童权利"①。而且，《强力开端》采用的是 OECD 国家达成共识的情境学习观，《婴儿与老板》沿袭的却是快速政策迁移传统（quick-fix policy transfer tradition）——这是运行效果最好的政策，你也可以实施。

这些相互矛盾的理论基础存在于当代大部分早期教育决策之中。教育政策是否关注儿童的身心发展与进步呢？或者就业政策是否关注动态经济中平稳运行的劳动力呢？

联合国教科文组织

联合国教科文组织成立于 1945 年，是联合国下设机构，总部在巴黎。作为一个国际组织，其成员国约为 200 个。现在大部分国家在联合国教科文组织都有永久代表。联合国教科文组织也在许多国家设有办公室，尤其是其重点关注的非洲地区。它被称为联合国大家庭的一部分，致力于促进社会公平和消除贫困等世界共同目标。

> 所有联合国教科文组织的项目与活动都反映了国际社会的广泛目的和具体目标——在"千年发展目标"（Millennium Development Goals，MDGs）等国际认可的发展目标中提出。联合国教科文组织在教育、科学、文化、交流与信息等方面的独特能力有助于实现这些目标。②

作为全民教育的一部分，联合国教科文组织致力于实现 2000 年在塞内加尔首都达喀尔召开的世界会议上达成共识的六大策略目标。总体上，它提出：

---

① Mahon，R.（2006）The OECD and the work/family reconciliation agenda. In J. Lewis（ed.）*Children，Changing Families and the Welfare State*. Cheltenham：Edward Elgar，pp. 173－191. The quotation is from p. 174.

② www. unesco. org.

基本学习需要包含……人类为了生存、充分发展能力、体面地生活和工作、提高生活质量、做出理性决策和终身学习……所需的基本学习工具和基本学习内容。①

达喀尔目标本质上具有一定的国际性，因为它是基于区域全民教育会议的结果以及签署国的发展目标制定的。第一个目标是：

扩展和改善早期教育和保育，尤其是面向最脆弱和处境不利的儿童所提供的服务。

每年，联合国教科文组织都会对这些目标的实现程度做出年度报告。2007 年全民教育报告《坚实基础》（*Strong Foundations*）主要报告了有关早期教育发展目标的进展。② 它强调权利模式的重要性，重申发展早期教育的理论基础。它讨论了经费投入和管理问题。2009 年全民教育报告强调不公平具有负面影响，良好、透明的管理对于实现所有全民教育目标具有关键意义。

联合国教科文组织覆盖富裕国家和贫穷国家，不像世界银行等仅以除美国外的发达国家为例子。第十章详细讨论了这种跨国知识生产的困境。富裕国家的观念与概念往往被直接出口到贫穷国家。然而，联合国教科文组织提供了有关早期教育的良好背景数据，积累了国际统计数据、国家资料、政策简报和定期报告。政策简报涉及入学机会、质量、财政投入和管理 4 个相关联的主题。有关早期教育的最新报告是《结合照料与学习》（*Caring and Learning Together*），分析了在教育体系中提供儿童照料服务的国家。③

联合国教科文组织是很好的有关早期教育的信息源。它提供了世界早期教育实践的案例，并从最抽象的原则到最具体的实践层面都提出了改善早期

---

① Unesco（2000）*World Declaration on Education for All.* Paris：Unesco，Article 1，Paragraph 1.

② Unesco（2007）*Strong Foundations：Early Childhood Education and Care. EFA Global Monitoring Report 2007.* Paris. Unesco. Available at http：//unesdoc. unesco. org/images/0014/001477/147794E. pdf.

③ Bennett，J. and Moss，P.（eds）（2010）*Caring and Learning Together.* Paris：Unesco. 也可参见：http：//unesdoc. unesco. org/images/0018/001878/187818E. pdf.

教育的建议。它与许多其他国际非政府组织和慈善基金会一起，在贫穷国家引领教育改革。

国际共识

为实现高质量的早期教育，政府有责任改善早期教育政策，这是一个国际共识。相反，如果政府缺乏介入，地方的早期教育很难达到高质量——虽然存在一些因杰出个体的优秀工作而导致的特例。高质量意味着有关早期教育和保育的国际计划所依赖的理论依据具有内在一致性，意味着在各个层面都以最脆弱的儿童为优先关注重点，意味着有确保早期教育服务一致性和连续性的管理措施，意味着有信息与数据收集体系以保证监控和改善早期教育服务，意味着提供充分且有效的财政投入来确保完成预期任务，意味着确保建设一支培训充分、薪资合理的师资队伍。

正如我们所见到的，大型国际组织仅完成这些是不够的。对于联合国儿基会因诺琴蒂研究中心而言，它的根本使命是控制儿童贫困。对于联合国儿基会因诺琴蒂研究中心、经济合作与发展组织以及欧盟而言，它们需要努力改善父母的育儿假、产假安排，以确保最为脆弱的年幼儿童获得充分保护，确保他们的家庭不会因为难以协调工作和家庭生活而陷入不必要的困境。对于欧盟，这意味着职工权益应得到充分重视。对于联合国教科文组织，这意味着无论国家富裕还是贫困，都有责任来支持和发展早期教育。

第五章
儿童照料市场

第四章探讨了重要国际组织有关早期教育和保育服务的立场。我认为要判断一个国家的早期教育体系运行效果如何，什么是高质量，什么不是高质量，都需要国际比较和标准。

经济合作与发展组织主张："与家长补助模式相比，由公共权力部门管理的供给方投入模式更可能提供质量均衡、广覆盖的早期教育。"①

然而，一些国家尤其是美国不同意这一观点。最富争议的一点在于，私立市场在多大程度上介入早期教育服务的提供，私立市场能否提供高质量的教育。在新自由主义英语国家，尤其是美国，早期教育的市场化程度格外高，营利性早期教育和保育不仅是可接受的，而且是必要的。营利性托幼机构在美国的普遍存在让许多研究者、世界银行等位于美国的世界组织，以及布鲁金斯基金会等位于华盛顿的知名智库，都认为营利性机构是必不可少的、有效的。

本章将讨论私立市场及其带来的质量问题。我会讨论早期教育管理：如何为私立市场的运行设定界限？我会简要总结一些国家，主要以英国为例讨论分析私立早期教育的质量。

---

① OECD（2006）*Starting Strong* Ⅱ：*Early Childhood Education and Care.* Paris：OECD，p. 114.

家长选择的重要性

美国诺贝尔经济学奖获得者加里·贝克关于家庭的看法有很大影响力。他认为经济学必须把家庭和个体作为经济分析单元。家庭的经济分析模式主张可以从经济支出与收益的角度解释所有决策。即使结婚、离婚、家庭规模等涉及亲密关系的最终决策都是通过权衡各种行动的经济收益和损失而做出的。购买儿童照料服务是家庭的一种经济活动，并且只能由家庭做出决策。这是家庭做出的诸多投资中的一种。作为一种投资，让家长在私立竞争市场购买儿童照料服务要比政府投入税收举办托幼机构更有效，因为家庭必须做出是否在儿童照料上投入的选择，而且做出选择是家庭的权利，不容剥夺。对于那些来自不利家庭背景的儿童，政府介入是必要的，但需求方主导的体系（向父母提供教育券或税收减免）仍要优于供给方主导的体系（直接向服务提供者提供补助）。教育券是向贫困家庭发放的补助，家庭可以在任何获得许可的私立日托机构使用。在贝克看来，市场可以确保提供充足的服务来满足各种类型的需要。[①] 他认为任何政府介入都会妨碍家庭选择。这种经济分析为美国忽略或低估社会政策问题提供了有力的学术依据。

加里·贝克代表了一种极端观点，即在一个高度竞争和市场驱动的社会，所有家庭交易都可以商品化（只要有价格）。但是，美国其他研究儿童照料的经济学家也执着于市场模式。最有名的例子就是戴维·布洛（David Blau），他的研究主要集中在儿童照料市场。[②③④] 他也认为由于儿童照料是一种在市场上买卖的服务，经济学可以提供儿童照料分析框架。任何商品的市

---

① Becker, G. S. (1991) *A Treatise on the Family*. Cambridge, MA：Harvard University Press.

② Blau, D. M. (1999) 'The effects of childcare characteristics on child development.' *Journal of Human Resources* 34：786-822.

③ Blau, D. M. (2000) 'The production of quality in child-care centers：Another look.' *Applied Developmental Science* 4（3）：136-148.

④ Blau, D. M. and Mocan, H. N. (2002) 'The supply of quality in childcare centres.' *Review of Economics and Statistics* 84（3）：483-496.

场分析都涉及供给、需求、成本、价格和质量等关键因素。他提出，儿童照料市场在许多方面的运行都比人们普遍认为的要好。他认为，儿童照料从业者之所以工资低，是因为她们愿意从事低工资的工作，而不是因为她们被雇主剥削或被迫补偿消费者。但是，他承认儿童照料市场的运行并没有达到理想状况。他认为，问题的根源在于父母作为消费者缺乏足够的儿童照料信息，所以做出了错误选择。古典经济学理论主张，在一个竞争市场中，消费者有充分信息时会选择最优产品。所以除非消费者有足够的关于儿童照料质量的信息，并有强烈的购买更好照料服务的动机，否则不会出现对优秀儿童照料服务的需求。①

然而，2009 年加拿大政府委托进行了两项对有关早期教育和保育进行经济学分析的文献回顾，发现父母没有直接获得质量信息，而且质量信息只是影响家长购买儿童照料的一个很小因素。家长有关质量的看法通常不同于专家。通常，费用越高，母亲越少使用儿童照料服务，但是这又会受到地理位置和家庭背景因素（如子女数量）的影响。②③

家长是消费者，指他们从子女利益出发进行选择，而不是指他们自己对服务有体验。他们所掌握的机构信息是不全面的，而且他们的孩子也还不能汇报。许多父母以前没有购买过儿童照料服务，可能将来也不会再购买。即使参加工作的父母非常清楚自己需要什么，他们也很少有时间去了解和评价机构。而且，儿童照料的直接消费者是儿童——他们很难与父母清楚准确地沟通他们获得了怎样的教育和照料。有证据表明，父母很难对机构质量做出评价。与受过培训的研究人员相比，父母大大高估了他们的子女获得的照料的质量。虽然父母与专业人员看重的特征一样，但他们的评分差异巨大：

---

① Blau, D. M. (2001) 'Rethinking US childcare policy.' *Issues in Science and Technology* 18 (2): 66-72. Available at www. issues. org/18. 2/index. html.

② Child Care Human Resources Sector Council (CCHRSC) (2009) *Literature Review of Socioeconomic Effects and Net Benefits: Understanding and Addressing Workforce Shortages in Early Education and Care (ECEC) Project.* Ottawa: CCHRSC.

③ Child Care Human Resources Sector Council (CCHRSC) (2009) *Literature Review of ECEC Labour Market: Understanding and Addressing Workforce Shortages in Early Education and Care (ECEC) Project.* Ottawa: CCHRSC.

90%的家长评定他们的子女所在班级的质量为优秀，但研究人员将同一班级的质量评为一般或较差。①

"给予父母选择"的观点强调父母最清楚自己和子女的需要，能够做出最适合他们的选择。但是，除了他们所获得的信息以及机构费用的影响，他们的选择仍然有限。父母通常可能没有时间或财力送孩子到远处的机构。他们大部分只能就近选择，由此选择范围较小。管理要求和成本支出结构也使得机构模式比较单一，家长所能选择的只是服务时间安排的不同。② 但是，家长方便的时间不是孩子方便的时间。如果与朋友和同伴一起生活和学习对于年幼儿童是重要的学习方式，那么每次进入托幼机构都和不同的儿童（也可能是不同的老师）相处会让儿童感到茫然无措——正如成人走进工作单位发现同事已不是两个星期前的同事一样。这一观点假定学习具有很强的个体性，但事实并非如此。

加拿大的文献回顾指出，提供儿童照料对宏观经济（wider economy）有显著贡献。用经济学术语说，儿童照料服务是一个乘数（multiplier）。越多妇女参加工作以及更多男女被雇佣进入托幼机构工作，经济增长越多。托幼机构还在其他商品上支出，因而增加了就业机会和税收。

依赖市场提供早期教育服务带来的一个问题就是缺乏公平。市场本质上不是一个公平之地，因为人们根据自己的购买力进行消费。例如，法拉利汽车是非常成功的产品，制作精良、营销有力，给它的公司赚取巨大利润，但是它并不促进公平。相反，它恰恰是社会分层的标志。法拉利是一家成功的公司，但它定位在市场中的高端消费者，对其他消费者毫无兴趣。公司就是找准市场，然后相应地推销其产品。

美国社会政策的一个显著特征就是不重视公平——除了对妇女和少数族裔群体就业机会平等的有限关注（第十章将详细讨论美国和其他新自由主义

---

① Cryer, D., Tietze, W. and Wessels, H. (2002) 'Parents' perceptions of their children's childcare: A cross-national comparison.' *Early Childhood Research Quarterly* 17 (2): 259–277.

② 现在英国政府根据一定的机制奖励早期教育时间，家长可以根据自己的需要选择最合适的时间.

国家中的不公平问题）。与之相反，社会公民权和社会融合是大部分欧洲国家的目标，所有儿童应有平等的入学机会是政策选择的基本原则。如果公平是早期教育和保育服务的一个法定目标，市场就不是提供早期教育和保育服务的最佳方式，因为市场本质上是分层的。市场需要调节。如果儿童照料服务依赖于家长的付费，只有那些有足够收入的家长才能支付费用，贫困妇女和贫困儿童就被排斥在外。即使向父母发放补助，仍然存在不公（没有任何家长补助项目是万无一失的）。家长选择是一个颇有争议的概念，表面上看非常简单（政治上很流行），但实质上意味着早期教育和保育是可以在市场上进行买卖的商品。

知识的共享与竞争

私立营利性机构在美国非常普遍，似乎这不是一个需要讨论的问题。儿童照料企业也认为营利是理所当然的。儿童照料是合法的商业活动，自然就存在竞争。儿童照料企业需要竭尽全力吸引消费者，确保其利益，不会考虑对其他消费者造成的成本或合作的需要。例如，美国早期教育工作者儿童照料交流网就有很多这样的描述。

> 儿童照料的市场化方案兴奋地启动新的儿童照料企业成功系统（Child Care Bussiness Success System），一个营销和招生的综合工具。这个系统专门为早期教育企业负责人和管理者设计了 10 个学习模块，并配有 10 张 CD。通过使用这些创新的、前沿的、质优价廉的策略，托幼机构可以轻松地扩大招生，改善消费者满意度，提高营销和宣传的投资回报率。这个系统提供了实际案例、模板和练习。发掘儿童照料机构背后隐藏的巨大财富吧！①

---

① http：//ccie. com/favoritethings_exchange. php.

经济理性是包括早期教育企业在内的所有企业遵循的行为准则。对选择、竞争、供给与需求的感知能够解释早期教育和保育领域中商业组织的行为与反应。企业分析和预测购买者（家长）会购买怎样的儿童照料商品，投入早期教育能够获得多大利润，政府的管理框架对其商业获得有怎样的限制和影响。

从市场的角度来看，知识与信息同样是商品。英国一家企业简洁表述了知识产权的市场观。

> 为什么要放弃花大量时间、精力和财力研发的技术和机密信息呢？在竞争性环境中，知识产权或商业秘密是一个公司所拥有的最重要的资产……这正是政府期望通过提高标准让优秀托幼机构完成的……私立和公立机构都被期望与其他机构分享最佳教育实践，即使它们彼此是竞争对手……这既不公平也不合理。[①]

因商业机密保护致使信息难以获得是一个人尽皆知的市场化现象。私立托幼机构的商业机密必然限制了相互之间的合作和学习。因此，一方面，消费者依据充分的商品（儿童照料）信息做出选择，另一方面，企业在营销和出售商品时要将自己的利益最大化，它们会大力鼓吹自己商品的优势，而轻描淡写自己的劣势。家长和托幼机构的利益是矛盾的。家长想了解他们所使用的服务的优点和缺点，但机构更多是描绘自己最佳的一面。

市场的波动性

市场本质上是不稳定的，机构期望尽可能增加利润、减少损失，而家长则要货比三家后再做选择。成功的企业会扩张，并购其他竞争力不足的企业，无法吸引足够生源的失败企业会倒闭。许多托幼机构最初只是小零售商，逐

---

① Bentley, A. (2008) 'To the point.' *Nursery World* June, p. 12.

渐做成大企业。英国和美国儿童照料市场的一个特征是产生了大型连锁托幼机构。2009 年，股份公司提供了 8% 的英国儿童照料学位，而美国比例更高。运行良好的早期教育企业会扩张，而运行差的企业则会逐渐萎缩或倒闭。儿童照料市场是不稳定的，市场情况每年都在变化——虽然很难获得相关数据。经济不景气时，企业营利更加困难，市场波动更大。如英国教育标准局开展了监控和记录，其数据能够呈现这种波动。2008/2009 年，每新开 2 个儿童照料企业就相应有 3 个企业关闭，机构的总体数量在下降。2009 年，英国有 870 家幼儿园关闭，11000 个家庭托儿所退出市场。①

　　另一方面就是成功的企业不断扩张。任何儿童照料市场的一个明显特征就是成功企业的巩固——它们并购其他公司，曾经的小公司变成大公司。大公司又被其他大企业并购。英国早期教育市场 8% 的份额掌握在大型公司手中，其中一些是海外公司（offshore companies）的附属机构，公司总部在其他国家。如有一家新加坡公司，其主管曾因垃圾债券交易在美国锒铛入狱。现在，他俨然成为一位改革者，一直在美国和英国购买连锁早期教育机构，现在正试图进军加拿大市场。还有一些海外公司在世界其他一些管理（和税收）不严的国家注册。在那些税收天堂，这些公司重组儿童照料企业，将利益最大化，并将外部成本降到最低。正是出于这些原因，管理控制既需本土化，也需国际化。

　　澳大利亚儿童照料公司巨头启蒙（ABC Learning）是扩张的最好例子。它从一个小公司迅速成长。它在澳大利亚有 1000 多家机构（占澳大利亚儿童照料市场的 30%），并在新加坡、新西兰和英国等国家有投资——它拥有一家英国连锁机构，后将其卖出。2008 年底，该公司因针对其主管埃迪·格罗韦斯（Eddie Groves）及其前妻、亲戚的财务欺诈指控和反指控而倒闭。由于该公司在澳大利亚早期教育市场所占份额过大，政府不能任由其自然倒闭——这意味着有太多的机构要关闭。他们用了一年时间来寻找接盘者，消

---

① Ofsted（2010）*Registered Childcare Providers and Places in England at 31st Dec 2009*. London：Ofsted.

化接收其下设的托幼机构，决定这些机构何去何从。政府为收拾这个烂摊子，投入 1 亿多美元。该公司的失败促使了澳大利亚议会委员会的成立，该委员会指出是儿童照料政策和管理的缺陷导致了该公司的倒闭。它指出，不应把儿童照料完全交付市场，而应由小型或个别独立公司、非营利和社区组织来提供儿童照料服务。[①]

市场失败是市场模式固有的。成功的企业具有竞争力就会扩张，不成功的企业就会倒闭。公共服务的目的是无论市场如何变化或顾客如何脆弱，都要提供连续稳定的服务，而私立市场关注的只是收益和损失，就是财务报表，而非贫困或脆弱儿童的福祉。

如果营利性机构失败，他们所积累的资产是什么呢？对于许多私立机构所有人，最大资产就是地产。但是，如果政府给机构拨发了资金，谁拥有这些资产呢？市场的答案是，机构所有人承担了风险，那么资产应该属于机构所有人。打个比方说，学校是公共资产，如果学校倒闭了，资产就属于政府或社区。私立托幼机构是否遵循同理呢？这是英国有关公私合作讨论的基本问题。如果私立机构也有投入，那谁从政府财政投入中受益呢？

市场的替代品

并非所有经济学家都认同市场模式是理解或预测人类交易行为的最佳方式。由于当前严重的经济衰退以及知名经济学家和政治家对经济理论适用性的质疑，经济理论本身也在发展。知名政治学家迈克尔·桑德尔指出，"市场必胜"是过去 25 年的主导观点。市场箴言渗透到以往未曾涉及的领域——教育，逐渐破坏了诸如公民权、社会公平、社会融合等传统社会价值观念，分享、关爱、好奇、诚实和道德责任等被视为无意义的个人特征。标准经济学低估或忽视了人类技能和能力，认为市场是低效的而非高效的，是有歧视

---

① www. childcarecanada. org 提供了大量关于 ABC 学习公司的情况，包括大量新闻报道和澳大利亚议员委员会（Australian Senate Committee）的调查报告.

偏见的而非价值无涉的。[①]

桑德尔的批判日益得到广泛认同。新经济基金会（New Economics Foundation）的一项报告采用了用于分析投资的社会回报的原则和估值技术，分析了特定群体所带来的社会、环境和经济价值。人们的工作是否对公民权和社会融合有贡献？银行家或会计师的工作可能会减损经济的社会回报，与之不同，儿童照料工作者能够创造每投入 1 美元回报 7—9.5 美元的社会价值。换言之，他们促进了社会凝聚力，他们的贡献是可以估值的。[②]

拒绝市场

在许多欧洲国家，市场在早期教育和保育领域并没有占据主导地位。在儿童（或其他任何脆弱人群）身上牟利令人深恶痛绝。如瑞典课程深刻关照了本国价值观念，不仅没有提及金钱或成本，而且强调相互支持和团结的价值。

> 幼儿园的一个重要任务是帮助儿童获得我们这个社会赖以发展的价值观念。人类生命、个体自由和正直神圣不可侵犯，人人平等，性别平等，团结脆弱群体等，都是学校应积极促进儿童获得的价值观念。[③]

因此，私立营利性早期教育的提供方式以及投入和质量的关系存在多种样式。美国是一个极端例子。澳大利亚、爱尔兰、荷兰和英国也支持基于市场的儿童照料服务。政府对儿童照料的投入采取向父母发放补助或提供税收减免政策（需求方主导的投入），而非直接资助托幼机构（供给方主导的投入）。从经济学的观点来看，这种模式能够激发企业的效率，促进供需平衡，同时增加消费者的选择。相反，一些国家认为早期教育服务本质上是一种公

---

① Sandel, M. (2009) *Justice: What's the Right Thing to Do?* London: Penguin.
② Lawler, E., Kersley, H. and Steed, S. (2009) *A Bit Rich*. London: New Economics Foundation.
③ Swedish Ministry of Education and Science (1998) *Curriculum for the Preschool*. Stockholm: Fritzes.

共服务，公平、互助、公民权比市场更重要——另一种经济效率。

在包括东欧国家在内的大部分欧洲国家，营利性早期教育机构的占比都比较小，总体上不到 5%（但英国 70% 的机构都是营利性的）。在德国等许多国家，大量机构属于非政府志愿组织。挪威是一个有趣的国家，46% 的早期教育机构由政府提供，另有 54% 的机构由各种组织提供，其中包括营利性企业。在挪威，任何符合认证标准的机构都会获得一笔定额资助，资助直接拨给机构，而非通过税收减免的方式给家长。挪威托幼机构的认证标准包括以下几点。

- 根据家庭收入确立父母缴费最高水平。贫困家长或有多名子女的家长支付的最少，但是托幼机构对任何人的收费都不能超过家庭收入的 15%。

- 有关职工资格（大部分高等教育学历）、师生比等的标准。要求制订年度计划，并每年更新。幼儿园应列出活动和课程。年度计划必须获得家长和社区其他利益相关者的认可，然后由市级相关部门进行讨论。

- 所有儿童有平等的入学机会。幼儿园只要有学位，就必须接受任何提交申请的儿童，无论儿童家庭的收入如何。

- 可持续性。确保需要时能有学位。

托幼机构不是依照市场规则进行买卖的商品，而是一个有充足经费、由经过培训的专业人员组织实施、有着明确目标、开展严肃学习与民主参与的机构。在这个框架之下，谁提供服务就不再重要。挪威法律允许任何符合认证标准的机构获得资助，营利性机构不可能在一个利润很低并且资产受控的领域投资。其他一些国家还对薪资和工作条件做出法律规定：职工工资水平必须与工会协商确定，工作条件必须与其他政府职员同等。另一北欧国家——丹麦把工会视为重要的合作伙伴和利益相关者。

管理与执行

在许多商业圈，"管理"就是"官僚主义"的代名词，是对竞争的不必要的约束。然而，即使市场的最狂热支持者也承认，市场需要一定程度的管理和标准化以控制"不公平竞争"。有关竞争与垄断、会计标准、产权保护、数据生产等国际规则得到普遍欢迎。违背这些管理规则的公司将遭受国内和国际组织的严重惩罚。但是，其他各种形式和程度的管理都被认为会限制竞争，影响企业的赢利。世界金融危机表明管理的重要性；不良资本可以通过管理得到控制。金融危机对加拿大这种对金融活动有严格管理的国家的影响就非常小。

美国研究文献认为，早期教育和保育质量涉及结构变量和过程变量。结构变量是那些可以直接控制的因素：师生比、班级规模、教师受教育水平、空间和卫生等。过程变量是描述关系和活动的因素：成人和儿童之间如何建立关系，他们做什么，如何做，例如谈话的丰富性、成人和婴儿之间温暖拥抱的次数等。这些过程变量较难量化和管理。①

研究最为关注的过程变量都与照料者相关，包括培训与师幼互动的相关性。在一个经过认证的中等规模的家庭托儿所（平均 6 名儿童），照料者的培训或教育水平对儿童照料质量的预测力要比师生比更强。接受过培训的照料者较少对儿童冷漠。② 在这个研究中，没有一个结构性变量能预测照料者的敏感性。

越来越多的早期教育企业把质量认证而非超出其控制范围的管理视作其企业增值的可信标志。质量认证可以帮助一家机构与其竞争对手区分开来。③ 认证是自愿的，没有任何监督、强迫，被认为不像管理那样严格、具有强制性。认证组织是专业团体，可能是营利性的或非营利性的，提出托幼机构应满足的一系列标准。在早期教育和保育领域，各种认证组织概括形成了结构和过程变量检核表。如美国早期儿童照料与发展服务认证委员会（the Council on Accreditation in Early Childcare and development Services，众多认证组织中的一个）提出了高质量婴儿照料的 8 个维度：①健康与安全；②每个照料者照顾 3—4 个婴儿；③每个婴儿有一个主要照料者；④确保一段时间里

---

① Clarke-Stewart, K. A., Vandell, D. L., Burchinal, M., O'Brien, M. and McCartney, K. (2002) 'Do regulable features of child-care homes affect children's development?' *Early Childhood Research Quarterly* 17（1）：52–86.

② Clarke-Stewart et al., 'Do regulable features of child-care homes affect children's development?'

③ Laing & Buisson（2009）*Children's Nurseries：UK Market Report* 2009. *Eighth Edition*. London：Laing & Buisson.

由同一照料者进行照料，保证照料的连续性；⑤照料者呼应婴儿；⑥在集体中满足每个婴儿的需要，同时关注每个婴儿的学习风格和气质；⑦对文化与语言敏感；⑧提供多样的、富有刺激的、有计划活动的物质环境。①

对私立市场的管理被视为质量的保障，但管理可能带来完全相反的作用：它设定了一个最低标准。管理框架旨在防止出现低劣实践，因而是"质量"的标志。

管理是非常昂贵的，虽然机构缴费补偿了一些成本。在儿童照料领域，评估大量小企业、安排实地观察（英国教育标准局 3 年时间内要进行 90000 次实地观察）、任命评估员并发薪资、出版报告、协调有关挑战等都是高成本的科层管理。如其他任何领域，管理成本也是一种市场现象。欧盟提供了管理指导手册。一些管理举措要比其他一些具有更高的效率。管理成本包括信息、酬劳、合作、监督、培训以及执行要求所需的其他成本。② 这些都是技术问题。这里讨论这个主题的目的是强调所有市场都受到某种程度的管理，对经济学家而言，如何管理市场是市场能否良好运行的关键条件。

英国的管理

英格兰是说明管理困局的经典案例。英格兰的管理是对多样市场的回应，是在努力达到表面的公平，即使早期教育事实上非常多样，而这种多样是政府借家长选择之名大力提倡的。管理（和低水平投入）的结果就是制约托幼机构服务和阻碍实验创新。英格兰的《早期基础阶段法定框架》（*Statutory Framework for the Early Years Foundation Stage*）主要关注健康与安全，不鼓励机构和教师进行创新，或进行室内外的课程实验。③ 《早期基础阶段法定框架》出版了配套的信息和指导手册，并由教育部指派地方专家进行广泛

①　Council of Accreditation for Early Child Care and Education（2006）http：//coastandards. org/downloads/ECCD/ECCD%20Reference%20List. pdf.

②　Schatz, M., Schiebold, M., Kiefer, S. and Riedel, K.（2009）*The Handbook for Measuring Regulatory Costs*. Berlin：KPMG/Bertelsmann Stiftung，p. 52.

③　www. teachernet. gov. uk/teachingandlearning/eyfs/.

传播。它基本上就是由公务员撰写的管理性文件，预先排除了各种例外。它透露了对从业人员的不信任，其假设是使用早期教育系统以及在早期教育系统工作的人员没有能力判断质量。这种不信任部分缘于从业人员缺乏培训，没有管理控制就可能达不到质量标准。

现在，政府在管理体系中增加了培训要求。但是，一个多样的、私立的早期教育体系要提高师资水平，完全依赖于私立机构在培训上增加投入、提供培训良好的工作人员所期望的薪资水平的意愿和能力。正如凯特·戈达德和埃玛·奈特（Kate Goddard and Emma Knights）所指出的，英格兰在早期教育上的投入远远低于其期望的目标，私立机构中受过培训的教师的薪资严重低于公立机构的教师。① 如果缺乏教师工资方面的财政投入，管理是保障标准的最佳措施。为了保障质量标准，管理框架有必要关注必须预防的领域。

英格兰有早期教育和保育的评估与监督体系，但这在私营化体系中还远不足以保障质量。英国教育标准局在其网站公布了所有的评估细节，并为这种透明度感到骄傲。我依据 2000 年《英国信息自由法案》（UK Freedom of Information Act）致信教育标准局，询问它实际上关闭了多少未达标准的托幼机构。2008 年，教育标准局关闭了 7 个机构。我还向教育标准局投诉一家开在大马路边的托儿所。我简短参观了一下，发现这家机构违背了健康与安全管理要求。6 个月之后，教育标准局实地考察了这家机构，但只是要求该机构提交一份改善计划。一年之后，教育标准局并没有在网站上公布这家机构的信息。又过了一年半，事情显然仍未得到改变，教育标准局却给出了"良好"的督导评估。这意味着执行才是最终的保障，而非督导评估。教育标准局本身的市场化可能会使得情况更加糟糕。

设定的标准太高，许多机构都无法达到；设定的标准太低，恶劣的实践就被合法化。这是许多贫困国家所遭遇的困境。发展中国家的许多城乡早期教育市场蓬勃发展。由于家长过于贫穷，只能支付很少费用，那些依赖于家

---

① Goddard, K. and Knights, E.（2009）*Quality Costs：Paying for Early Childhood Education and Care.* London：Daycare Trust.

长付费的机构只能提供很差的服务，这种服务无法达到任何基本标准。任何管理措施都会致使这类机构关闭。许多贫穷国家与国际非政府儿童保护组织一起制定的管理标准实际上都无法实施。管理行为最终演变成为一场共谋的闹剧。真正的问题不在于管理，而在于缺乏经费投入。[1]

营利性儿童照料的质量

凯瑟琳·麦卡特尼（Katherine McCartney）指出："儿童照料质量的重要性是发展心理学最有力的研究发现之一。"[2] 低质量的照料会导致儿童在语言、社会能力、认知能力等方面表现差。在低质量照料机构中待的时间的长短也会影响儿童的学习结果：时间越长，结果越糟糕。

因此，管理的一个目的是防止出现低劣的教育实践，保护儿童免遭虐待和剥削等的伤害。市场经济中的管理——在私立早期教育和保育机构特别多的地方——是对市场所提供的应然和实然服务的平衡。但是，它不能太过雄心勃勃，因为它永远不可能导致前沿变革。

有关营利性机构与质量的研究发现令人沮丧，即使在英国这种有广泛的督导和管理的国家，情况也是很糟糕的。戈登·克利夫兰（Gordon Cleveland）和他的同事对加拿大大规模数据进行了再分析，估计营利性和非营利性托幼机构的质量差异在 7.5%—22%。虽然在稠密市场（对学位有大量需求）和稀疏市场（对学位的需求不大，如农村地区）趋势有所改变，但总体上非营利性机构的质量显著高于营利性机构。在稀疏市场，企业鲜有动机改善质量。克利夫兰在随后的研究中分析了魁北克普惠性儿童照料项目"一天 5 美元"（现在 7 美元）日托项目的效果，发现营利性照料机构的质量低

---

① Penn, H. (2008) 'Working on the impossible: Early childhood policies in Namibia.' *Childhood* 15 (3): 378-398.

② McCartney, K. (2004) 'Current research on childcare effects.' In R. E. Tremblay, R. G. Barr and R. DeV. Peters (eds) *Encyclopedia on Early Childhood Development*. Montreal: Centre of Excellence for Early Childhood Development. Available at www.child-encyclopedia.com/documents/McCartneyANGxp.pdf.

于非营利性机构。① 克丽斯塔·雅佩尔（Christa Japel）对魁北克项目的深入研究发现，随着私立机构数量的增加，质量在下降。②

劳拉·索辛斯基（Laura Sosinsky）和她的同事运用美国最大的追踪研究（NICOH）的数据，考察了儿童照料质量、机构类型与成本之间的关系，发现营利性机构，尤其是企业化机构的职工较少接受培训、薪资较低，其质量低于非营利性机构。宗教组织提供的儿童照料服务的质量最差。③

2005 年，荷兰政府把经费投入模式从供给方主导改革为需求方主导，去除了大部分管理控制。诺阿伊和维塞尔（Noailly and Visser）指出，荷兰早期教育和保育领域引入自由市场的结果是：不再在贫困地区提供非营利性照料机构，转而在高收入城市地区提供营利性照料机构。④ 荷兰儿童照料质量研究学术联盟（the Dutch childcare quality research academic consortium）的最新研究发现，早期教育质量在下降。⑤

由于英格兰儿童照料市场的快速扩张，大量研究考察了私立营利性早期教育机构的数量与质量，评估了其影响。佩恩追踪了英格兰私立营利性机构

---

① Cleveland, G., Forer, B., Hyatt, D., Japel, C. and Krashinsky, M. (2007) *An Economic Perspective on the Current and Future Role of Nonprofit Provision of Early Learning and Childcare Services in Canada.* Toronto: Toronto University and Human Resources and Skills Department, Canada. Cleveland, G., Forer, B., Hyatt, D., Japel, C. and Krashinsky, M (2008) 'New evidence about childcare in Canada: Use patterns, affordability and quality.' Institute for Research in Public Policy: Choices 14 (12), www. irpp. org/choices/archive/vol14no12. pdf.

② Japel, C. (2011) 'The Quebec childcare system: Research results and lessons to be learned.' In N. Howe and L. Prochner (eds) *New Directions in Research in Childcare in Canada. Toronto*: University of Toronto Press.

③ Sosinsky, L., Lord, H. and Zigler, E. (2007) 'For-profit/non-profit differences in center-based childcare quality: Results from the National Institute of Child Health and Human Development Study of Early Child Care and Youth Development.' *Journal of Applied Developmental Psychology* 28 (5): 390–410.

④ Noailly, J. and Visser, S. (2009) 'The impact of market forces on the provision of childcare: Insights from the 2005 Childcare Act in the Netherlands.' *Journal of Social Policy* 38 (3): 477–498.

⑤ de Kruif, R., Riksen-Walraven, J., Gevers Deynoot-Schaub, M., Helmerhorst, K., Tavecchio, L. and Fukkink, R. (2009) *Pedagogische Kwaliteit van de Nederlandse Kinderopvang in* 2008. Amsterdam: Nederlands Consortium Kinderopvang Onderzoek.

的发展。① 马特斯、西尔瓦和乔希（Mathers，Sylva and Joshi）② 以及马特斯和西尔瓦（Mathers and Sylva）③ 使用不同的数据库分析得到相似结论：虽然私立机构的质量良莠不齐，但最差的机构存在于私立领域，最好的机构则是政府资助的公立机构；低质量的机构对脆弱儿童有消极影响。

英国教育标准局在 3 年间对 84000 个儿童照料机构（日托机构、校外俱乐部、家庭托儿所）开展了 90000 次实地观察，结果发现，仅有 2/3 的机构质量达到良好，在贫困地区仅约有一半机构达到良好，接收到的投诉次数达到 24000 次。④ 教育标准局的报告指出，越是发达的地区，机构质量越好；富裕地区的机构质量显著高于贫困地区。英国议会在就有关数据回应时承认，在贫困地区有 10% 的机构甚至没有达到最低许可标准。

地方管理与相应举措

管理是颇有争议的，只有当地方有一定自主权，较少受到限制时，才可能激发创造与创新。一些国家有意（如北欧国家）或无意（如意大利）将早期教育和保育管理权下放到地方政府或具体项目。一些最为创新的教育实践都源于地方探索实验。瑞吉欧·艾米利亚的著名心理学家洛里斯·马拉古齐指出应以市为单位管理早期教育，在市这个层面上分享、讨论和试验教育实践。⑤

地方自主的不利一面就是低劣实践可能盛行。意大利北部的瑞吉欧·艾

---

① Penn，H. (2007) 'Childcare market management：How the UK government has reshaped its role in developing early education and care.' *Contemporary Issues in Early Childhood* 8（3）：192~207.

② Mathers，S.，Sylva，K. and Joshi，H. (2007) *Quality of Childcare Settings in the Millennium Cohort Study*. SSU/2007/FR/022. London：DCSF.

③ Mathers，S. and Sylva，K. (2007) *National Evaluation of the Neibourhood Narseries Initiative：The Relationship between Quality and Children's Behavioural Development*. SSU/2007/FR/022. London：DCSF.

④ Ofsted (2008) Early Years：Leading to Excellence. A Review of Childcare and Education Provision 2005~2008. London：Ofsted.

⑤ Hoyuelos，A. (2004) La etica en el pensamiento y obra pedagogica de Loris Malaguzzi. Barcelona：Rosa Sensat. 这本书详细介绍了马拉古齐的思想与实践，无英文版。

米利亚是优秀实践的典范，但意大利其他地区，尤其是南部卡拉布里亚区（Calabria）和西西里区（Sicily）的早期教育在数量和质量上都存在很大问题。中央政府需要建立一个能给予地方自主权的管理框架，不能把地方仅当作执行者——如英国的做法。这需要政府加大投入，并致力于提高早期教育从业者的专业水平——如北欧国家的做法。

在英国刚刚兴起私立托幼机构时（1989 年《儿童照料法案》允许在家庭之外提供面向 3 岁以下儿童的照料服务，那时这一政策遭到强烈反对），我访谈私立托幼机构举办者，发现许多举办者都是从公立系统中转战到私立领域的。地方教育局举办的日托中心和幼儿园的保教工作者觉得备受管理制度的约束，为新政策提供的自主空间欢呼雀跃，充分利用机会探索他们认为更富想象、更理想的早期教育和保育。① 他们的确有一些创新想法。但是，另一方面，一些机构质量低下。那个时期还很少有相应的检查和督导。与利他主义相比，经济上的生存需要是机构面临的更为重要的问题。最终只有少数机构发展成为连锁儿童照料公司，其他机构或者产权人自己放弃或者被收购。竞争、巩固和扩张是任何市场的标准特征。任何创新探索背后的经费问题都是一个关键议题。没有一个举办者能避开这个问题走捷径。加拿大有一项研究发现，没有管理检查，营利性机构会大幅度减少雇佣受过培训的专业教师以及支付给员工的薪酬。②

儿童照料市场

私立机构的优点在于具有较强的灵活性，它们能够较为迅速地对市场需求做出反应，它们不受管理的约束。但是，管理市场并保障公平和可持续性存在许多困难。如桑德尔所指出的，任何人类服务的市场化都蚀毁人道。③

---

① BBC 电视节目（*Panorama*）委托我调查私营早期教育机构.

② Cleveland，G.（2008）*If It Don't Make Dollars*，*Does that Mean It Don't Make Sense：Commercial*，*Non-Profit and Municipal Child Care in the City of Toronto*. A report to the Children's Services Division，City of Toronto.

③ Sandel，M.（2009）*Justice：What's the Right Thing to Do*? London：Penguin.

儿童被视作物品，关爱和教育关系被用经济交易来衡量。

　　基于上述分析，儿童照料市场化根本不可行。除非直接或间接提供大量补助，否则私立机构对于家长而言是非常昂贵的，必然会导致社会分层和社会排斥。如果提供大量补助，为防止公共财政投入被滥用和脆弱的从业人员被剥削，管理控制和契约制订就变得非常重要。儿童是尤为脆弱的群体，私立市场的逐利本性往往与为儿童提供最高质量的教育这一需求相矛盾。在许多领域，政府必须介入，以确保所有公民能获得良好的、公平的服务，无论他们的背景如何。需要政府介入的领域有健康服务领域和教育领域。早期教育和保育是第三个需要政府介入的领域。

第六章
课程与培训

　　政府有意无意地为早期教育服务设定了框架。经济合作与发展组织、欧盟、联合国教科文组织和联合国儿童基金会等一些提供国际比较的跨国知识生产组织就建立和支持高质量早期教育服务的必要结构和资金提出了一般性的建议。国际上广泛认可的早期教育质量观是，它能保证所有儿童都有平等的入学机会，为最易受伤害的儿童提供特殊照顾，既关注儿童现在的身心健康，也关注他们作为学生的未来。在实际提供的优质服务中，有两个因素和质量紧密联系在一起，分别是：为儿童提供的课程和活动；提供给教职人员的培训。我会在第七、第八、第九、第十章再次讨论这些方面——从业人员如何在日常工作的各种情况下处理以上两个问题。但在这一章，我将重点讨论发生在幼儿园一日生活中的内容或课程，以及实施以上课程和内容的工作人员。

　　不同国家的教学或课程框架可能有很大的不同，但它通常都是为了确立国家早期教育的根本目标并确保方法的一致性。有时这一框架是不同利益相关者广泛参与咨询和试验的结果。2009 年澳大利亚颁发的最新（也是第一个）课程——归属与存在（Belonging，Being and Becoming）就是以这种方式引入的。一大批学者参与制定该课程。他们举行了多次有早期教育实践者、家长、政策制定者、学者共同参与的会议，讨论产生了多个草案。虽然受到政府提出的时间上的严格限制，较难在所有多样性问题上达成政治共识，他们还是达成了惊人的一致意见。① 另外，澳大利亚政府还成立了一个执行小组，负责汇报全国各地正在制定和实施课程的情况。

2004 年，经济合作与发展组织召集国家代表和知名学者举行了国际课程研讨会。② 会上讨论了代表不同国家的课程选择的 5 种课程模式，具体包括如下 5 种。

- 经验（Experiential）教育（比利时的佛兰德区）。
- 高瞻课程（美国）。
- 瑞吉欧·艾米利亚（意大利）。
- 编织课程（新西兰）。
- 瑞典的课程。

这些课程的开发是为了应对不同的情况。在佛兰德斯，所有面向两岁半以上儿童的早期教育由附属于学校的幼儿班提供，其中的一个重要问题是将早期教育与主流的小学教育区分开——应该采用给予儿童自由、较少说教的方式，解放儿童，避免小学化。③ "计划—实施—回顾"的高瞻课程是在缺少任何连贯的政府支持体系的情况下，用于解决处境不利儿童和社区边缘化问题的简单（过分简单）方案。④ 高瞻课程由一个非营利性的公司经营。它在私立市场运行，并没有特别的根基；它的课程是一个必须与其他类似产品竞争的自由浮动的产品（a free-floating product）。它得益于公司高效的营销技巧，强调所依据的科学证据，在自我推销方面非常成功。这一课程认为"任何地方的儿童都是一样的"，其课程也可以被世界任何地方的教师采用（购

---

① Sumsion, J., Barnes, S., Cheeseman, S., Harrison, L., Kennedy, A. M. and Stonehouse, A. (2009) 'Insider perspectives on developing Belonging, Being and Becoming：The Early Years Learning Framework for Australia.' *Australasian Journal of Early Childhood* 34（4）：4-13.

② OECD（2004）*Starting Strong*：*Curricula and Pedagogies in Early Childhood Education and Care. Five Curriculum Outlines*. Paris：OECD.

③ OECD（2001）*Country Note*：*Flanders*. Paris：OECD.

④ OECD（2001）*Country Note*：*USA*. Paris：OECD.

买）。① 瑞吉欧·艾米利亚是一个社会主义小城 25 年或更多年持续投入的结果，政府能够保障幼儿园发展的自由并给幼儿园提供大量的资源。它投资的是其他系统不曾投资过的教育理论和实践。② 编织课程则是双文化社会的产物。在新西兰，1/4 或 1/5 的儿童拥有毛利人的背景，有着毛利人强大的、鲜明的文化传统。不像其他有土著人口的国家，新西兰针对不同民众采用了包容性的双文化课程。Te Whariki 原指一种编织的席子，是相互连接的课程的象征。瑞典课程反映了社会高度维护平等和性别问题。除了坚持儿童入学机会平等以外，儿童也必须学习如何一起生活和行动，必须了解自己是社区的一分子，而不是孤立的、竞争性的个体。③

不同国家对不同情况做出了不同的反应。苏联的课程强调了友谊、公民意识以及集体利益高于任何个人利益的重要性。它还强调身体健康尤其是营养，以及治疗师设计的发展肌肉和训练柔韧性的各种运动（游泳、舞蹈、健美操）。这些日常运动旨在提高儿童的身体机能，促进身体的协调和循环（英国提倡儿童每周要有 3 次超过 30 分钟的剧烈运动，但这在幼儿园中很难实现，尤其当幼儿园缺乏户外场所时）。身体健康只是儿童健康的一个方面，但是大多数西欧国家早期教育课程中却缺失这方面。④ 很多国家转型后纷纷反对这种包罗万象（all-encompassing）且花费较高的课程规定，转而接受那些提升个体的创造性、民主精神甚至创业精神的课程。⑤ 东亚和东南亚国家的早期教育课程反映出包括精神价值在内的其他价值观，可能对儿童学习活动和行为持有非常不同的期望。⑥

---

① 详见高瞻官网（www. highscope. org）. 高瞻创始人戴维·韦卡特在许多会议上展示了他的研究. 如 1998 年美国幼儿教育协会在多伦多召开国际会议，他在会上提到了高瞻的国际输出问题. 加拿大引进了高瞻项目，作为专为土著居民提供的项目.

② Rinaldi，C.（2005）*In Dialogue with Reggio Emilia：Listening，Researching and Learning*. London：Routledge.

③ Swedish Ministry of Education and Science（1998）*Curriculum for the Preschool*. Stockholm：Fritzes.

④ Bronfenbrenner，U.（1974）*Two Worlds of Childhood*. London：Penguin.

⑤ International Step by Step Association：www. issa. nl/philosophy. html.

⑥ Tobin，J.，Hsueh，Y. and Karasawa，M.（2009）*Preschool in Three Cultures Revisited：China，Japan，and the United States*. Chicago，IL：University of Chicago Press.

经济合作与发展组织的报告《强力开端》对基于学校的教育传统与社会教育传统进行了区分：前者强调渐进式的基于学校的课程学习，尤其是必要的读写算技能和关键技能的习得；后者更多强调广泛的或"整体的"（holistic）方法，而这正是项目和游戏课程的基础。表 6-1 总结了这些方法的不同。表 6-2 比较了 OECD 国家的不同课程案例。

既然课程是如此的不同，那有关于课程发展的一般性原则吗？瑞典研究者英格里德·普拉姆林（Ingrid Pramling）和她来自哥德堡大学的同事们认为，尽管课程的内容和背景可能差别很大，但优质的课程都有一些共同的原则。[①] 尽管这都必然是非常一般的原则，他们还是进行了概括。

•价值观和标准：课程需要清晰地阐明它的目标，想要培养什么样的儿童。

•总体目标内最大可能的自主：课程应该设定目标，并对怎样实现目标提出建议，但这些建议应该尽可能保证实践者能最大限度地决定如何实施。实践者需要改变自己的观念，调整自己与儿童的互动以及对个别儿童或特殊儿童的回应方式。

•多种教学方法结合：儿童需要学会有逻辑地、系统性地思考（逻辑思维），但也需要具有创造性和敏感性（叙事或联想思维）。

•学习目标前后一致且区分不同难度：儿童在学习过程中反复地回到同一主题，但随着他们获得经验的增多，他们的问题和答案变得更复杂（瑞典作者们的案例——儿童应该被纳入基于民主原则的集体生活中，但只有在这些儿童能讨论如何投票之后）。

•学校教育和校外教育衔接，终身学习：学习是永远不会停止的，包括社会问题在内的一般主题应该贯穿在正规学校教育及之外。早期教育课程应被视为后续学校教育的基础。

---

① Pramling-Samuelsson, I., Sheridan, S. and Williams, P. (2006) 'Five preschool curricula in comparative perspective.' *International Journal of Early Childhood* 38 (1)：11-30.

表6-1 学校教育传统与社会教育传统的区别

	学校教育传统	社会教育传统
儿童观和童年观	儿童是值得投资的对象，可以使用规定的教学方法按特定顺序塑造其思维；通过适宜的课程可把儿童培养成合格公民；心智比身体更重要；儿童在室内学习	把儿童视为权利主体，是自主和健康的个体，可以在成人支持下自主安排节奏、选择学习方法。儿童是由同伴和成人组成的社区的一员，学习发生在户外和室内
儿童中心	是一种基于个体需求和父母选择的服务，也是儿童适当的学习教学场所；有竞争性的目标	是完成人和儿童"学会做人、做事、学习和共同生活"的生活空间，提供民主生活的经验，不给儿童施加压力
课程发展	由行政部门统一设定，有详细目标和发展结果。假定课程可由个体教师按照标准化的方式传授，无论儿童背景和所处环境。要求测量儿童达成规定目标的表现和后续的学业成绩	有个宽泛的国家指南，课程贯彻和应用细则交给地方或学校。采用集体内员工对自身进步的自评来测量课程发展
项目的关注点	关注学校教育所需的学习与技能，主要由教师指导和控制	聚焦于"完整儿童"和他们的家庭、社区，儿童与成人互动的性质；机构内生活的质量很重要
学习方案	平衡由教师组织的授课、儿童自发活动和主题活动；强调儿童自主自我管理	可以选择国家课程指南中的主题和项目，但是必须因地制宜，相信儿童有自己的学习策略，通过与他人游戏进行学习
语言和读写能力发展	关注本国语言技能，强调口头表达、语音意识（即使在英语这样音形不一致的语言当中）和学母语学习。制定前阅读技能和前运算技能标准	越来越关注运用本国语与他人交流的能力。鼓励儿童以多种方式展示本国自我。"儿童的一百种语言"包括艺术、舞蹈和儿歌
目标和儿童目标	规定一个全国性的、所有中心都要达到的目标	目标很广泛，而不仅是达到规定的效果
儿童室内和室外空间	室内是主要学习空间；如果有室外空间，则将其作为学习的补充空间	室内与户外一样重要；冬天和夏天，儿童可能每天在户外待3—4个小时。环境及环境保护是重要的议题
评估	作为入小学的前奏，教师对每个儿童都进行等级评估	不需要正式评估；包括家长参与在内的多元化评估受到青睐
质量监测	有标准化的审核机制，达成指定学习结果	由市县级教育督导相关质量的监测工作，侧重于机构而非儿童

资料来源：改编自：OECD (2006). Starting Strong II，表6-2.

表6-2 OECD国家早期教育和保育课程

国家	课程覆盖的年龄	课程页数	负责政府级别	与课程相关的评估	有高等教育学历的员工的占比（%）	儿童与教师比例	实施场所
比利时佛兰德人/比利时人	2.5—6岁	30页	地区	无	100%	没有国家规定；加上助教，平均20:1	通常是公立学校的附属幼儿园，少部分是独立学校，都是公立性质
	2.5—6岁	498页	地区	无	100%（不包括助教）		
丹麦	0—6岁	2页	国家和地方中心	无	65%	没有国家规定；加上助教，平均3.3:1（3岁以下）；7.2:1（3—6岁）	独立的公立幼儿园
法国	2.5—6岁	150页	国家	有	不包括助教100%	没有国家规定；平均25:1（不包括助教）	独立的公立幼儿园
德国	主要3—6岁	18—320页	地区	大部分没有	2%	没有国家规定；比例大约为12:1	主要是独立幼儿园，由不同提供者提供
意大利	3—6岁	24页	国家、地区和当地	无	没有，但是在实施新的法案	25:1或者12:1（如果开放8小时），有变化	主要是独立的幼儿园，但是有各种设置，包括教会办幼儿园

续表

国家	课程覆盖的年龄	课程页数	负责政府级别	与课程相关的评估	有高等教育学历的员工的占比（%）	儿童与教师比例	实施场所
韩国	3—6岁	39页	国家	无	教师达到100%	20：1	提供者和机构类型多样，51%是公立性质
墨西哥	3—6岁	142页	国家	非正式评估	70%	没有国家规定；大约是20：1，有时候城市的比例稍高	提供者和机构类型多样，只有10%是私立营利性机构
挪威	1—6岁	29页	国家和当地	无	32%是训练有素的教师，助教也经过职业培训	没有国家规定15：1；1—3岁，不包括助教，平均为8：1；3—6岁平均为	独立的公立幼儿园
瑞典	1—6岁	22页	国家和当地	无	50%	没有国家规定；包括助教平均达到5：1	独立的公立幼儿园
英国	早期基础阶段有142页	国家	有	教师100%；助教也经过基本的职业培训	包括助教，1：13	小学附属的幼儿班或预备班；独立的幼儿园非常少，50%的3岁儿童进入私立的营利性幼儿学校	

来源：改编自 OECD（2006）*Starting Strong II*，Table 6-3.

● 创造意义：儿童是最重要的意义建构者（meaning-makers），通过身体的、情感的、艺术的方式，在头脑中建构世界是如何运转的模型。具有创造性的工作人员会关注儿童的创造力并理解儿童构建意义的方式，而不是把成人的意义强加给儿童。

● 展望未来：众所周知，世界正在迅速地发生变化，课程也需要预见未来的方向，最典型的便是战争、环境的可持续发展和全球变暖。①

● 解决游戏问题：游戏有时被认为是允许儿童超越课程或学习议程活动。游戏是游戏活动本身，还是一种学习方式？游戏和学习有什么不同？这些都是课程大纲需要了解并解决的问题。

● 员工素质：所有上述原则都要求员工有思想、技能娴熟、训练有素，可以自主做出决定。

● 内置强有力的长期和短期评价过程：早期儿童服务和其他需要问责的服务一样——在没有评价记录的情况下，如何正确判断课程的适宜性或教学方法的有效性呢？单纯依靠基于学校的方法，例如以学习结果来评价，是有问题的，尤其是在早期儿童服务主张解决各种社会性问题以来（见第三章）。这就更需要制定适宜的评价方法。

● 民主与性别：把民主作为学习对象和实践行动嵌入到课程中。② 课程的一个关键方面就是再分配的公正性，从某种意义上说，无论儿童的社会阶层或背景怎样，他们作为平等的个体集中在幼儿园或学校，互相学习怎样共同生活。

● 保育和教育：我们经常认为那些更年幼的儿童的日常护理是由有或无一定资质的妇女（较少男性）实施的"自然"活动，但是真正的综合性课程应该平等地把男性和女性包含在内。

虽然在这里省略了一些可能在别的地方被视为非常重要的问题，尤其是

---

① "拯救我们的星球"是 BBC 少儿电视节目（Beebies）的主要主题《查理和萝拉》（*Chalie and Lola*）系列的读者肯定还熟悉"可持续性发展"这个主题.

② OECD，*Starting Strong*：*Curricula and Pedagogies in Early Childhood Education and Care. Five Curriculum Outlines*，p. 30.

关于身体力量（见第七章）、语言和多样性（见第十章）、艺术和音乐（很遗憾本书没有讨论）的一些问题，但这也是针对课程问题一种有意义的概述。此外，这也是对社会教育传统的一种概括，英国的课程规定对知识和技能的习得以及学习结果的测量比较缺乏关注，美国更是这样。[①] "教育的作用是尽可能高效和低成本地提升穷苦儿童相对落后的读写算能力"[②]，这一观点在英国历史悠久，并且在《早期奠基阶段法定框架》中又重新强调。

但是即便有人偏爱这种功能性教育观——儿童必须学习基本技能——正如普拉姆林–塞缪尔松（Pramling-Samuelsson）指出的那样，游戏的问题还需要在课程框架中解决。[③] 富有想象力的戏剧和假装在儿童学习中的地位和作用何在？对那些对现实尚未建立固定概念的儿童来说，游戏是尝试各种可能性的一种生活和学习实践吗？它是有趣的，还是严肃的，还是两者皆是？它是学习的一部分还是和学习无关？正如美国历史学家保拉·法斯（Paula Fass）指出的，关于游戏的组成因素、游戏与有意义学习的关系，以及学习和工作之间的关系的观点随着地域和时间的不同发生了巨大的变化。[④] 在富裕的社会中，现在游戏几乎不可避免地与消费主义相联系。显而易见，人们很容易假定游戏需要大量的教具，儿童玩具不幸成为一种时尚和市场营销。[⑤] 在理想的课程中，儿童要探索、界定和发现游戏现象、玩具以及游戏空间。

---

① 美国议会于 2011 年通过《不让一个儿童掉队法》（No Child Left Behind Act）. 这一法案凸显了基于标准的教育改革的理念——设定高标准和可测量的目标能够提升个体的教育结果. 该法案要求州政府开展基本技能的评价才能接受联邦资助. 如果学校无法在两年期内达到目标，必须为适龄儿童提供转学到其他更好学校的机会，并免除学生的学费，或者支持学生参加校后项目.

② 有研究者（Robin Alexander）比较了英格兰、法国、印度、俄罗斯和美国的小学教育，见：Alexander, R. （2000）*Culture and Pedagogy*. Oxford：Blackwell.

③ Pramling-Samuelsson et al. , 'Five preschool curricula in comparative perspective.'

④ Fass，P. （2003）'Children and globalization.' *Journal of Social History* 36 （4）：963-977.

⑤ 新西兰学者布莱恩·史密斯（Brian Sutton Smith）对玩具和文化做了大量研究，见：Sutton Smith，B. （1999）'The rhetorics of adult and child play theories.' In S. Reifel （ed.）*Advances in Early Education and Daycare*. London：JAI Press.

培训和教师资格

这是冗长而枯燥的质量陈述中的一部分——如果工作人员经过专业培训，接受了高等教育，儿童能有更好的发展结果。经济合作与发展组织、欧盟、联合国教科文组织和联合国儿童基金会等跨国知识生产组织明确认可高等教育学历是保障质量的必要条件。但是，正如我们一再看到的，国家提供早期教育服务的理论依据以及所提供的早期教育服务的类型存在巨大差异。课程可能由中央或地方政府来制定——因国家而有所不同——课程篇幅可能是 2 页，也可能长达 498 页。由于课程、机构类型、儿童以及学时长度的不同，培训的要求有可能不同。质量一直取决于价值观和情境。

性别化

在讨论已被不同国家接受的教师培训要求之前，我想提出一个阻碍早期教育工作的问题，就是性别。幼儿教师是性别化最为严重的职业之一。那为什么会发生这种情况呢？培训的含义又是什么？女权主义者认为，几乎一直由妇女承担着这项关乎照顾和情感的特殊工作。

> 妇女教育和照料儿童的工作尤其特殊。儿童保育中或简单或复杂的技能，几乎都事关个人服务……情感要求高的劳动需要照料者把自己的某些东西给被照料者，因此，虽然儿童保育随着社会内部、社会之间和时间的流逝发生了巨大变化，但仍然是女性的专利——这是一件关于喂养、触摸、安慰和清洗儿童身体的事。①

---

① Rose，H. (1994) *Love，Power and Knowledge*：*Towards a Feminist Transformation of the Sciences*. Cambridge：Polity Press. The quotation is from p. 22.

在英国，自然主义儿童教育观比较流行，因此，儿童教育和保育工作是那些没有从业资格或专长的女性一个适宜的职业选择。作为经济合作与发展组织"性别化职业"项目的一部分，我与同事苏珊·麦奎尔（Susan McQuail）为当时的教育与就业部（现教育部）[①] 开展了关于儿童照料职业性别化的研究。[②] 我们采用集体小组访谈的形式，访谈了在继续教育学院接受保育员培训的年轻女性。我们还和她们的指导老师进行了谈话，并看了相关的课程文件。我们采访的女性认为她们都把"自然"天赋带到了照料儿童的工作当中，即使这种才能没有那么重要，那也比其他任何形式的培训更重要。下面的这些话都是关于这个观点的典型解释。

> "关心、照顾他人这一点吸引了我。在孩子周围我会感到舒服，而且他们在我身边时也感到舒服。"
>
> "这是一个女人的天性。"
>
> "世界上没有任何课程能给你了解儿童并和儿童在一起工作的感觉，它是一种来自内心的、愉悦的感受。"
>
> "你和孩子在一起的时候，要给予孩子发自内心的关爱。"
>
> "无论是否受过培训，如果你不具备这种天赋，你干不了这个工作，你必须低到他们的层次。"

出于这个原因，那些有着低自尊、对自己能力不自信的年轻女性被引导去从事儿童保育工作，因为这是她们了解并能做的少数事情之一。这项研究是在 1996 年进行的，从研究的角度看已经太老了，但卡罗尔·文森特（Carol Vincent）沿着相同的路径进行了新的研究，表明情况几乎没有变化，

[①] 该部门自 1997 年来至少改过 4 次名字，2007—2010 年改为 DCSF，被谑称为"窗帘与软家具部"（Department of Curtains and Soft Furnishings）.

[②] Penn, H. and McQuail, S. (1997) *Childcare as a Gendered Occupation*. DfEE Research Report 23. London：DfEE.

至少在英格兰如此。① 参加英格兰确保开端儿童中心项目并将以此择业的母亲们更多地被引导向儿童保育这个方向发展。② 米歇尔·范登布洛克的报告中提到一个类似的现象，在佛兰德，他们鼓励难民或第一代移民中的妇女从事儿童保育工作，因为他们认为她们可以轻松胜任这份工作。③ 利亚纳·莫泽尔（Liane Mozere）报告了法国日托中心的照顾者也存在这种类似的情况。④ 被边缘化的各国妇女被鼓励自我解放——从事儿童保育工作，就是因为其性别，而不考虑她们所获得的收入微薄——她们意识到并似乎接受的事实。卡罗尔·文森特的研究要求接受儿童保育职业培训的女性评价自己在就业市场上的地位。她们把自己比作理发师。在我们的研究中，她们也在"底层体力劳动者"范围内徘徊。

事与愿违，依靠女性在儿童保育方面的性别化劳动也导致了儿童保育标准的降低和专业地位的下降，而且如果儿童培养是"自然的"，它就意味着在某种程度上，实践理论和知识、行为准则和职业标准是多余的。

2 年达到 16 级水平的儿童保育方面的职业培训在很多国家是相当基本的。这种职业课程的成功被定义为获得预先设定的狭窄的"能力"。这些经过培训以后所获得的技能对婴幼儿、助教老师和教育者通常是有用的。但是也有一些国家有意采用了非学术的、职业技术的职业路径为儿童保育中心培养教师——国际上已经有国家以质量的名义促使早期教育从业人员专业化。伊娃·劳埃德和伊莱恩·哈利特（Eva Lloyd and Elaine Hallet）详细跟踪了英国儿童教育劳动力发展委员会（Children's Work Force Development Council, CWFDC）如何推广非学术化的职业路径。这是一种试图说服妇女接受更深层次培训的尝试，只有通过参加进一步的职业培训，才有资格成为"领导人

---

① Vincent，C. and Braun，A.（2010）'And hairdressers are quite seedy … the moral worth of child-care training'，*Contemporary Issues in Early Childhood*.

② Clarke，K.（2006）'Childhood，parenting and early intervention：A critical examination of the Sure Start National Programme.' *Critical Social Policy* 26（4）：599-721.

③ Vandenbroeck，M.（2003）'From crèches to childcare：Constructions of motherhood and inclusion/exclusion in the history of Belgian infant care.' *Contemporary Issues in Early Childhood* 4（2）：137-148.

④ Mozère，L.（1999）*Travail au noir，informalité：Liberté ou sujetion?* Paris：L'Harmattan.

才"或"教师"。但这种尝试在很大程度上已经失败了，部分原因是因为培训的有限性，还因为在一个私立的早教市场，用于承担这样的培训的财政奖励相对较少。①

所以，如果将妇女纳入儿童保育工作是因为她们性别的"自然"才能，那这种职业路径的局限性又是什么呢？对于我们采访过的妇女，她们认为自己已经是一个有爱心和有能力的女性，也认为幼小儿童作为更脆弱的群体更容易受到她们的影响。

"孩子是脆弱的，我想保护他们，他们依赖你。当他们长大了，他们就不会这样了。"

"我喜欢帮助孩子，生命前5—7年是他们生命中很重要的时期，帮助他们很重要。他们在9—10岁时会学会这一切，年龄大些的儿童会回应你，也更难控制。"

"他们对学习更开放，他们年龄越大越固执。"

"我们可以更多地控制他们。如果你说不要这样做，他们就会明白。但如果你对一个年龄稍大的孩子说，他们会和你对着干。"

然而，职业路径有可能会成为阶层化和性别化的组成部分。没有接受良好教育的工薪阶层妇女认为，她们作为母亲的本能和作为儿童照顾者积累的经验，是她们所能提供的最重要技能，尽管她们也明白这些本能和经验在激烈的职业市场并没有多大价值。与此同时，这种照料的作用取决于是否和非常年幼的、脆弱的、需要帮助和指导的儿童一起工作。至少在她们心目中，妇女的地位得到加强，因为他们可以控制别人。正如一位受访者说的："你获得更多自尊，这证实了你已经知道的——我能做到这些事情。"

男人在这种情形下就显得格格不入。如果儿童照料对于女性来说是一种

---

① Lloyd, E. and Hallet, E. (2010) 'Professionalising the early childhood workforce in England: Work in progress or missed opportunity?' *Contemporary Issues in Early Childhood* 11 (1): 75-88.

"天然的"职业，那么对于男性而言，它就是一种"反常的"职业。迈克尔·沙邦（Michael Chabon）的书《业余的男子》（*Manhood for Amateur*）略带讽刺和机智地捕捉了男人在参与儿童养育和照料工作时的格格不入——这一工作通常是传统女性的追求和本分。[①] 在我们的学生样本中，绝大多数男性和女性也都认为让男性来照顾儿童是一种很不可思议的行为。只能通过讨论男性在儿童照料的工作当中会带来特别的、不一样的东西来解决这一问题，即人们认为男性为儿童照料提供了一种"男性角色榜样"。男性在体能上更有优势，更能够参加儿童的打闹游戏，更擅长组织儿童，不过他们在年幼儿童或婴儿的照顾上有心无力。

> "对一个男人而言，如果适应不了就像个笨蛋。"
>
> "男人换尿布的时候看起来像个女人。"
>
> "有男性榜样是有好处的，根本在于男性的技能与女性不同……对待体育活动的态度和儿童管理能力不同。"
>
> "和孩子们在一起玩，男人会独辟蹊径，他们玩得很大胆。"

没有确凿证据表明男性如此这般很大胆地表现，或者充当了角色榜样；似乎成人眼中才有性别意识，而非儿童。[②] 举目所至，在英国和其他英语国家，这种性别刻板印象，即使某些杰出的个体设法克服，也已渗透在基本的儿童保育培训当中。这是个现实矛盾。一方面，女人照顾儿童的文化传统已经深入人心。高质量儿童照料的标准之一就是照顾者应为儿童提供"温暖的护理"，这也是母亲的形象。[③] 另一方面，如何顺应建立训练有素的、专业化

---

① Chabon, M. (2009) *Manhood for Amateurs：The Pleasures and Regrets of a Husband, Father, and Son*. London：Fourth Estate.

② 我的同事理查德·哈蒂（Richard Harty）评估了儿童照料服务业的男性工作者的相关文献，并在2007年新西兰早期教育大会上做报告. 虽然他回顾的许多文章都提到男性角色榜样，但是没有研究深入探讨男性工作者是否以及如何影响儿童的性别角色认知或行为.

③ Belsky, J. (2009) 'Quality, quantity and type of childcare：Effects on child development in the U.S.' In G. Bentley and R. Mace (eds) *Substitute Parents：Biological and Social Perspectives on Alloparenting*. Oxford：Berghahn, pp. 304–324.

的劳动力队伍的决心和追求？有种看法是，无论多么亲力亲为，照顾者在托幼机构照顾别人的孩子与在家里照顾自己的孩子都是不一样的。社会生物学家萨拉·希尔迪所描述的生物联结在这里不存在。① 婴儿和稍大一些儿童的护理都需要更多额外的、可辨识的技能和知识（在之后的第七章里，我会讨论儿童行为举止和语言在家和在幼儿园的区别）。

考虑到早期教育领域中女性工作人员在数量上的压倒性优势，其背后的性别刻板印象和阶层等基本观念待再讨论。大部分有关早期教育中的男教师的工作更多是集中在如何增加这一行业男教师数量的策略上。② 与之相对的，我们也需要理顺性别观念。

培训模式

帕梅拉·奥比霍曼（Pamela Obeerheumer）和她的同事通过一系列论文研究了整个欧洲的培训模式。③ 这些模式不可避免地反映了早期教育和保育服务和课程的多样化。她区分了专业人员的三大培训路径（下面再讨论保育员的关键作用）。

- 早期教育专家（early childhood specialist）。
- 教师（teachers）。
- 社会教育者（social pedagogues）。

早期教育专家接受专门培训，从事0—5岁（或1—6岁，或该国家所规定的任意年龄范围）儿童的教育工作。他们按要求研究一系列将在儿童工作中产生的问题，包括儿童保育与教育、家庭教养问题。在通常情况下，这些

---

① Hrdy, S. B. (1999) *Mother Nature: Maternal Instincts and How They Shape the Human Species*. New York: Ballantine, p. 506.

② 儿童照料交流（Childcare Exchange）是美国的一个交流论坛，每年组织儿童照料工作者世界论坛，论坛有一系列分论坛，其中一个就是"儿童照料中的男性工作者"。

③ Oberheumer, P. and Ulich, M. (1997) *Working with Young Children in Europe: Provision and Staff Training*. London: Paul Chapman. Oberheumer, P. (2005) 'Conceptualizing the early childhood pedagogue: Policy approaches and issues of professionalism.' *European Early Childhood Research Journal* 13 (1): 5—16.

早期教育专家会在某些早期教育中心工作，与同一拨儿童相处 3 年以上。各个国家的培训会有不同，但那些已采用这条培训路径的国家（包括澳大利亚、捷克、芬兰、匈牙利、意大利和瑞典），往往是为期 3 年的专科培训（a three-year tertiary training）。

教师接受专门培训，以根据课程促进儿童在校学习。教师是所有早期教育工作者（early years professionals）中最合格的，他们通常接受过 3 年专科培训（并不一定是相关专业），另外还有研究生专业资格（an additional post-graduate professional qualification）。教师通常可以跨越学前儿童的年龄范围，也可以在小学从教。他们的薪水和工作条件（包括工时和假期）和小学教师相当或者略低。比如澳大利亚、加拿大、法国和英国就是以这种方式培训教师在幼儿园和小学当中落实学前和小学课程。

社会教育者相较于早期教育工作者有更加广阔的领域。他们面对的儿童有大有小，是"具有明确教育功能的社会网络专家"①。他们致力于促进儿童积极生活和终身学习，因此这类培训通常包括艺术和实用的技能，如跳舞、绘画和讲故事等。为了让儿童体验快乐的社会活动，丹麦、德国和挪威提倡培训这种社会教育者。

还有一种观点，尤其是在英国，认为照顾儿童及其家庭、促进他们的学习是一件非常复杂且充满挑战的事情。这种观点与早期教育可以解决贫困或者至少可以改善贫困的观点（或妄想）有关。这种早期教育的福利主义传统促使确保开端项目产生，我们在第三章讨论过。因为许多公共资助项目针对的是"破裂的"家庭（即使这些项目自称面向全体），所以在处理很多儿童和家长问题时需要一系列专业技能。这种特殊的监督可以用"儿童周围的队伍"（The Team around the Child）来概括。② 跨部门合作，即充分利用社会工作者（social workers）、卫生访视员（health visitors）、心理学家、教师和保育人员的技能，对早期教育服务的推广是很有必要的。那么，问题随之出现，

---

① Oberheumer and Ulrich, *Working with Young Children in Europe*, p. 23.
② Blachford, I., Clarke, K. and Needham, M. (2007) *The Team Around the Child*. Stoke-on-Trent: Trentham.

谁负责指导多种机构的合作？谁来处理它引起的专业界限问题？他们需要哪种类型的培训？这就反过来产生"领导力专家"（lead professional）的概念。就像之前所提到的，伊娃·劳埃德和伊莱恩·哈利特研究了 2006 年英国的相关法案引入的"早期教育工作者"这一概念的发展。[①] 他们认为，由于英国早期教育服务的多样性或碎片性，以及培训所采取的职业路径，因此多机构合作的问题仍然没有得到解决，或是就像他们说的，这是"一项持续的工作"。

因此，虽然培训的级别可能与质量有关，但培训的形式未必。一个优秀的工作人员在任何工作和地点所教授的课程都应是合格的，但正如我们所看到的，儿童怎样学习、学习什么以及他们在何处度过（或愉快地度过）他们的时间存在较大差异。

无论受训者选择哪种培训路径，初始培训都只是整个培训的一部分。在职培训也很重要。至少在竞争激烈的市场经济下，没有一份工作能保持不变。经验固然重要，但只有当人们可以反思和系统地审视经验，并在别人的帮助下在实践中不断积累，经验才更有价值。实践的理论基础会发生变化，这十年的观点也会在下一个十年被取代。理论总是不断变化的，对理论和研究进展保持开放心态，是成为优秀从业者的一部分。这种在职培训可能包括促进专业发展的课程、会议、自学或内部培训。这种培训后来演变为瑞吉欧·艾米利亚这一意大利北部城市著名的早期教育项目的原则。当地的指导教师每周都会有专门时间召集教师讨论收集的资料。

许多国家都坚持将在职培训时长作为一项就业要求，培训时间大约要占到工作时间的 10%。然而，经常是最合格的员工才有资格参加在职培训，而不是那些最不合格的员工。[②]

---

① Lloyd and Hallet（2010）'Professionalising the early childhood workforce in England.' *Comtemporary Issues in Early* Chidhood 11（1）：75-88.

② OECD（2006）*Starting Strong Ⅱ：Early Childhood Education and Care*. Paris：OECD.

保育人员

很多早期教育和保育体系都使用保育人员，他们的工作是协助训练有素的专业教师，主要是做一些事务性工作，比如帮助儿童盥洗、上厕所、吃饭和洗碗等。有些国家在统计时把保育人员纳入专业队伍，而有些国家只是将其作为补充。根据经济合作与发展组织的报告，对保育人员的重视程度及其所接受的培训也是质量的一部分。该报告把瑞典作为一个重视保育人员的国家范例。[①]

在英国的学校系统里，幼儿园护士曾一度担任保育员（nursery nurse）的角色。她们经过两年的职业培训（需满 16 岁），获得英国儿童保育考试委员会（National Nursery Examination Board，NNEB）资格认证。这也是一种基于实践的职业技能资格证，即英国国家职业资格认证（National Vocational Qualification，NVQ），内容相似，但是一种基于实践而非基于大学的资格认证。正如前面对性别问题的讨论，许多学业上不成功的年轻女孩和妇女都去参加这种培训。随着英国政府试图将儿童服务系统化，这种最基本的职业培训成了早期教育从业者基本的职业培训。儿童教育劳动力发展委员会详细说明了通过这种最基本的培训方法而不需要大学教育就达到相当于高级学业训练效果的过程。开放大学基于用人单位需求提供培训，在将保育人员转化为早期教育从业者的过程中发挥尤其重要的作用。[②] 在某些方面，提供第二次机会的这种职业培训是值得赞赏的，但在其他方面，它们加强了对 3 种人群的区分：全日制大学生、非全日制大学生以及那些将接受额外职业专科培训作为就业砝码的人。能力最差、最不合格的学生经历着最糟糕、资源最贫乏

---

① OECD, *Starting Strong II*, p. 164.

② 开放大学寻求雇主资助开展早期教育与照料领域的学历教育和证书课程，最近他们与 Asquith 幼儿学校合作提供资格证书教育.

的高等教育条件。① 如果他们在私营部门工作，他们就很难在不同条件下获取广泛的实践经验。这恰恰是职业教育路径的优势所在。但依赖提高基本技能薄弱、实践机会有限的劳动力以充实需求日益扩大的早期教育领域，依赖儿童保育部门而和教师培养完全分离的培训路径，并不是发展早期教育服务的最佳方案。

工资和福利

素质较高的早期教育从业者如教师通常获得合理的收入、标准的福利和工作条件。员工的工资水平也体现了早期教育质量。正如沙龙·卡根指出的：

> 研究表明教师的工资与其提供的保教质量有关。在早期教育中心工作的教师所得工资还不如葬礼助理和收垃圾的人多，在这样的劳动力市场将很难找到合格专业师资……在低薪的条件下，在学校系统外的早期教育项目中，员工的离职率每年高达 36% 并不令人惊讶。②

如果薪资水平较低，还没有带薪休假和病假的福利，那么从业人员对工作基本没有什么忠诚可言。她们认为照顾儿童是一项发挥女性本能的工作，不需要参加很多培训，也没理由拿到高薪，这就成了一个恶性循环。在第五章我讨论过，包括戴维·布劳在内的经济学家认为，儿童照料者之所以薪水

---

① 作为在提供早期教育领域专业培训的现代大学工作的学者，我确实发现大学没有为在职学生提供理想的学习条件（学习内容缺乏调整，班额非常大，通过下班后的晚上上课，很少有学习时间，学费支持有限，很少或没有机会弥补读写和数学方面的不足——这是这类学生当初走上职业教育的道路的原因）。

② Kagan, S. and Rigby, E. (2003) *Policy Matters: Setting and Measuring Benchmarks for State Policies*. Discussion Paper. Washington, DC: Centre for the Study of Social Policy. Cited in OECD, *Starting Strong II*, p. 169.

低，是因为她们愿意拿着低薪工作。① 在某种程度上这种观点是正确的，因为儿童照顾者的预期较低——学历较低的妇女从事儿童照料工作，是因为这一工作只要是女性就能胜任，并且她们自尊水平较低，没有其他路可供选择，即便事先知道待遇不好，也还是会从事这份工作。这种评论尤其适合私立早期教育市场。在第五章我已经对于私立早教市场的质量问题进行了详细阐述。

第八章将讨论有关领导力、层级制和员工士气的问题。领导力是与质量相关的重要议题，我提出了适宜性培训的新问题，但工作的组织和工作人员的素质问题也很重要。

更具普遍意义的是，关于早期教育教师的地位和培训问题又回到了同一个起点：目标是什么？目标的理论依据是什么？如果职业女性的子女接受的早期教育仅仅是仓储式的，那么培训、工资和工作条件都不那么重要；如果期待员工发掘儿童潜力，那这些就相当重要了。正如世界经济合作与发展组织所说：

> 在接下来的几年中，所有国家都不得不着力解决早期教育和保育领域员工的职业教育、社会地位、工资和工作条件问题。否则，至少在某些国家，早期教育领域关注质量和儿童发展将没有效果，在招聘和留住员工方面也无法与其他行业竞争。②

课程内容

在这一章我概述了课程和培训，重点是探讨他们背后的原则。虽然本书并不打算对日常实践提出建议，但是课程内容的确非常重要。从儿童的角度出发，给儿童提供的一系列活动，以及活动蕴含的对儿童独创性、智力和同理心发展的考量至关重要。儿童当然可以主动发展，但他们需要一个丰富的

---

① Blau, D. M. (2001) 'Rethinking US childcare policy.' *Issues in Science and Technology*. 18（2）: 66–72. www. issues. org/18. 2/index. html.

② OECD, *Starting Strong II*, p. 170.

环境和教师的支持。他们和当地艺术家——舞蹈家、歌唱家和其他音乐家，说书人、雕刻家、厨师和园丁制订丰富的艺术工作室计划。这些擅长自己领域但不一定是老师的人可以让儿童当学徒，从而分享自己的特长。当然这是一种非常传统的学习理念，过去儿童在入学之前常常使用这种方法学习。有许多关于把材料运用到儿童教育中的想法，从收集自然材料的"百宝箱"，如小小孩玩的石头、麻绳、纽扣和洋葱等，到更复杂的艺术和设计工具，如为稍大儿童设计的多种室内和室外工具。①

对课程的规定越多，对可塑性材料的限制越多，成人规避危险的行为就越多，活动就越枯燥。虽然有许多的参考书和顾问能提供参考和意见，但最重要的还是要付诸行动。

---

① Duckett，R. and Drummond，M-J.（2010）*Adventuring in Early Childhood Education*. Newcastle：Sightlines.

第七章
工作空间

在这章我着重介绍儿童和成人的工作和学习空间。人们对工作环境质量的理解存在巨大差异。

建筑的物理特征和所处位置对在此工作的人有重要影响。在东方，甚至有一个描述建筑影响的专有名词——风水。从某种重要意义上来说，儿童就是在幼儿园"工作"。甚至可以说，建筑和空间对小小孩更为重要，因为他们每天的一部分或者全部时间都不得不在这里度过，也许比教职员工待的时间更久。幼儿园的建筑有一系列特征，如自然采光和通风条件良好，无噪声且室内无回音，建筑表面可利用、易清洗，外观漂亮，室内外家具结构良好、颜色和谐，有足够的储存空间，门可以常开着。甚至没有味道都是一种奖励（儿童盥洗室通常比较臭，让盥洗室处于中心位置，不把盥洗室与工作区域进行隔离，这让人讨厌）。目前环境友好程度也是一个重要的考虑因素。但除了各种硬性条件，还存在与目标的适宜忄问题。为了给儿童提供适宜的环境，我们要考虑儿童观、学习观、教育观、保育观，考虑家庭和工作以及贫穷问题。

异化和自然化

神经学家奥利弗·萨克斯（Oliver Sacks）记录了很多自己遇到的精神受

损的成人案例，其中一个为"脱离了肉体的女士"（The disembodied lady）。这个叫克里斯蒂娜（Christina）的病人遭受了罕见的神经系统损伤，她的大多数神经感受器在传送来自肌肉的信息时受到阻隔，导致她的身体没有感觉，就像死了一样。她本人这样描述："我觉得我的身体看不见也听不见……我的身体对自身毫无感觉。"萨克斯评论说："它住在一个难以形容的、不可思议的王国——虚幻、虚无可能可以更好地概括这种状态。"[①]

这个案例表明我们身体上有意或无意的"异化"现象都是非常重要的，每件事情都是通过我们的身体起作用。目前，采用视身体为一个有机整体的理论处理儿童问题略显奇怪，我们夸大了大脑作为中央器官的重要性——尽管事实表明，相比于大脑，内脏应该有更多的神经递质，如血清素。"异化"这一概念有着悠久的哲学历史。[②] 有一个很值得争论的观点是，儿童的行动和肉体（mobility and physicality）不仅仅对儿童的学习很重要，对其自我意识和身份认同的形成也必不可少。因此，涉及身体表达的内容要比涉及大肌肉运动技能和手眼协调能力的多得多。

人们普遍对儿童不运动（immobility）和肥胖表示担忧。人们意识到肥胖一部分是因为孩子吃得太多，且吃了太多不健康食品，特别是加工食品。但是它也与儿童是电视迷相关。大部分儿童生来非常活跃，他们到处奔跑，坐立不安，摇摆不定，接触各种物品。他们想飞檐走壁或是跳到水坑嬉戏。放眼望去，只要是儿童聚集在一起，无论是在操场、学校的院子，还是与他们父母一起走的街道上，可以毫不夸张地说，他们就像年轻的羔羊一样活泼。法国社会学家米歇尔·福柯（Michel Foucault）提出，要想控制我们的想法，我们首先要控制自己的身体。所以，就儿童而言，调节他们的身体活动和运动是训练他们思维、使其服从成人的一种手段。特丽莎·梅纳德（Trisha Maynard）做了一项关于儿童参加森林学校的有趣的案例研究，揭示了教师在

---

① Sacks，O.（1998）'The disembodied lady.' In D. Robinson（ed.）*The Mind*. Oxford：Oxford University Press，p. 331.

② Clark，A.（1997）*Being There*：*Putting Brain*，*Body and World Together Again*. Cambridge，MA：The MIT Press.

看到儿童在新环境中自由探索并到处奔跑的矛盾心理。① 被要求不动的或者有限制地行动的儿童更容易控制。

总的来说，英国真正经历过早期幼儿园运动的幼儿园将户外空间、自由活动和新鲜的空气视为早期教育的必备条件。② 大部分建于 20 世纪 40 年代和 50 年代的幼儿园都建有阳台，尤其在恶劣天气它能覆盖一部分空间，缩小室内外的距离。幼儿园用来补偿那些居住条件较差的儿童。早在健康和安全受到广泛关注之前，英国幼儿园和小学的这种设计就获得了广泛好评。戴维·梅德（David Medd）和玛丽·克劳利（Mary Crawley）这一对颇具灵感的建筑伙伴（先在赫特福德郡，然后在教育部），设计了很多标志性建筑。③ 他们曾在 20 世纪 50 和 60 年代与英国乃至外国学校督察（school inspectors）、教师和儿童一起工作，反思儿童主导的创造性学习的教育理念。在长达 30 年的时间里，他们都是世界上最有智慧的创造者。④

苏联认为儿童的自发运动或者其他需要是一日生活的必要组成部分。在中国，即使幼儿园地处拥挤的城市中心，空间有限，但儿童每天仍会有固定的时间来参加运动或体操锻炼，年纪最小的儿童也要参加。在操场上或屋顶的露台上，每个儿童会有一个标志显著的位置，他们站在那里认真进行各项常规运动。这些活动经过精心设计，以改善儿童血液循环和肌肉拉伸。相比之下，在其他很多工业化国家，成年人可以去健身房报健身课程，或者参加一些其他的室内运动，但是对于儿童来说，他们很可能被关上一整天。

苏格兰对儿童的体力和耐力有着不同期待，其儿童已经把《自然探险》（*Adventures in Nature*）书中的冒险活动，转化为到大自然当中（在野外）攀

---

① Maynard, T. (2007) 'Encounters with Forest School and Foucault: A risky business?' *Education 3–13* 35 (4): 379–391.

② Penn, H. (2004) 'Round and round the mulberry bush.' In R. Aldrich (ed.) *Public or Private Education: Lessons from History*. London: Woburn Place.

③ The papers of David and Mary Medd, Photographic Archive at Institute of Education, London University, GB/366/DC/MG.

④ Burke, C. (2009) 'Inside out: A collaborative approach to designing schools in England 1945–1972.' *Paedagogica Historica* 45 (3): 421–433.

岩、探险和泛舟。意大利北部一些幼儿园还在这些活动的基础上对课程进行创新。该书的插图展示了儿童参加一些复杂活动，测试他们的力量和敏捷性。① 除非地方政府有很多钱且社会环境允许，要不然，这些活动几乎是不可能被安排的！但他们也指出，在大多数情况下，人们都在一定程度上低估了儿童的身体能力。

自然世界

更早的一种关于早期教育的观点认为，自然有助于儿童健康，尤其是生活在不利环境中的儿童。这是幼儿园的开创者苏格兰人玛格丽特·麦克米伦（Margaret McMillan）的主要思想。她在伦敦德特福德（Deptford）设计了一个有草、鲜花、蔬菜和室外睡觉空间的花园，迅速成为一个传奇人物。这个花园不仅仅是一个空间，更是一个发挥儿童本性的地方，它本身蕴含很多教育意义。② 斯坦纳（Steiner）学校运动中仍然保持着其哲学思想中对自然和自然物的重视。许多斯坦纳学校有一些依据周围环境而建设的建筑。建筑与周围环境浑然一体，建筑内部自然物居多，色彩通常较为柔和。③

自然和自然环境的重要性再次得到广泛认可。芬兰的学前课程总的来说不是预设课程，但要求无论在什么天气（芬兰的冬季风雪较多），必须保证儿童每天至少有两个小时的户外时间。在挪威、瑞典和丹麦，课程指南侧重于富有想象地使用空间和对自然环境的接受和理解。森林幼儿园运动——儿童乘公共汽车到附近森林或者湖泊进行学习和游戏，这在丹麦早期教育当中十分常见。这一形式也被德国的森林幼儿园所采纳。

---

① Children in Scotland (2008) *Adventures in Nature：Building Better Childhoods*. International Perspectives Series. Edinburgh：Children in Scotland.

② Steedman, C. (1990) *Childhood, Culture and Class in Britain：Margaret McMillan* 1860–1931. London：Virago, p. 82.

③ 我工作的东伦敦大学的附属幼儿园是一所斯坦纳幼儿园. 花园里有流水、树丛、菜园、小船，儿童可以在此尽情游戏，这里没有一件塑料物品——所有物品都是用木头或其他自然材料手工做成.

理查德·洛依（Richard Louv）《林间最后的儿童——拯救自然缺失症儿童》（*Last Child in the Noods：Saving our Children from Nature Dificit Disorder*）这本书，描述的是一个儿童在偏远的乡村中度过童年的感人的故事。他声称，这样的环境对儿童有着特别的意义。① 在地上做点琐碎事，用手指拨弄蜘蛛、甲虫和毛虫等，搜寻香草和草莓，在他看来要比玩弄人造塑料玩具更有价值。目前，也有很多网站和环境机构都致力于环境教育，不过洛依思考更多的是儿童自我指导的经验。②

人们以前将自然视为恢复健康的方式，现在自然被视为法律保障的儿童权利和儿童发自内心的爱好。巴西—意大利作家和教育家詹弗兰科·扎瓦洛尼（Gianfranco Zavalloni）也是"儿童应重新回到自然"这一观点的开创者之一。他在《蜗牛式教育》（*The Pedagogy of Snail*）一书中描述了他的"慢教育"观点。他主张儿童在户外可以按照自己的学习速度去寻找自然物并占为己有，同时，他主张将成人的干预最小化。③ 他提出儿童有十条"自然"权利，如休闲的权利，变脏的权利，出汗的权利，自我服务的权利，体验白天黑夜光线的变化和体验荒野的权利。④

现在的早期教育机构比较流行配备小花园，把种植蔬菜作为课程的一部分——如果有适当的空间来这样做的话。在小花园里种上易生长的豆类、土豆、萝卜和胡萝卜，甚至种在盆里也是可以的（南瓜似乎是超级肥沃的种子）。院子里的产量可能不高，但栽培过程是一种综合的学习——在这个过程中，可以让儿童感知时间的变化、植物的生长、天气和土壤以及蔬菜的口感和营养等。食物的生长也是斯坦纳教育的一个基本组成部分⑤，但是儿童也需要准备和烹调他们种植的食物，否则种植仅仅只是装饰而已。斯坦纳学

---

① Louv，R.（2005）Last Child in the Woods：Saving Our Children from Nature Deficit Disorder. Chapel Hill，NC：Algonquin Books.

② See e. g. www. naturegrid. org. uk/children. html.

③ Zavalloni，G.（2008）*La Pedagogica della limaca：per una scuola lenta e nonviolente*［The Pedagogy of the Snail］. Bologna：EMI.

④ Zavalloni，G.（2009）'Children's natural rights.'*Children in Europe* 17/2009. Edinburgh：Children in Scotland，pp. 28–29.

⑤ 东伦敦大学的幼儿园遵循斯坦纳原则来建设，花园被视为儿童活动的核心.

校也为儿童提供了烹饪设施。但关于健康和安全的规则可能会禁止儿童接近厨房设施，又一次把他们的行动限制在小小天地中。

创设优质环境

我在其他地方也写过幼儿园的建筑，特别是关于法兰克福幼儿园建筑设计（Frankfurt Nursery Building Program）。[①] 这些建筑是德国的法兰克福为庆祝该市成立 1200 周年，通过国际招标方式建设的一系列新幼儿园。这些建筑都非常环保和有创意，提升了早期教育的社会地位。这些建筑大多建在贫困区，有的还建在极度贫困地区。例如一所获奖的幼儿园（Peter Wilson，Kiefrenstrasse）建在贫穷移民社区中，位于高速公路和铁路线之间一个狭长的地带。这是一个令人惊叹的原创艺术作品。我认为这是我参观过的最美丽、最好玩的建筑之一，是对光线、层次和宽度的实验。这是一个鲜明的视觉示范：一个公平的社会不应该被贫困限制，而应该把最好的东西尽可能地提供给每个人（我也遇到太多相反的观点：不能期待穷人远离自己的舒适区，贫穷地区的宏伟建筑会诱导破坏）。

法兰克福幼儿园为 3—6 岁的学龄前儿童提供儿童教育和保育服务并对年龄较大的儿童提供课后辅导。其建筑设计规范包含的内容之一是尊重儿童自治。每所幼儿园都必须有儿童能进入但成人不能进入的空间，儿童可以在幼儿园里自由活动。该规范还包括设置符合儿童需要（child-friendly）的厨房，在那里有准备好的新鲜饭菜。一个真正的工作区域必须向校外儿童开放。法兰克福幼儿园项目作为精心设计的一种尝试，建筑师会根据儿童空间的性质，综合考虑长度、宽度、高度、比例、光线、色彩和外观。[②] 然而这只是一个建筑项目，他们的设计有时会受他们更加谨慎的、更缺乏创意的福利部门的

---

① Penn，H. (2000) 'Where should children learn: Space and segregation.' In H. Penn（ed.）*Early Childhood Services: Theory，Policy，Practice*. Maidenhead: Open University Press, pp. 83-89.

② Burgard，R. (2000) 'The Frankfurt kindergartens.' In H. Penn（ed.）*Early Childhood Services: Theory，Policy，Practice*. Maidenhead: Open University Press.

同事的控制。

2006 年，苏格兰儿童（Chidren in Scotland）针对该领域的问题，组织了幼儿园设计国际大赛。大赛的成果集合在书和 DVD 里，名为《制造空间：托幼机构设计大奖》（*Making Space：Award-Winning Designs for Young Children*）。[①] 不仅英国，很多国家对早期儿童物质空间的规定越来越少。虽然金钱相对短缺，空间也比较有限，但是这次大赛的举行足以证明关注空间仍然是可能的。他们给这些建筑颁发奖项：吸引眼球，认可自然世界，将较为广泛的社区融合在建筑和空间当中，鼓励多种主体参与设计过程，关注对儿童有影响的细节，例如大衣存储柜和厕所，提供综合性服务。[②]

日本一所幼儿园（Bubbletecture）获得了一等奖，他采用波浪状的木质结构。亚军是位于印度洋上炎热而贫穷的留尼旺岛的一所幼儿园。它采用生态空调系统：幼儿园建造在一个能让微风通过的斜坡上，这样即使在最热的天气，建筑也是凉爽的。建筑师们这么评价："这所幼儿园借鉴了西印度群岛克里奥尔人的生活方式，尤其是他们密切的室内外的关系……建筑的正面就像是非常多孔的皮肤。"[③] 另一位亚军来自意大利，美丽的色彩运用造就了"多感官刺激的环境"。季军是来自伦敦的前进幼儿中心（Forward Children's Centre），该中心也在著名的斯特灵建筑奖（Stirling Prize for Architecture）的名单上。这里安全是主要关注点，而且颜色明亮夺目（意料之中的）。建筑师必须要整合不同的需求。"父母表达了他们对安全的担忧，而居民想将这个建筑作为一种社区资源以获得自豪感，但孩子们主要是想要树和大量的沙子。"[④] 这说明建筑师在与儿童、成年人、工作人员协商和达成共识的过程中所遇到的困难。如果某地的人们公共期望低，建筑师必须自己摸索。

---

① Children in Scotland（2006）*Making Space：Award-Winning Designs for Young Children*. Edinburgh：Children in Scotland.

② Children in Scotland（2006）*Making Space：Award-Winning Designs for Young Children*. Edinburgh：Children in Scotland，p. 33.

③ Children in Scotland（2006）*Making Space：Award-Winning Designs for Young Children*. Edinburgh：Children in Scotland，p. 37.

④ Children in Scotland（2006）*Making Space：Award-Winning Designs for Young Children*. Edinburgh：Children in Scotland，p. 39.

在意大利，设计更优先考虑质量。例如马拉古齐认为质量应该是一个原则问题，幼儿园应始终是一个适合居住的审美空间。① 我曾经参加一次在意大利文艺复兴发源地佛罗伦萨召开的研讨会，讨论一些中世纪的建筑如何选择安装儿童厕所的位置，以转换为幼儿园。至少对我来说，如果我是当地人，关于这些细节的讨论，肯定是令人兴奋的。在这些意大利文艺复兴发源地，建筑师不必自己摸索方法：历史已经这样做了。

那么，建筑师的视野可以作为衡量质量的一个可测量的指标吗？马克·杜德克（Mark Dudek）将世界范围内的幼儿园建筑都写在他的《幼儿园建筑》（Kindergarten Architecture）一书，尤其突出了一些设计最好的建筑。②③好的建筑并不仅仅从儿童的视角出发，它还要与周围的空间相联系（见下文）。从教育角度，我们还要给儿童提供美观的环境。在一个精心设计的环境中，儿童可以在爬山、跳跃、旋转、摇动等激烈的运动中探索身体的力量，冲破身体的限制，尽情享受舞动身体带来的自信。在一个设施丰富、宽敞且富有想象力的幼儿园里（提供上树用的绳梯、树屋、宽敞的鸟舍、巨大的沙坑、自行车赛道），一个光着脚的 3 岁小女孩向我们说道："我们可以在（托儿所的）任何地方玩耍。我们可以在教室内和教室外玩耍，我们也可以在单杠上玩。"④

儿童的工作空间

我主要关注外部空间，因为这往往是最容易被忽视的区域。当然，内部空间也很重要。在这里主要讨论了儿童的自主性和他们可以在何种程度上利用好空间，甚至能够为自己设计空间。艾利森·克拉克（Alison Clark）已经

① Hoyuelos, A. (2004) *La etica en el pensamiento y obra pedagogica de Loris Malaguzzi*. Barcelona：Rosa Sensat.

② Dudek, M. (2000) *Kindergarten Architecture*. London：Spon.

③ Dudek, M. (2007) *Schools and Kindergartens：A Design Manual*. Munich：Birkhauser.

④ Penn, H. and Maynard, T. (2010) *Siyabonana：We All See Each Other. Building Better Childhoods in South Africa*. Edinburgh：Children in Scotland, p. 18.

和儿童待了一段时间，她聆听并记录了儿童对使用幼儿园空间的谈话。为了确保儿童清晰地表达自己的观点，并让其他人包括建筑师也有所参照，她设计了和儿童工作的方法——拼接法。儿童在其中做出了重大贡献，即使最小的孩子也发挥了作用。①

至少在那些有大量私立园的国家，其内部空间往往模仿托宾的做法——压缩儿童的活动空间，同时给儿童提供多种不易区分的物品，让儿童进行选择。② 除此之外，为了确保儿童没有滥用或破坏物品，且没有被这些物品伤害，他们一直处在被监督的环境下——这里总是有人扮演着值班警卫的角色。他们认为儿童外出是非常危险的，所以，通往外面空间的路都被严密看守。这种对儿童不信任、高度紧张的文化，从生理和心理上对儿童双重约束，严重违背了"重视儿童权利"这一理念。

有些提供给儿童的房屋是出租屋或者是经过草率装修的房屋，原来并不是专门为儿童设计的，最初都是店面、工业用房或者是教堂以及私人住宅的大厅或房间，也有的是废弃的教学楼，都是在非常贫穷的地方的简易房、旧车库等。考虑到儿童的身体，这种对空间的忽视是一个不可忽视的漏洞。③目前几乎没有可靠的证据证明这样的限制对儿童学习和身体发展有什么影响，但这也说明在研究和概念界定上这都是一个空白。在英国，即使限制儿童行动会使儿童所处的环境更像监狱，但人们一心想着要保证儿童的安全，就默许了这种行为。英国对"安全和适宜的物理环境"的要求和规定是非常少的，当前的规定甚至还没有对外部环境应该达到什么样的条件进行要求！④

---

① Clark，A.（2010）*Transforming Children's Spaces*. London：Routledge.

② Tobin，J.（1995）'Post-structural research in early childhood education.' In J. A. Hatch（ed.）*Qualitative Research in Early Childhood Settings*. Westport，CT：Praeger，pp. 223-243.

③ 即使是新建筑，也可能存在问题. 英国一家连锁幼儿园的地产总管就把新楼设计成可以转换为运动中心，以便在市场发生变化或幼儿园无法获得足够赢利时能够保障地产投入的回报.

④ 我参观过伦敦的一家儿童中心展：智能大门只有获取授权的职工才可以打开. 该儿童中心共有两层，楼上为成人活动空间，楼下为儿童活动空间. 儿童活动空间有霓虹灯照明，且完全开放，确保时刻处于成人监控之下. 但是，通风和温度调节较差，气味不佳. 拴住的密封窗户连接着内部场地（类似建筑物里的天井）. 天井里铺设塑胶地板. 天气好时，儿童可以在天井里进行短暂的锻炼活动.

我已经在英国看了许多像这样的地方——本书已经涵盖了他们的一部分特征，但目前至少在北欧国家或者以前的共产主义国家没有见到过，在其他欧洲国家也很少见。[1]

成人的工作空间

空间组织形式不仅影响着教职工实际的工作方式，而且还关乎他们能否有效地工作。一个非常简单的例子就是存储空间。如果没有安排好存储空间，安放大量细小的物品、记录儿童的工作将是一件相当困难的事情。我曾经很不幸搬到一个只有档案柜而没有任何抽屉的办公室（这是一个很长的故事），由此造成的混乱很糟糕——每当要寻找一个文件夹的时候，我们就不得不把成堆的文件夹分类并重新调整。由此可见，物质环境充分发挥作用是更好工作的一部分。

如果环境和空间对儿童是有好处的，那么对成人也是一样的道理，就像在上面提到的一样。但这里还有一个关于教职员工是否需要把他们自己的东西分隔开的问题。许多机构认为其员工是与特定客户群打交道的专业人员，具体规定了他们可以建立的关系，以及身心应保持什么样的距离。在第九章会讨论法国激进派精神科专家费利克斯·瓜塔里（Felix Guattari）的相关研究，他尝试打破所有的藩篱，在他的门诊部创造了一个流畅的工作平台。因此，如果有观点认为学习是一种共同建构，那其中的界限又是什么呢？为成人和儿童设计共用的工作空间，让他们做所有工作，还是应该给教职工设计单独的工作区或休息室，让他们能够短暂休息呢？大多数学校都有此类设施。在第六章已经讨论了与儿童一起工作的教师（女教师和男教师）的角色和界限。

我援引这些例子是为了说明，作为质量的一个方面，至少在英文著作中，视觉和物理空间的相关研究被忽视了。但对儿童和成人来说，"一个健康的、适宜的物理空间"应该是一个优质环境的最基本目标，尤其当有极好的例子可以效仿时，这个目标更应该达到。

---

[1]　我在一次在巴黎举办的欧洲早期教育工作者工会代表大会上展示这些照片时，大家都很震惊！

第八章
工作实践

管理和领导力

　　人们认为领导力是早期教育质量的关键指标。早期教育市场充斥着领导力和管理学方面的书籍，或多或少都带有一些经验主义——试图总结通用的管理和领导技巧，并列出了各技巧可以应用的情境。① 现在英国就有一个强制性的国家早期教育领导力课程，教育部发行了一张光盘。② 在美国，早期

　　① Briggs，M. and Briggs，I. （2009）*Developing Your Leadership in the Early Years*. London：Continuum.

　　Jones，C. and Pound，L. （2008）*Leadership and Management in the Early Years*. Maidenhead：Open University Press.

　　Moyles，J. （2006）*Effective Leadership and Management in the Early Years*. Maidenhead：Open University Press.

　　O'Sullivan，J. （2009）*Leadership Skills in the Early Years*. Stafford：Network Continuum Education.

　　Rodd，J. （2006）*Leadership in Early Childhood：The Pathway to Professionalism*. Maidenhead：Open University Press.

　　Whalley，M. （2008）*Leading Practice in Early Years Settings*. Exeter：Learning Matters.

　　② Whalley，M.，Whitaker，P.，Fletcher，C.，Thorpe，S.，John，K. and Leisten，R. （2004）*Programme Leaders Guide：National Professional Qualification in Integrated Centre Leadership*. Nottingham：National College of School Leadership.

　　Department for Children，Schools and Families（DCSF）（2007）*Primary National Strategy：Developing Quality through Leadership：Action Research in Private，Voluntary and Independent Sector Early Years Settings*. London：DCSF.

教育的领导已经制度化，并有量表对其测试。[①] 虽然有关优质领导力的相关要求发生了变化，但这些清单还是有一定的指示意义。

- 确认并清楚地表达对集体的看法。
- 确保共享一定的知识、意义和目标。
- 有效地沟通。
- 鼓励反馈。
- 监测和评估实践。
- 保证专业的可持续发展。
- 建立学习共同体和团队文化。
- 鼓励并促进家长和社区的合作关系。

在有些背景下，这个清单可能稍微令人不解。为什么达成目标的一致性或者建立学习共同体是必需的呢？除非这些问题本来就具有不确定性或者这些目标需要付出相当大的努力才能实现。在英国，这些目标的确存在问题。就像我在第二章讨论的那样，从 1997 年以来，英国出台大量前所未有的措施——不过未涉及背后理论的变革。这些新措施已经使零碎的系统瓦解，只有一部分根据行政命令保留。就像下面例子中所示，没有一个关于领导力的标准范式可以被轻松应用于英国或者其他规定相当不同的国家。[②]

在这一章，我考察了在其他地方非常普遍的关于领导力的观点，首先是美国，其次是意大利。接着，我讨论了一些领导力、管理和职场学习的理论。

商业模式

在美国的市场经济条件下，领导层需要特定的技巧。

---

① Talan，T. N. and Bloom，P. J.（2004）*Program Administration Scale-Measuring Early Childhood Leadership and Management*. New York：Teachers College Press.

② Siraj-Blatchford，I. and Manni，L.（2008）*Effective Leadership in the Early Years Sector*. London：Institute of Education，University of London，p. 28.

　　早期教育机构从本质上来说也是商业化的，成功的管理者就像公司的管理者那样行使职责。他们是睿智的经济管理者，掌握着预算和现金流动管理技巧，通晓记账方法、报账术语和银行关系，对联邦、州和当地财政收入的来源了如指掌，并且寻找拨款和筹款的机会。此外，高效的管理者懂得与法律顾问合作，以确保遵守早期教育管理制度……他们对工作上的合同和谈判、保险责任和劳动法等方面的法律法规很熟悉……他们是有策略的市场人，他们的项目得益于有效推广宣传和社区外展活动……他们通过报纸、广播电台、网络把项目计划公之于众，通过引人注目的小册子、网站、手册、通信和出版物精心发布和刊登广告。[①]

　　这段对领导层的分析首先考虑的是经济管理和销售技巧，认为幼儿园也是需要维持运营的独立企业。作者并非想说幼儿园必须要赢利，但是这层含义却包含在内。并且如果幼儿园的目标是赢利，它一定会把利润这个目标经常置于其他目标之前。各论述努力保持各方平衡，但多倾向于幼儿园所有者。这对那些试图规范或提供早期教育服务的人是至关重要的。

　　无论如何仔细制定合同条款，一个主要关注赢利的组织可以通过降低服务质量获取高额利润。[②]

　　在美英和其他一些有连锁幼儿园的国家[③]，企业选择负责人是因为他们拥有经济方面的专业知识、商业头脑和营销技巧，而不是因为他们掌握了关

---

　　① Bloom, P. J. and Clark, D. (2007) 'Administration of early care and education programs.' In R. New and M. Cochran (eds) *Early Childhood Education：An International Encyclopedia.* Westport, CT：Greenwood, vol. 2, pp. 307-313.

　　② Faulkner, K., Working Links (Welfare to Work Programme). *Society Guardian* 3 February 2010, p. 5.

　　③ 在美国，企业市场（corporate market）提供的早期教育和保育服务占 40%，在英国这一比例为 8%，最近澳大利亚约占 40%。

于儿童的知识。目前，从广告和销售行业中招募过来的人正在经营英国最大的儿童慈善机构——国家预防虐待儿童协会（the National Society for the Prevetion of Cruelty to Children，NSPCC）。

集体模式

也有一部分由集体运营的幼儿园与上述幼儿园恰恰相反，它们没有管理者。许多国家都曾有过以民主管理的形式管理幼儿园和学校的短暂尝试，地方的传统育儿观念受到挑战，员工与员工、员工与儿童、家长和社区尝试建立非等级性质的关系。在这种情况下，管理人员试图挑战社会风俗和传统。这些尝试发生于 20 世纪 20 年代的俄罗斯[①]、20 世纪 70 年代的法国[②]，发生于 20 世纪 70—80 年代英国社区幼儿园运动期间。基娅拉·萨拉瑟诺（Chiara Saraceno）讨论比较了早期发生于德国（斯图加特、法兰克福和柏林）、意大利和美国的一些试验。[③] 这些社区幼儿园的工作氛围很紧张。举例来说，在斯图加特幼儿园，10 个男女负责人不断讨论和争辩政治、教育理论、日常实践，讨论如何界定各人间关系。他们为太过中产阶级化、疏远工人阶级而焦虑苦恼。

也有很多试验发生在意大利和西班牙——著名的瑞吉欧·艾米利亚幼儿园仍旧沿用了这一方式。但是在西班牙和意大利，这种集体幼儿园可以利用古老的传统，农业合作社在欧洲南部是一种常见的组织形式。在西班牙也有工人学校的传统。或许这些试验已经被人们遗忘或者忽视，但是却没有影响洛里斯·马拉古齐在瑞吉欧·艾米利亚的试验，他以集体行动的形式在幼儿

---

① Kirschenbaum，L.（2001）*Small Comrades*：*Revolutionizing Childhood in Soviet Russia*，*1917 - 1932*. London：Routledge.

② Mozère，L.（1992）*Le Printemps des crèches*：*Histoire et analyse d'un mouvement*. Paris：L'Harmattan.

③ Saraceno，C.（1977）*Experiencia y Teoria de las Comunas Infantiles*. Barcelona：Fontanella.

园进行社会改革的理念仍在推进。①②

在 20 世纪 70 年代和 80 年代的英国，城市地方政府一度为自营（self-help）的社区幼儿园提供资金，其中一些幼儿园非常激进。在被撒切尔政府废除以前，大伦敦议会（the Greater London Council）已经为超过 100 所社区幼儿园提供资金。卫生部（the Department cf Health）也有一个小型的社区幼儿园资助计划。一家倡导儿童照料的机构（Daycare Trust）被要求率先推广该社区项目。但这些项目现在不存在了，许多已经关闭，相关记录并不多。这类幼儿园已经不是主流——因为它们有一些不伦不类，既不是教育性质的，也不是社会服务性质的——且没有教师的认同和支持，人们认为它对教育或者福利事业所起的作用微不足道。③ 现在这类目标被更多人所接受，但是如果没有补贴和资助，它们依然很难生存。目前需求导向的投入机制意味着它们几乎不可能以原有方式继续运行。

我是伦敦南部其中一个社区幼儿园的家长。对于我和我的家人来说，这是一次有益的经历，如果不能说是革命性的经历的话（25 年之后，幼儿园举办了一次聚会，全体家长和儿童都返校了）。从某种意义上说，正是因为在社区幼儿园做家长的经历，所以我对探询意大利和西班牙集体幼儿园运作的更多细节很感兴趣。④ 我做了一个西班牙（巴塞罗那）和意大利（艾米里·罗马涅地区和托斯卡纳行政区，不是瑞吉欧·艾米利亚）的比较研究。

我调查的西班牙幼儿园给全体教师和保育员支付同样等级的薪水。内务人员——清洁人员和厨师的薪水略微少一点。在这里，没有一个人是主管，决策都是集体同意的。大部分职员已经拿到当地大学早期教育学位证书或正

---

① Hoyuelos, A. （2004） *La etica en el pensamiento y obra pedagogica de Loris Malaguzzi*. Barcelona：Rosa Sensat.

② Dahlberg, G. and Moss, P. （2005） *Ethics and Politics in Early Childhood Education*. London：Routledge.

③ McCalla, D., Grover, C. and Penn, H. （2001） *Local Nurseries for Local Communities*. London：National Children's Bureau.

④ 书名为：*Comparing Nurseries* （London：Paul Chapman）. 我在书中描述了意大利和西班牙的集体幼儿园. 现在这本书的一些内容已经陈旧，尤其是里面涉及英国幼儿园的部分. 西班牙的幼儿园也发生了很大变化. 但是，这本书对于理解集体教养机构的日常运行还是能提供一些帮助.

在攻读，或者有在职教育的基础。全体人员轮流承担起幼儿园管理者的职责。据我超过6周的观察和访谈，我认为这个系统运作得很好，基层职员流动性确实比较低。而基层职员的流动率是职员满意度的指标。我使用了一个简短的职工满意度调查问卷，包括"你认为你在未来的5年还会在这工作吗?"这样的问题。大部分基层职员回答"是"。就像我那时写的，其中巴塞罗那的一所幼儿园（可能稍微出色一些）似乎有聚会的传统。

> 在这所幼儿园，员工和幼儿都是比较愉悦的。似乎在全体职员中间有一种约定俗成的观点，即他们可以选择在任何地方度过他们的时间。其中隐含了一种生活乐趣，它说明职工在幼儿园的时间远远多于合同的规定。他们留下来帮忙，相互换班，当然也有身体接触和欢笑。我看到一个年轻职员和一个年长的清洁工在院子里来回散步，挽着手臂深入交谈。[①]

这个组织至关重要的地方在于每周一次的全体职工会议和两月一次的家长会议，用于宣传思想、讨论问题和思考政策。家长会议通常都有逸闻趣事和美食。在工作满意度调查问卷里，我也要求全体员工来评论他们在合作氛围中的工作体验。

> 尽管从实践的观点来看，小组工作和决策更耗时，做事情的效率也更低，但是我还是赞同这所幼儿园的体系和组织。即使在时间观念和组织等方面有所欠缺，我也不会改变它。
>
> 虽然我们之间有差异，但差异并不是我们冲突的根源。正是因为我们在这个团体中有着足够的主动权和大家彼此友好相处这一事实，所以我们之间的冲突很少。
>
> 我有幸身处一个几乎没有矛盾的团队，在团队中人们相互交谈，

---

① Penn（1997）*Comparing Nurseries*. London：Paul Chapman，p. 82.

这种对话使得冲突是没有必要的。在团队的空间和幼儿园设定的框架内我们非常自由。

即使我不喜欢这份工作，但我仍旧喜欢我的同事。糟糕的同事关系将会延伸到师生互动当中。[1]

当地政府资助了这些集体幼儿园，负责幼儿园相关的费用、市场准入和供应等，邀请当地的专家为教师提供帮助，组织针对全体教师的在职培训。

在意大利北部的许多城市，包括瑞吉欧·艾米利亚，集体幼儿园仍旧存在。尽管在这类幼儿园中没有等级制度，与巴塞罗那幼儿园相比，这类幼儿园中教职工的主动权要略小一些，有教师资格的教师也更少。这再次证明地方政府是关键。由地方政府任命的协调员做出所有重要的行政和专业决定。他们拥有学士或者硕士学位，并且具有实践经验。每位协调员负责 8—10 所幼儿园。这个协调员实际上是幼儿园的管理者，在发展和支持托幼服务方面起着关键作用。他们提出教师培训的建议，组织教学理论和政策方面的讨论，然而他们并没有入驻幼儿园，幼儿园负责自己的日常运营。地方政府通常还负责幼儿园的技术管理、入园、收费、设备，建立运营、工资、员工任命和人力资源等制度。

这些协调员在意大利北部的集体幼儿园肯定是有用的（或者说大部分是有用的，但在极为糟糕的实践中有例外。在实践中，有许多临时工，他们之间没有交接工作，甚至出现大量员工不知道儿童名字的情况。这可能是因为政府不关注这个问题造成的，但这也是该体系不起作用的唯一例证）。员工们喜欢在这种相互协作的幼儿园中工作，他们着眼于儿童正在做的事情和了不起的作品。我在会议上遇到的家长对此结果似乎也很满意。

在我写作的时候，英国保守党派对英格兰合作性学校（co-operative school）有一些意见。但是到目前为止，这个理念已经成功地应用。但实际应用的学校与阐述的有很大不同。西班牙和意大利的幼儿园运行的关键是地

---

① Penn（1997）*Comparing Nurseries*. London：Paul Chapman，p. 38.

方政府的投入。这些合作者不必去处理一些日常管理、筹集资金的工作，能随时获得训练有素和善于表达的人在教学上的支持。他们有自主权，但是他们也接受上级的支持和富有创造性的指引。

团结

上面引用了几个工作人员对同事友谊重要性的描述。协调员频繁使用"团结"这个词。"团结"在英语环境中并不是一个耳熟能详的概念，在英国和美国，他们认为个人主义更重要。个体有自己的愿望和选择，对自己的决定负责。一些幼儿园或儿童中心采用管理者督导会议这种社会工作实践方式——资深人士对个人定期指导。因此，管理在某种意义上就是让那些脾气古怪或者难以捉摸的个体坐在一起完成任务。有点像规章制度——个体差异越大，背景越多样，就越需要管理者具备高超的领导和管理能力来确保他们在可接受的范围内一起工作。但是，在许多欧洲国家，实际上是欧盟国家内，正不断重申团结友爱的思想。

团结是指拥有共同的利益和情感的人参与共同行动并从中受益。所谓团结，就是在别人遇到困难时你要关爱、支持他们。团结友爱是成年人和儿童的目标，例如瑞典的课程就提到"学前教育的任务就是帮助儿童获得社会价值……人人平等，男女平等，和弱势群体团结友爱"[①]。在科层制管理的背景下，管理者要比其他教职工获得更多的薪水，如果没有采取正确的方法，仅凭员工的顺从和服从，最后很难实现团结。

有明显等级制度的工作场所，团结也是工会内部一直追求的目标。职员可能成为雇佣者追求公平的牺牲品，例如做同样的工作，女性职工的薪水要低于男职工，或者公司会雇佣白人职工而不是工作能力强的黑人职工。老板可能肆意调配员工或者曲解他们的行为，或者试图解雇他们。工会可以为他

① Swedish Ministry of Education and Science（1998a）*Curriculum for the Preschool*. Stockholm：Fritzes. Swedish Ministry of Education and Science（1998b）*Curriculum for the Compulsory School System*，*the Preschool Class and the Leisure-time Centre*（Lpo94/98）. Stockholm：Fritzes.

们提供另外一种获得赔偿的途径。如果雇主不听，工会可以接受申诉。工会也可以提供机会，让职工团体陈述被管理者否决的观点。但是许多私立幼儿园并不认可工会成员的身份，他们认为工会具有破坏性，会挑起管理者和员工之间不必要的对立。在英国的工会中，专业技术人员要多于没有技能的人，因为那些在私人公司工作的无技能和低收入员工对自身的处境更容易听天由命，然而教师、社会工作者、学者和公务员则认为他们支付工会会费是值得的。工会确实为个人在应对不合理和不公平的管理实践时提供了一些保护——认为所有管理者都称职和善解人意的想法是不现实的。一些管理者能做得很好，一些却不能。

在大多数国家，成为工会成员并在当地进行集体性的协商的权利是被法律保护的。联合国与就业实践有关的分支机构——国际劳工组织（the International Labour Organization，ILO）规定：

> 雇员和雇主自主建立并加入组织的权利是自由和开放社会必不可少的一部分，这些组织在很多国家民主改革中也扮演了重要角色。国际劳工组织不仅建议政府要在劳动法中规定为工会和雇主提供教育和培训，也在不断推进协会的自主。国际劳工组织自主协会委员会（the ILO's Committee on Freedom of Association）成立于 1951 年，是为了调查工人和雇主的组织权利是否被侵犯……通过自主协会委员会和其他监管机制，国际劳工组织多次捍卫了工会和雇主的权利。[1]

在欧盟国家，明确所有职员的权利被认为是一种很好的实践。

将最低标准写进法律中，提高劳动标准，加强员工权利，是欧

---

① www.ilo.org/global/Themes/Freedom_of_Association_and_the_Right_to_Collective_Bargaining/lang-en/index.htm.

盟国家在社会政策领域最主要的成就之一。①

目前为止，我已经讨论了优质管理的一系列构成要素以及防止管理失败的预防措施。关键的问题还是在于员工的心声，尤其是他们和管理者意见不合之时，他们有什么不受约束的方式来表达诉求。在一些国际组织中，尤其是国际劳工组织和欧盟，这被视为是积极的或者是必不可少的，是高质量服务的组成部分。但在我所引用著作的讨论中，人们很少考虑领导力和管理的问题。

管理理论

管理方面的批判性文献综述指向理论和实证证据的缺失。②③ 许多有关领导力和管理方面的论文是主观的，更多展现了成功领导者的个人品质，而没有重点关注他们承担的工作。芬兰活动理论的创始人恩格斯托姆（Y. Engeström）因其独创性和著名的隐喻闻名于学术圈。④ 他基于维果茨基和列昂捷夫等的早期研究，提出管理具有情境性的观点。他认为"领导力"这个词本身就是不恰当的，在具体的社会背景下，要想完成任务就需要社会互动，并与人们所承担的具体工作和任务联系起来。根据不同背景，某些解决办法比其他的更有用，而这往往只能通过经验才能摸索出来。

恩格斯托姆在各种不同的环境（包括医院诊所和养老院）中工作过。无论员工们的技艺是非常精湛还是不熟练，他们总是会面临新的、棘手的或者一些反复出现的问题。在由不同专业背景的人员组成、各自解决办法和负责

---

① 欧盟就业、社会事务与平等机会管理局在网站上解释了欧洲劳动法：http：//ec. europa. eu/social/main. jsp？ langId＝en&catId＝82.

② Dunlop，A. W. （2008）*A Literature Review on Leadership in the Early Years*. Edinburgh：Scottish Government.

③ Aubrey，C. （2007）*Leading and Managing in the Early Years*. London：Sage.

④ Engeström，Y.，Miettinen，R. and Punamäki-Gitai，R. L. （1999）*Perspectives on Activity Theory*：*Learning in Doing. Social*，*Cognitive and Computational Perspectives*. Cambridge：Cambridge University Press.

领域又各不相同的组织当中，更会遇到这样的问题。而问题在未解决之前，先对问题进行分类。例如可能有个非常难缠的顾客提出许多问题，个人是没办法处理的。经常出现的是因为问题难以解决而把顾客晾在一边——用恩格斯托姆的话来说就是变成了"垃圾"。他认为只有通过处理难对付的问题，组织才能重新审视自身的活动和做事方法，从而取得进步，他把这个过程称为"打开死结"（de-knotting）。①

恩格斯托姆的著作不太容易读懂，他常用复杂的图表来详细阐明他方法的各个阶段。尽管他的理论没有直接涉及教育问题，但已经被教育理论家广泛接受。有两项经验主义早期教育研究启发人们，活动理论可能为公共事业发展提供一个有用的解释框架。

安吉拉·安宁（Angela Anning）进行了一项"卓越中心"（Centres of Excellence）的研究（英国早期教育领域尝试跨专业工作方式的众多昙花一现的方案之一）。她尽力去探索怎样去转变或形成员工关于"关键事件"的想法。她给员工提供反映服务中的冲突和复杂性的案例，涉及儿童性行为、祖父母的性别刻板印象以及课程改革，并询问他们怎么处理这些事件。她发现早期教育实践者正在（被外界要求）开展一些歪曲或者违背传统职业信念和当地社会价值观的活动。②

这个关键事件反映了让职员转变他们长期秉持的信念是多么困难，尤其是当政府对他们应有的行为有所期待时。但是，最起码要记录下他们所做的尝试，以便有些真实的证据和有意义的理论框架来解释他们如何应对所处的艰难处境。③

卡罗尔·奥布里（Carol Aubrey）和她的团队研究了 12 所幼儿园，这些幼儿园是当地督导推荐的，因为它们提供的服务质量较高。但是，这些幼儿

---

① Engeström, Y.（2008）*Teams to Knots*：*Activity-Theoretical Studies of Collaboration and Learning at Work*. Cambridge：Cambridge University Press.

② Anning, A.（2005）'*Investigating the impact of working in multi-agency service delivery settings in the UK on early years practitioners' beliefs and practices.*' *Journal of Early Childhood Research* 3（1）：19-50.

③ Anning, A.（2005）'*Investigating the impact of working in multi-agency service delivery settings in the UK on early years practitioners' beliefs and practices.*' *Journal of Early Childhood Research* 3（1）：19-50.

园本身和内部组织的活动存在较大的差异。① 其中 3 所是私立幼儿园，2 所是志愿机构组织的家庭中心，4 所是接收 3—4 岁儿童的托儿所，3 所是综合（integrated）儿童中心。他们要求管理者拍摄具有代表性的一天，并邀请其他员工来填写问卷（回收率 68%）。在管理者参与工作的背景下，政策通常是不可实现的。组织的规模——儿童数量、家长支持程度、员工的从业资格和经历、有关的机构和人员配备水平等都影响了领导层专业化程度以及领导层的委派和分配。如该研究中的 3 所私立幼儿园的管理者关注诸如收费或者安排员工值班表等类似的行政任务。在 3—4 岁班，管理者则完全投入到与儿童高频率的互动中。管理者是各方面的带头人，是激励者、战略家，也是具有冒险精神的企业家。正如安吉拉·安宁的研究所说，管理者承诺执行最新的政府政策和措施，但是却不清楚这些政策在实践中意味着什么或者是实践应该做出怎样的改变。

这个研究与分布式领导观（distributed leadership）非常契合。像英国，存在多种多样的早期教育和保育类型（这绝不是大多数欧洲国家的实情，欧洲国家都有标准和易理解的机构类型），认为领导具备团体或个体互动网络的性质，这个很有意义。组织中拥有很多具备专业知识和专业能力的人才（尽管这不一定反映了组织内部的收入和等级）。

（总之）所有的观点表明，就能对共同工作者的需求敏感回应的管理者和学习共同体，有效方法是持续的专业教育和跨专业教育。②

这里面没有一项研究考虑薪资和环境——人们选择工作的主要原因。在工作场所任务分配上的公平性，或者反过来说，剥削——让员工从事不被充分认可的工作，没有涉及。这也是工会一直在解决的问题。

---

① Aubrey, C. (2007) *Leading and Managing in Early Years Settings. London*：Sage.
② Aubrey, C. (2007) *Leading and Managing in Early Years Settings. London*：Sage, p. 139.

凯莉·伊文思（Kally Evans）和同事做了一系列关于职场学习的研究，发现如果密切关注组织背景、个体职员档案和规章制度之间的关系，可以促进职场学习。[①] 她也强调情境学习理论低估了影响工作实践的工作场所的权力结构和规章制度——把它们视为中立的问题，而不是框架问题。

优秀的领导者

本章的讨论集中于实践管理模式。背景永远影响实践。如果一所独立幼儿园非常偶然地有了一个智慧且善于表达的园长，这可能会产生特别的影响。在 1818 年的苏格兰新拉纳克（New Lanard，Scotland），罗伯特·欧文（Robert Owen）就在他的幼儿园做出了这样的成绩以至于参观者群集而来。在 20 世纪 20 年代伦敦的德特福德，玛格丽特·麦克米伦和她的幼儿园获得类似的成就。在 20 世纪 50 年代，参观者来到伦敦的南华克学校参观戴维·梅德（David Medd）依据皮亚杰理念改革的新建筑。现在英国科比（Corby）的潘·格林早期教育中心（Pen Green Centre）就是一个早期教育实践者向往的地方。但是无论这些例子多么鼓舞人心，都是依赖于一两个人的力量，而不是整个系统。最关键的问题是采取什么举措使这些创新能够被大家认可，得到鼓励、支持、监督和拓展。因为这本书已经尽力指出质量不是和时间或背景无关的，也并不能在政府标准中完全地反映。理想的质量观应该是在实践中不断地转变、提炼、记录的，这意味着在一段（相当长的一段）时间里实践者和教师团体一直共享并拓展质量观念，以积极回应他们组织所处的大环境。

在诸如冰岛和新西兰这样的小国家，让对优质实践的认定成为政府工作的一部分是合理的。但是在人口多、地域范围广的国家，中央政府掌控当地的主动权，理解、支持、促进并深入当地的实践几乎是不可能的。这些事情

---

① Evans, K., Hodkinson, P., Rainbird, H. and Unwin, L. （2006） *Improving Workplace Learning*. London：Routledge.

都需要当地来做。就像我们看到的那样，只有瑞吉欧·艾米利亚和圣米尼亚托（San Miniato）等著名幼儿园所在的地方政府才能够对当地实践活动提供此类支持，并且能够使一个具有创新性的想法在许多年以后逐步发展成为一个成熟、综合的且备受赞誉的早期教育体系。[①] 意大利北部是非常特殊的案例。但是以北欧国家为例，在政府拨款和政策允许的安全范围内，相关服务的责任已经下放给当地。正是因为国家和地方权力之间的平衡，这些具有首创精神的活动才能够被当地官员中的支持者付诸实施而不至于夭折。授权可能是一件有风险的事，但是如果针对早期教育和保育有一个国家框架并提供财政支持，那么有意见的地方政府就不得不听从命令，至少达到最低要求，提供最低限度的服务。

人们亟须对领导力进行重新思考。在不同的情境下儿童的保育和教育方式千差万别，一般性的领导技巧可能是不适用的。管理者的职责依据组织的类型也有所不同，有着不同的优先考虑事项和要求。

---

① Bloomer, K. and Cohen, B. (2008) *Young Children in Charge*. Edinburgh：Children in Scotland.

第九章
教室之内

在我们开始考虑教师、保育员及其负责的儿童之间的相互作用时，有关质量的故事比我们所知道的要多得多。幼儿园是在当地政府制定的政策和监管框架下建立的。幼儿园教职工参加了多种形式的必备技能培训，尽管这些培训是最低水平且不太符合要求，但他们还是按照要求参加。他们的工作空间受他人控制，除非他们加入工会，否则他们的工资是不能协商的（这里没有奖金文化）。在一些国家，他们在一个等级制度分明的环境中工作，有一些具体的规则规定他们教什么、怎样教以及达成什么样的预期目标。入园儿童的不足（vulnerrabilities）、生长环境、每月在园时长以及他们家长须支付托费的多少，这些都不是普通一线工作者所能控制的。在这些束缚下，个人唯一可以改变的是他每天如何完成工作。在某些方面就像他们常做的那样，单独或一起讨论成人和儿童的行为意图。关注这些微观问题对讨论质量是有意义的。在这章，我就什么是与儿童直接相关的高质量的保教实践进行讨论，但是在一般的讨论之前，我想先举个教室之外的个案。

一次谈话

我 5 岁的孙女诺本特（Nobantu）正在学习写字，她每周都有一个晚上和我们待在一起。为了解成人和儿童是如何相互理解和沟通的，我决定记录下我们早餐时间的一段普通的对话——虽然我没有逐字转录。她这周都和她叔叔弗里茨（Fritz）、婶婶莎拉（Sarah，家人称她为莎拉夫人）、两个堂妹待在一起。诺本特拒绝了早餐中的黑布丁，选择了玉米片。

孙女：你知道我不喜欢黑布丁。

我：它吃起来像香肠。弗里茨叔叔喜欢它。

孙女：很容易把他们两个弄混，我叫他们莎拉叔叔和弗里茨婶婶。

我：莎拉叔叔！弗里茨婶婶！他们看起来实在不同。

（楼上有噪声，爷爷在他的房间里沙沙地走动）

孙女：这房子不隔音。

我：和你家房子的形状不同。你家房子是又瘦又高，一个房间在另一个上面，所以你听不到外面的声音。这个房子更开放，而且爷爷也很吵。

孙女：这房子有一个阁楼，也是一栋高大的房子。我听过爷爷打鼾。

我：不会吧，你都睡着了。

孙女：他就像这样打鼾，哼……

（爷爷出现了。原来是海伦奶奶打呼噜）

我：我今天要去你的花园干活。

孙女：我种了一个玩具，一棵玩具树长出来了。我种了一粒苹果籽，一个苹果就长出来了。

我：苹果籽长成苹果树要花很长时间。就像瓶子里插的枝，你通常要先插枝才能使树长大。你能看到它的根在生长吗？（我们看了下瓶子中插的枝的根）我打算把这个栽到你的花园里。

爷爷：你要我给你榨些橙汁吗？

孙女：血橙。

爷爷：像血布丁。黑布丁是用血做的。

孙女：血橙汁不是真的血，它只是和血一样的颜色。看看我的肌肉（卷起袖子，炫耀她的手臂）。我的手臂也有肌肉，我可以挤出来。

我：你的肌肉真棒！

孙女：埃尔希（她的堂妹）说我很强壮，我可以举起砖头。我长大后要成为一个昆虫学家和建筑家。

我：你去公园时看到什么虫子了吗？（上周学校组织去当地公园的一个自然保护区郊游）

孙女：我在小路上看到了一些碎片。

我：木屑？

孙女：从切碎的圣诞树木屑里，我看到一只鹿角虫。

我：有触角的鹿角虫？（我把一本甲虫书拿下来，找到一张鹿角虫的照片）

爷爷：我们有次在花园里发现了一只鹿角虫。

孙女：我看过3只大的和3只小的。

我：你老师也看见它们了吗？我可以问她鹿角虫的事吗？

孙女：骗你的。我真的没看到任何鹿角虫。

这给包括了"g"语言的谈话增添了一些趣味。所谓"g"语言，是指每一词中间都有字母g，这样没有人能够理解这些语言。还有一个关于巧克力味道的讨论。这是一段复杂的对话，包含儿童对过去的事件的记忆和理解，需要与前后的背景联系起来。我们对话的主题跳跃得非常明显，只有有共同背景的人才能理解。这很好玩，我们都取笑彼此。这是将特定问题概念化的一种尝试——声音如何传播，身体力量的本质是什么。我明白我自己过于急迫地利用谈话中包括的有关方面的知识（鹿角虫是一个老笑话），但是我的孙女以她的方式巧妙地躲过了我的说教。话语分析和测试、用词解析，以及语调、停顿可能揭示更多的东西。① 无论怎样，这是一段在早餐过程中长达半个小时的真实对话，就像任何愉快的谈话一样，轻松、刺激、机智、互惠和令人愉悦。

再现这段对话是为了说明语言的复杂性、嵌入性、互动性和趣味性。它可能摆脱不了中产阶级式的对话性质，但它在许多方面都具有典型性。芭芭拉·蒂泽德（Barbara Tizard）在 20 世纪 80 年代比较了儿童在家庭和幼儿园的对话：无论儿童所处什么社会阶层，他在家里的对话总是更丰富，因为对话的情境和互动是非常重要的。② 在教室里，我的孙女不可能有这么长的谈话，因为在一个集体当中，孩子们忙于争夺教师或者其他职工的关注。只有了解家庭的相互关系才可能出现这种长对话，而教师或者照看者不可能了解所有的家庭背景。以儿童的一百种语言为基础的后现代主义方法也不太可能引发类似的对话。但对教师和儿童来说，这么长时间且有互动的对话将是非常特别的。可能我孙女与她朋友之间的对话和这种特别的对话有点像，但即便如此，他们的对话调动的记忆也比较少且不太丰富。尽管教师或照看者已经做了很多，但还是要与儿童保持适度的互动。

儿童发展

关系是心理学家主要的研究领域。儿童学习什么，怎样学习，各个阶段的学习方式、内容如何变化，什么刺激和抑制了学习、语言，如何影响儿童的学习，如何评估和测量儿童的学习，这都是儿童发展的内容。有人对儿童发展的范围和内容持不同意见，其中也有一些非常资深的反对者。③ 但它更

---

① Wetherell, M., Taylor, S. and Yates, S. (eds) (2001) *Discourse as Data：A Guide to Analysis*. London：Sage.

② Tizard, B. (1984) *Young Children Learning：Talking and Thinking at Home and at School*. London：Fontana.

③ 哈佛大学的杰罗姆·卡根一直高度质疑传统发展心理学的观点. 他有两本书揭示了大脑发展、早期培养理论的局限性，以及心理研究的主观性.

Kagan, J. (1984) *The Nature of the Child*. New York：Basic Books.

Kagan, J. (1998) *Three Seductive Ideas*. Cambridge，MA：Harvard University Press.

像是一个产业。纵观全球，最具影响力、最受欢迎、最常被引用的儿童学习发展理论，是美国幼儿教育协会（National Association for the Education of Young Children，NAEYC）关于早期教育发展适宜性实践的立场文件①，目前已经更新到第三版。但实际上，它是实践者不加区分地从心理学研究中提炼出来的关于如何照顾和教育儿童的一系列实践指南。这个指南很容易理解，它引用了已发表的研究来论证特定的实践类型。许多机构和项目都以它为基础，包括美国幼儿教育协会支持的机构和项目。除了美国将其作为标准以外，许多南半球的国际非政府组织也用它来指导工作。②

但发展适宜性实践起源于美国，它是为美国国内的市场服务的。他们假设（有实证依据）员工培训程度低，水平一般（甚至差），适宜性实践的培训能提升实践。因为实践者可能不知道有关基础知识，文件就直接指出各年龄阶段儿童最适合的一般活动以及实践者应该做什么来促进这些活动的开展。虽然第三版包含了对美国早期教育政策背景的简短介绍，但是没有涉及任何美国以外的背景，也根本没有评论它以赢利为目的市场本性。美国幼儿教育协会的网页上是这样总结发展适宜性实践的。

知识指导决策。知识可概括为 12 个发展原则。

1. 发展和学习的所有领域——身体、社会性和情感、认知很重要且密切相关。儿童在一个领域的发展和学习与其他领域相互影响。

2. 儿童的学习和发展以已掌握的能力、技巧和知识为基础，儿童学习和发展的许多方面都遵循一定的顺序。

3. 不同儿童其发展和学习的速度不同，不同地区的儿童其个体成长也是有差异的。

4. 生理成熟和经验之间动态、持久的互动引发了儿童的学习和

---

① Bredekamp, S. and Copple, C. (eds) (1997) *Developmentally Appropriate Practice in Early Childhood Programs*. Washington, DC: National Association for the Education of Young Children. 此文件影响深远，2009 年发布了第三版.

② 如世界银行的早期教育项目就是依据此文件.

发展。

5. 早期经验对儿童发展和学习有深远的累积性、延迟性影响，存在某些学习和发展的关键期。

6. 儿童发展的复杂性、自我调节性和象征性或代表性逐步提高。

7. 当儿童与敏感的成人建立安全持续的关系、与同伴建立积极的关系时，儿童发展得最好。

8. 儿童的学习与发展发生在复杂的社会文化背景之下，受到多种社会文化背景的影响。

9. 儿童的思维活跃，总是在探寻他们周围的世界；儿童的学习方式是多种多样的，丰富多样的教学策略和互动是支持儿童学习的有效方式。

10. 游戏是发展儿童自我调节、语言认知和社会能力的一种重要媒介。

11. 当儿童努力超越现有的知识和水平、有较多机会来练习新掌握的技巧时，儿童就是在学习和发展。

12. 儿童的经验造就了他们的学习动机和学习风格，如持久性、主动性和灵活性；反过来，这些气质和行为也影响着他们的学习和发展。

儿童学习发展的目标必须兼具挑战性和可行性，优质的教学必定有目标。好的教师能把发展适宜性实践框架转化为儿童的高质量的经验，他们靠的是如下方式。

1. 创建一个充满爱心的学习共同体。

2. 通过教学来促进儿童学习与发展。

3. 规划课程以实现重要的目标。

4. 评估儿童的学习与发展。

5. 建立与家庭的互惠关系。

发展适宜性实践就像其他的实践指南一样，广泛借鉴了儿童学习发展的假设。首先，儿童的需求、喜好和能力随年龄而变化：一个 6 个月大的婴儿只能玩某些物体；一个 18 个月大的儿童可以操作不同物体并理解不同的指令；一个 36 个月大的儿童又会有不同的能力和理解。儿童的学习与年龄密切相关，这也是儿童学习的一个基本原则。有关质量的规定已经认可了基于年龄开展学习的重要性。

其次，儿童虽然同处一室，但他们基本上是作为独立的个体进行学习的。所以，发展适宜性学习的第二个基本原则是为个体创设学习机会。不仅个体性（individuality）非常重要，个体拥有、使用、消费特定的物品也是必不可少的。如果一个儿童想得到某样东西，竞争性的推搡行为反而是个性的重要方面，而未必是不适宜的（可能其他文化中不尽然）。个体性体现在选择上，因为东西往往是不够的，儿童必须采取策略得到他们想要的东西。即使偶尔有一些不愉快的行为，但"我第一"也被认为是合理的。占有和攻击在某种程度上被认为是很自然的，实际上二者被誉为"充满竞争的商业世界的特性"。从个体性的观念出发，合作和分享活动是非自然的、违背人性的。之所以还要学习合作、共享，是因为"学会分享"太困难了。人类学家罗伯特·莱文强烈地表达了以下观点。

美国的婴儿——和非洲同龄婴儿不一样——拥有大量的、一人独有的财富，且财富的种类随着年龄的增加而增加。这些财富允许婴儿从幼年起在自己所处的物质环境中体验自我的界限……从婴儿期起，成人鼓励儿童描述自己最喜爱和不喜爱的玩具和食物的特征；人们认为个体性是一个独立个体最珍贵的品质，儿童的喜爱、厌恶和消费偏好不仅是合理的，而且是个体性发展的一个必要方面。①

因为个体性与一个人拥有什么以及怎样选择紧密相关，一个资源丰富的环境最能促进儿童的学习（即儿童可以玩大量玩具，即使这些玩具大部分是由花哨的人造塑料做的）。所有权是神圣不可侵犯的。在某种意义上，幼儿园就是一个战场，儿童、照看者或教师必须承认并协调"自然的""个体的"竞争的欲望与共同分享、学习的集体目标之间的关系。

发展适宜性实践的第三个基本原则是成人在儿童学习和行为中发挥关键作用。成人扮演着一个有感情的、无微不至的照看者的角色。成人通过表扬、肯定以及把儿童特定行为用语言表达出来等适宜的干预方式来调控儿童的学习。实践者必须有"目的"，他们必须明确所要达到的目标，掌控儿童的学习过程。相反，过程中"儿童"意味着成人既要刺激儿童，也要保护儿童，使其成为完整的人。在漫长教化和发展过程之初，儿童只是一个无能的半生物。②

人们对发展适宜性实践有诸多批判一点也不奇怪，其初衷是为了把"特别差的实践"提升为"尚可忍受的实践"。这些实践的论点其实代表了早期教育实践者的共识。但无论它多么用心良苦，逻辑严密，人们还是认为它过于简单且对文化不敏感（culturally insensitive）。发展适宜性实践提供了公式化的解决方案。③ 更糟糕的是，它依据的是"科学的"心理学，它的应用似乎对儿童之后的发展结果没有直接影响。小有名气的雷米和霍恩（Sharon Ramey and M. Lee Van Horn）跟踪研究了参加开端计划的幼儿园和实施发展

① LeVine, R. (2003) *Childhood Socialization: Comparative Studies of Parenting, Learning and Educational Change*. Hong Kong: Comparative Education Research Centre, University of Hong Kong, p. 95.

② 早期照料与教育工作者多来自学校学习不良的妇女劳动力市场，对她们而言，儿童照料是一件"自然"的事情；但是，这些自认毫无权力的工作者从控制儿童中获得格外的满足感，参见：Vincent, C. and Braun, A. (2010) 'And hairdressers are quite seedy…the moral worth of childcare training.' *Contemporary Issues in Early Childhood*.

③ Hatch, A., Bowman, B., Jor'dan, J., Morgan, C., Diaz Solo, L., Lubeck, S. and Hyson, M. (2002) 'Developmentally appropriate practice: Continuing the dialogue.' *Contemporary Issues in Early Childhood* 3 (3): 439-457.

适宜性项目的幼儿园中的儿童，结果发现这两个项目中 6—8 岁儿童和他们的同龄人之间不存在差异。[1]

发展适宜性实践被认为是旨在提升实践的指南中最好的、最广为人知的，但是它是美国的而不是欧洲的，尽管二者有重叠。许多国家好的实践框架和指南因背景、内容不同可能存在差异，但却推动了人们在关爱儿童、实现个体性与合作的平衡的正确方法上达成共识。例如，在比利时佛兰德斯工作的费雷·列维斯（Ferre Laevers）已计划把《勒芬投入度等级量表》（Leuven Involvement Scale）纳入有效早期学习项目的一部分，该量表也在英国广泛应用。[2] 它是一个以深度学习概念为基础的 5 级评分量表，用来测量儿童的情感健康和参与度。它强调过程导向——可能是因为佛兰德斯所有面向 3 岁及 3 岁以上儿童的机构都是公立的，在国家层面解决了结构问题。列维斯提出了教师的十大行动要点，强调了提升儿童幸福感和参与度的举措。

1. 重新布置教室区角，使其更具吸引力。
2. 检查区角和相应的材料，及时替换儿童不感兴趣的材料。
3. 引入新颖的、非常规的材料和活动。
4. 观察儿童，发现儿童兴趣，依据儿童的兴趣开展活动。
5. 通过丰富的刺激和干预措施支持儿童正在进行的活动。
6. 建立合理的规则和共识支持儿童自主、自发、自由地活动。
7. 改善儿童之间的关系。
8. 引入能促进儿童探索世界的行为、情感和价值观的活动。
9. 发现有情绪问题的儿童，并制定持续的干预措施。

---

[1] Van Horn, M. L. and Ramey, S. R. (2003) 'The effects of developmentally appropriate practices on academic outcomes among former Head Start students and classmates grades 1-3.' *American Educational Research Journal* 40 (4): 961-990.

[2] Pascal, E. and Bertram, T. (1995) 'Involvement and the Effective Early Learning Project: A collaborative venture.' In F. Laevers (ed.) *An Exploration of the Concept of 'Involvement' as an Indicator of the Quality of Early Childhood Education.* CIDREE Report vol. 10. Dundee: Consortium of Institutions for Development and Research in Education in Europe (CIDREE), pp. 25-28.

10. 发现儿童的发展需要并制定干预措施使儿童卷入该领域。[1]

相对简单的建议其实更具实践意义。遵循这些建议可能会让你做得更好。与其说该文件提出了关于课堂关系的新见解，不如说它更多地强调系统原本的刚度。它暗示教师掌握所有技巧。但从本质上说，它也是基于一个假设——存在一个关于教和学的魔术公式。

许多像高瞻课程这样的魔术公式和畅销书都声称其成果是从公平客观且有普适标准的应用中提炼出来的。发展适宜性实践也提供了最强有力的声明，即一些无可争议的儿童发展科学研究成果适用于所有学前儿童——无论儿童的经济状况如何，身处何处，系统地应用这些研究结果能够确保质量。实践者只需要把握儿童的年龄和阶段以及其他科学建议，就能做好自己的工作。

文化和背景

儿童发展"科学"当然是一种幻觉。尽管国与国之间有所不同，目前在儿童发展方面存在某些达成共识的一般知识，但这并不等同于存在一个系统、连贯的且能够预测儿童发展结果的知识体系。人们可能认为儿童在身体发展上有更多共同点，但事实并非如此！优秀的早期教育实践指南最为严重的纰漏之一，就是儿童发展研究一直低估了背景和文化因素。[2] 我在第十章详细讨论了这点。

第十章提及的一位非洲教育家就认为，盎格鲁－欧洲人关于童年的观念是自我放纵的。她受非洲"互惠"（Ubuntu）一词启发，即人性包括共同生活的普遍义务。她认为儿童，即使小小孩也对长辈负有责任，就像我们对儿童负有责任一样。当我和同事特丽莎·梅纳德访谈她的时候，她向我们提出了一个问题：是否我们对儿童期望太低，是否以放弃他人的利益为代价纵容

---

① OECD (2004) *Starting Strong: Curricula and Pedagogies in Early Childhood Education and Care. Five Curriculum Outlines*. Workshop Report. Paris: OECD, p. 6.

② www.aaacig.org/.

儿童的自私和利己?① 儿童在行为举止上的差异根源于他们所属的群体和社会的差异，但是现有文献没有重视、承认这些深层差异。碎片化和多变的文化和背景向我们提出了深刻挑战。

《联合国儿童权利公约》提出了另一种儿童观。这一国际性儿童权利定义引发了大量社会学、历史学和法学研究，向以未来为导向的儿童观提出了挑战，改变了以年龄为关键变量来理解儿童的做法。现在比未来更重要，儿童活在现在而不是他们几乎无法理解的、遥远的未来，他们现在的舒适和困境才是需要解决的问题。从这个角度来看，我们应该认可儿童的能力，他们在积极、巧妙地建构周围世界。感情的强度和关系的深度对成年人和儿童同样重要。从《联合国儿童权利公约》的角度来看，儿童应该尽可能有机会直接表达自己。然而，在紧随其后的许多学科的学术研究当中，有相当多的学术论文、研究方法类的书籍等都没有体现这点，甚至在美国幼儿教育协会的文件中也未提到。

后现代视角

对普遍性和质量观念最为持久的批判来自后现代主义。在早期教育和保育工作的后现代批评家反对普遍主义和实证主义的"宏大叙事"，反对"科学很快就能解决一切"的观点。关于质量要素的研究也没有像它看起来那样确凿。从后现代主义的角度来看，专家过于简单化地凭借研究来建议实践者如何与儿童互动。专家的可信度来自"话语权""主导范式"或"真理政权"，源于那些强大、显见以至于无法反驳的观点。但是，过于规范的建议有力地剥夺了实践者批判的可能性以及他们的思考分析，反过来，实践者又使班里的儿童不得不适应社会期待和规则的控制，这造成儿童士气低落。实践者的唯一角色是"技术人员"——他们的工作是执行专家定义的实践，儿

---

① Penn，H. and Maynard，T.（2010）*Siyabonana*：*We All See Each Other. Building Better Childhoods in South Africa*. Edinburgh：Children in Scotland.

童是被操纵的小演员。

后现代主义者指出（尽管通常不点名或指出他们的工作），专家未能充分认可复杂性、多样性、模糊性和不确定性。后现代世界不是一个舒适区，后现代主义学者在出发点就感到深深的不安。显而易见的想法和问题都需要"问题化"（problematized），以呈现它们是如何利用话语权的。后现代主义者最经常引用的学者是法国哲学家米歇尔·福柯（他创造了"真理政权"一词）、吉勒·德勒兹（另一位法国哲学家）和费利克斯·瓜塔里（法国精神分析学家）。他们认为人与人之间的所有遭遇都是非常易变的、永不相同的。承认这种极端的流动性或"异常"必须是任何关于关系的工作和研究的起点。

早期教育领域的后现代主义学者强调儿童想法优先的重要性。他们强调儿童的"意义建构"以及当儿童自己发起活动时所产生的"多种可能性"，没有来自教师压迫性的干预——教师有意识地按照自己的理解和意愿塑造儿童，对儿童施加影响。瑞吉欧·艾米利亚市幼儿园的教育哲学——儿童的100种语言通常被视为后现代主义典范，虽然瑞吉欧模式在几个世纪以来一直稳定地运行着。给予儿童自主性成为一个范式，一种幼儿园的隐喻；它成为培养新型公民、"民主空间"的一种方式，新型的"民主实践"在这里得到加强。①

但是自相矛盾的是，对儿童意义构建和主动性的强调却忽视了儿童发现自我的背景因素。我在本书中一再强调，当儿童由他人照料时，早期教育和保育服务的政策依据和结构对其日常生活有着重要影响。对许多后现代主义学者来说，实际上甚至是对许多早期教育从业者来说，这无关紧要。实践本身就是变化的，这也就是变化过程发生的地方，也是我们应该关注的地方。源于法国哲学家埃马纽埃尔·勒维纳斯（Emmanuel Levinas）的后现代主义术语"交往伦理"（ethics of the encounter）常常被用来描述成人有责任在与

---

① Dahlberg, G., Moss, P. and Pence, A. (1999) *Beyond Quality in Early Childhood Education and Care*. London: Routledge. *Contesting Early Childhood* 系列中的一本，该系列图书很好地呈现了后现代主义早期教育观.

他人交往时表现得善解人意。①

　　我明显赞同一些后现代主义者的早期教育主张。我们理解和解释儿童需求和能力的许多方式是存在问题的。但是无论它多么富含道理，后现代主义反过来变成了一个充斥着行业术语的宗教信仰（a jargon ridden cult），或者像诺姆·乔姆斯基（Noam Chomsky）描述的那样"夸夸其谈"。他写道："当我读后结构主义和后现代主义主题的论述时，我的双眼是呆滞无神的。"② 不单单是他一个人在愤怒！这里集中摘录了一个后现代分析的公开报告，这个报告介绍、分析了加拿大一个早期教育项目对结果的测量。

　　　　借用德勒兹和瓜塔里的概念（Deleuze and Guattari，1987）来分析，早期教育学科正变得越来越像根茎植物而不是乔木（more rhizomatic than arborescent）。我把乔木比作学科社团，把根茎植物比作控制社团。遵循德勒兹和瓜塔里的植物学比喻，乔木是像一棵树一样运转，所有树枝都从主干生发开来。学科也是以这样的方式发展——所有的动作（分支）都会回到学科本身（根）。我们可以在因空间和任务而个性化、非标准化发展的学科中看到这一点：无论是他们的测试成绩还是某一年龄的读写能力，他们所做的每件事情都会在一定程度上重新回到学科本身。根茎植物就像草一样，草叶没有通向主根而向四面八方生长……乔木的权力是区域化的，权力集中于正式的科层制度，如规定早期教育主体行为的联邦政府和教育部。根茎植物则是非区域化的，通过知识和信息流进行控制。③

　　婴儿已经被连同洗澡水一起倒掉，婴儿就是科学——系统的调查、描述

---

①　Hutchens，B.（2004）*Levinas：A Guide for the Perplexed*. London：Continuum.

②　Chomsky，N.（1995）'Rationality/science.' *Z Papers Special Issue*. 参见：www. chomsky. info/articles/1995——02. htm.

③　Ruffalo，D.（2009）'Queering child/hood policies：Canadian examples and perspectives.' *Contemporary Issues in Early Childhood* 10（3）：291–300.

和比较（和一个可能增加语言清晰度的方法）。① 科学不可能"垄断真理"，但是某些立场要比其他立场合理得多。即使采取这种或那种课程的决定只是暂时的，理性的讨论即通过严格审查和避免不必要的专业术语梳理出立场的不一致，是比较、调和或列出可替代方案的唯一方式。人们必须时时刻刻做出决定。如果不是基于关键的推理和实证的结论，如何做出决定？正如哲学家阿马特亚·森（Amartya Sen）所言，我们需要有能力"沟通、回应和争论"②。后现代主义有关早期教育的一些独特理解和主张实在是太模糊，用来描述这些主张的语言同样如此。第十一章在讨论质量如何评价以及什么更有效时会再次讨论这一点。

优质实践

如果指导实践的指南不太好或者指南本身的观点遭到怀疑，那么接下来早期教育工作者应该做什么呢？

在第六章关于培训的部分，我指出所有研究尽管存在局限性，但都表明当从业者训练有素时，儿童得到的入学准备质量最高。至少对于 3 岁以上的儿童来说，如果从业者接受过教师岗位培训，结果似乎更好——正是这部分人促进了儿童学习。通识教育使人们能够处理抽象的概念和问题；职业培训通常更为基础和说教，只是教会人们遵循规则。我的早餐谈话是一个经验——如果没有提问、扩展概念以及游戏，儿童所获甚少。磨坊需要谷物。学者丽莲·凯茨（Lilian Katz）在她《教学机智》（*Intellectual Emergencies*）一书中论述了需要教学机智的情况，她赞赏教师识别儿童不断抛出挑战的能力以及他们的处理机智。③

另一种教学或教育学观点是，儿童也应该有机会遇到有趣的人——有独

---

① 这在植物学中也是错误的.

② Sen, A. (2009) *The Idea of Justice*. London：Allen Lane, p. 415.

③ Katz, L. and Katz, S. (2009) *Intellectual Emergencies：Some Reflections on Mothering and Teaching*. Lewisville, NC：Kaplan Early Learning Company.

立的技巧和兴趣，比如舞者、画家、歌手、摄影师、诗人、木匠、刺绣工或园丁等拥有独特本领的人。儿童需要接触真实的人而非那些不重要的东西来对真的技巧产生印象，需要和成年人一起工作和生活。正如前面的章节中提到的，这是丹麦教育培训背后的理念①，是瑞吉欧·艾米利亚幼儿园的专业艺术教师②，或苏格兰儿童的小册子《画作》（*Picture This*）中的常驻艺术家③。

当知识被看作需要传递的东西——或在较为艰苦的条件下，教学被珍视为一种业绩。从捕捉观众注意力的意义上来说，我曾见过的一些最好的教学是在中国南京的一所幼儿园。教师实施的是高度预设的课程，该课程预先规定了儿童的学习结果是儿童能够重复课程中的某些句子。教师就像一个出色的演员，用事先写好的台词表演一个故事。教师就像电影明星，这在一定程度上表达了我们关于榜样的看法：某些人的行为是如此特别以至于我们想去模仿它。这位中国教师并不是独一无二的——我遇到许多像她一样的教师，想必这是他们受过培训的一种表现。但如果我们把知识看作共同参与和构建的，教师需要具备的能力将有所不同。积极而有创造性地寻找主题、项目以及资源，只是完成了工作的一半。另一半是与儿童建立联系，能倾听儿童，帮助儿童表达自己的想法，拓展儿童的理解。

同心协力

每个人都要与时俱进，利用当代资源，从芝麻街等节目或电脑游戏来了解当代文化，即使是儿童也不能免除流行偶像或体育明星的影响。我孙女把

---

① Petrie, P., Boddy, J., Cameron, C., Heptinstall, E., McQuail S., Simon, A. and Wigfall, V. (2009) *Pedagogy：A Holistic, Personal Approach to Work with Children and Young People across Services*. London：TCRU Briefing Paper.

② Vecchi, V. (2010) *Art and Creativity in Reggio Emilia：Exploring the Role and Potential of Ateliers in Early Childhood Education*. London：Routledge.

③ Children in Scotland (2010) *Picture This：Celebrating Children and the Arts*. Edinburgh：Children in Scotland.

她粉红色的流行偶像杂志和阅读计划书一起塞进书包。尽管有"粉红色臭臭活动"（Pinkstinks）[1]，她的老师不会无情地忽视她最喜爱的偶像。特别是当有人不认同时，儿童还会存在多少兴趣、创新和尝试的自由呢？教师不仅是表演者，还是共情者、安慰者、互惠的思想者——这一要求很高，尤其对低收入和低技能的教师——保育和教育人员还应该是儿童道德发展的指引者。实现这一点，困难在于儿童都与他们所处的家庭环境有着千丝万缕的联系。对许多儿童来说，这是一个不同于他们制度化生活的世界。幼儿园和学校有意无意地为儿童提供了完全不同的经验，这些不同的世界能否以及如何调和尚未有答案。大多数早期教育与保育服务的目的是服务家长和家庭，尽管在这方面已经做了很多，也做得很好，但用后现代主义的话语来说，这些目标仍未被"问题化"[2]。第十二章我会简要讨论这一点。

---

[1]　www. pinkstinks. co. uk.

[2]　如家庭和育儿研究中心（the Family and Parenting Institate）有一些关于家长工作的非常实用的材料和研究报告，详见：www. earlyhomelearning. org. uk／practitioners.

第十章
输出质量

> 　　我们生活在一个全球化的世界。这意味着无论我们是否愿意，我们都是相互依赖的。无论我们做不做那些影响他人生活的事情（尽管我们与他人隔着千山万水），无论身在远方的人做不做影响我们生活环境的事情（每个人既独立又相互依赖），在一个全球化的世界生活，意味着我们要意识到那些我们永远不会遇见的、不计其数的人们的苦难和穷困……在我们见到的苦难和我们帮助受苦者的能力之间存在极大差距。[①]

　　本章探讨知识传播的观点。有关早期教育质量的观念和实践怎样从世界的一个地方传播到另一个地方？又会向哪个方向传播？这个问题我们无法回避，且已在本书其他章节出现过，例如在第九章有关文化和背景的讨论中。我对它特别感兴趣，是因为我曾在一些贫穷国家工作过；齐格蒙特·鲍曼（Zygmunt Bauman）所说的差距正是我曾经历过的。当各种资源极为匮乏时，什么构成了质量？质量是为了世界上大多数儿童吗？当这些国家的儿童养育观念和富裕国家的童年观不同时，什么构成了质量？

　　联合国教科文组织 2007 年的全球监测报告针对贫穷国家早期教育和保育

---

① Bauman，Z.（1995）*Life in Fragments*：*Essays on Postmodern Morality*. Oxford：Blackwell，p. 287.

问题进行了很好的概述。① 该报告提议那些关心世界范围内儿童生存状况的人阅读。该报告提供了各种主题的数据，包括政策的出台、应用和数据采集等。只有像联合国教科文组织这样拥有国际资源、在多个国家有办事处的机构，才能够提供这种水准的信息且每年更新。在此，我转载了一些里面的信息。② 本章从根本上认为，虽然联合国做了这些工作，但贫穷国家对保障早期儿童教育和保育时质量的认识存在偏差。

输出不平等

许多富裕或发达国家——英国和美国是两个主要的例子——在贫富之间的不平等意味着在实践中，无论政府关于机会均等的言辞多么慷慨激昂，儿童的生存机会还是完全不同。但相对于贫穷国家如非洲和南亚很大一部分地区的儿童，欧洲和北美洲的儿童之间生存机会的差异变得微不足道。尤其是关于儿童权利的辩论必然意味着在宏观层面上对公平问题的思考：儿童的权利是关于所有儿童的权利，否则意义不大。③

许多作家、哲学家、伦理学家、人口统计学家甚至经济学家都已就不平等的危险性向人们发出警告。帮助比我们更不幸的人不仅仅是我们的道德责任，更是一个现实的问题，因为穷人所受的伤害很可能在富人身上体现。有图书和文章表明，从富人资源尤其是人力资源的浪费角度来看，偏袒富人的不平等社会根本就不划算。人口学家理查德·威尔金森和凯特·皮克特（Richard Wilkinson and Kate Pickett）在《精神层面：为什么更平等的社会总是做得更好》（*The Spirit Level：Why More Equal Societies Almost Always do Better*）一书中，认为在不平等社会中，穷人身心健康状况更糟糕，从长远来

---

① Unesco（2007）*Strong Foundations：Early Childhood Education and Care. EFA Global Monitoring Report 2007*. Paris. Unesco. 参见：http：//unesdoc. unesco. org/images/0014/001477/147794E. pdf.

② 部分数据来自 ISCED 数据库，它们对早期教育的定义排除了许多类型的早期教育项目. 第十一章对数据收集有进一步讨论.

③ Overseas Development Institute（ODI）（2009）*Raising the Game：Mainstreaming Child Rights*. ODI Briefing Paper 56. London：ODI，November.

看，这意味着国家的预算支出更多。① 穷人更容易不满和怨恨，这意味着更多的公共骚乱——更多的犯罪、酗酒和毒品导致更高的警务和监狱成本。穷人往往接受糟糕的教育，没能学习最基本的读写算技能。相比之下，经济上最成功的社会——相对于个人，是最平等的。社会的犯罪成本更低，健康状况更好，且社会教育系统的成果更好——不需要一直遵过质量保证机制和结果测量来确定谁失败了。经济合作与发展组织的报告《不断增长的不平等：OECD 国家的收入分配和贫困》（*Growing Unequal：Income Distribution and Poverty in OECD Countries*），针对世界上最富裕国家中的不平等问题，清楚地表明了类似的立场。② 联合国教科文组织全民教育监测报告《消除不平等：治理缘何重要》（*Over Coming Inequality：Why Governance Matters*）全面考虑了不平等及其对教育绩效的影响，并且得出贫穷国家中的不平等更具破坏性的结论。③

就像在第三章讨论的那样，新自由主义经济学家提出了一个强有力的相反论点，即个人成功驱动国家和世界经济发展，社会上的工作主要支持成功人士。从经济的视角来看，穷人只能责备自己不成功，无论富人的财富是怎样产生，他们都有权保有财富。这种观点通常被英语发达国家接受，尤其美国、英国、澳大利亚和加拿大是最能容忍不平等的国家。这些国家最可能持有如下观点：个人的成功、创新精神和竞争是社会的最高目标，底层人民要么异常努力提升自己，要么忍受自己懒惰、贫穷和缺乏抱负的后果。④ 因此，解决不平等问题并不是这些国家最优先考虑的问题，贫穷是不幸的而不是不公正的。

曾描述过富裕国家物质分配不公的人类学家丹尼·多林（Danny Dorling）

---

① Wilkinson，R. and Pickett，K.（2009）*The Spirit Level：Why More Equal Societies Almost Always Do Better*. London：Allen Lane.

② OECD（2008）*Growing Unequal? Income Distribution and Poverty in OECD Countries*. Paris. OECD.

③ Unesco（2009）*Overcoming Inequality：Why Governance Matters. EFA Global Monitoring Report*. Paris Unesco.

④ 如美国有非常严厉的惩罚性法律体系：监禁比例特别高，2%的囚犯被完全隔离禁闭，这被描述为"疯狂惩罚". 加利福尼亚大学心理学教授赫尼（Craig Haney）提交给美国监狱安全与虐待委员会（Commission on Safety and Abuse in American Prisons）的报告中指出，现在美国的法律体系常常在"庆贺和要求"而非"悔过或容忍"官方的残忍行为.

非常反对新自由主义者对创业和竞争的观点。他界定了 5 种信念体系：精英主义是有效的；排斥是必要的；排斥是自然的；贪婪是好的；绝望是不可避免的。那些繁荣背后的不公正、不平等，一定是自然的、正常的、先天的和不可避免的，这些信念体系仅仅是维持那些使极度不平等永存的不公正的系统。①

不幸的是，有时早期教育和保育是作为针对不平等问题的一种灵丹妙药被人们提出的。经济学家告诉我们，投资早期教育能带来一定的回报。有过高质量的早期教育经历的儿童将来更有出息，不太可能犯罪或成为国家的负担。正如我已经指出的，虽然表面上看起来，这是早期教育服务一个很好的卖点，但这种奇怪说法的背后有多种原因。② 然而，忽略这一说法的主要原因，是经济学家们认为早期干预的长期盈利并未消除不公平、不平等或一些儿童的艰难生活；相反，作为良心上的安慰，他们假定在一个不平等的竞争社会，给一些儿童提供早期教育经验将会使他们更好地参与竞争。世界银行甚至提供了一个量身定制的经济计算器，以便各国估算他们投资早期教育方面的回报。③

如果不公平是发达国家的一个问题，那在世界其他地区更是如此。贫富国家之间不平等的差异是压倒性的，富裕的国家主要是欧洲白人和他们的后裔，贫穷国家的人口多非白人。世界上最贫穷的一些国家也存在上层超级富豪和最底层的穷人之间的极度不平等。南非和其他许多非洲南部国家以及大部分南美国家便是如此。当白人殖民主义者霸占最富饶的土地、掌握最有价值的矿产资源——石油、黄金、钻石和贵金属时，不平等在一定程度上成为殖民主义的遗产。

"在追求经济发展时要忍受不平等"这一观念是广泛输出到南半球的观

---

① Dorling, D. (2010) *Injustice：Why Social Inequality Persists*. Bristol：Policy Press.

② Penn, H. (2010) 'Shaping the future：How human capital arguments about investment in early childhood are being (mis) used in poor countries.' In N. Yelland (ed.) *Contemporary Perspectives on Early Childhood Education*. Maidenhead：Open University Press, pp. 49–65.

③ 世界银行网站早期教育计算器提供了分析早期教育经济效益的框架——把早期教育投入视为一种投资. 它还有助于汇总所有关于早期教育有效性的信息，形成早期教育的一致政策. 然而，在写作本书时，早期教育计算器下线了.

念之一，儿童受它的影响最为严重。儿童并不能决定他们出生在什么样的家庭和社区，但家庭和社区情况却深刻地影响着他们的生活方式，甚至他们是否能够生存。最近有各种各样的国际项目试图促进所谓的社会保护——确保各种各样的国际援助政策考虑对最贫困的儿童和家庭的影响。① 也有一些项目更突出儿童权利，关注极度脆弱的儿童。② 但只在政策和策略方面扶贫是不够的——这也是一种破坏性的不平等。在利益平等方面，过多的财富也需要得到遏制，但这却是我们很少讨论的。

儿童在不平等和长期贫困面前脆弱不堪，且他们无法靠自身努力去承受这一切。每年有数百万5岁以下的儿童死亡。更引人注目的是，每天都有成千上万的儿童意外死亡（die unnecessarily）。人们普遍估计每年有900万—1000万5岁以下儿童死亡——每天约有27000名儿童死亡。③ 每年死亡人数在900万和1000万之间，这100万左右的差异是因为在一些地方，儿童的出生和死亡微不足道，以至于连记录都没有。在印度，每年有200万儿童死亡。除了高死亡率，目前在北半球大约60%的儿童被剥夺了获取每日生活必需品的基本权利。他们缺少水、卫生设施、食品、卫生保健服务、教育和基本住房。④

输出早期儿童服务

如果这么多儿童缺乏基本设施，发展儿童早期服务有何意义？其中一个原因（除了似是而非的人力资本的观点），就是它们可以为最弱势群体提供集中的社会保护。下面讨论印度规模较大的儿童发展综合服务计划

---

① Department for International Development（DFID）and others（2009）*Advancing Child-Sensitive Social Protection*. Joint statement from the Department for International Development, HelpAge International, Hope & Homes for Children, Institute of Development Studies, International Labour Organization, Overseas Development Institute, Save the Children UK, United Nations Children's Fund（Unicef）, United Nations Development Programme（UNDP）and the World Bank.

② Overseas Development Institute, *Raising the Game*.

③ Save the Children UK（2009）*India Report*, 2009. London：Save the Children UK.

④ Gordon, D., Nandy, S., Pantazis, C., Pemberton, S. and Townsend, P.（2003）*Child Poverty in the Developing World*. Bristol：Policy Press.

（Integrated Child Development，ICD）。像其他国家的许多项目一样，这是一个针对穷苦民众的项目。早期教育服务的另外一个依据是，早期教育能够帮助儿童做好入学准备——虽然在许多国家，小学教育也很有问题。联合国教科文组织将早期教育列入全民教育目标清单的主要理由有两个：帮助穷人和弱势群体；改善入学准备。全民教育的首要目标是呼吁各国拓展和完善综合性早期儿童教育和保育，尤其是针对弱势群体的早期儿童教育和保育。一年一度有关全民教育的全球监测报告 2007 年讨论了早期教育和保育。① 然而，该报告同样指出实现这一目标很复杂，未来我们还有漫长的路要走。

> 各国国内有很大差距。与那些来自富裕家庭和城市家庭的儿童相比，有一些突出的例子证明，来自贫困和农村家庭以及被社会排除在外（例如没有出生证明）的儿童获得早期教育和保育的机会明显更少。
>
> 最有可能从早期教育和保育项目获益的儿童——那些营养不良、患有可预防疾病的儿童——最不可能入学。
>
> 发展中国家的早期教育和保育人员通常接受较少的教育和学前教育方面的培训，报酬低。
>
> 财政投入并没有优先考虑学前教育。公立和私立幼儿园的混合、数据的缺乏使得计算全国学前教育费用变得困难……
>
> 对大多数捐赠机构来说，早期教育和保育并不是一个优先选择。给学前教育捐赠的经费几乎是小学的 10%，其中超过一半甚至少于 2%。②

然而，世界上非常贫穷的两个国家——古巴和蒙古都有着良好的早期教育政策。从人均年收入看，这两个国家的排名都接近联合国人类发展指数的

---

① Unesco, *Strong Foundations. EFA Global Monitoring Report* 2007.

② Unesco, *Strong Foundations. EFA Global Monitoring Report* 2007.

底线，尽管如此，这两个国家（蒙古到 20 世纪 90 年代时）识字率已经超过
98%，儿童死亡率较低。迄今为止，古巴所有的标准化教育测验结果要超过
其他南美国家。异常贫穷的儿童、农村儿童可能和城市儿童一样拥有良好的
教育和健康状况。① 马丁·卡诺伊（Martin Carnoy）开展了一项关于巴西、智
利和古巴 3 地学校教育的比较研究。他指出，与其他两个国家不同，来自古
巴低收入家庭的儿童被确认其童年并没有经历饥饿、颠沛流离或种族隔离。
他认为存在一种不言而喻的约定——很多家庭认为并相信国家有能力为所有
人提供高质量的教育，这很重要。家庭支持学校教育，所有年龄阶段的儿童
反过来又表现出高水平的自律与合作行为。②

　　蒙古同样有良好的记录。尽管很穷，但是它在教育方面的投入却很高。
它的表现优于其他亚洲国家。它也为农村地区的儿童提供了良好的教育——
在一个偏远的游牧社会，这是一个非凡的壮举。③ 登伯里尔（Dernberel）描
述了一个在 1926 年识字率只有 1%的偏远游牧民族是怎样在 20 世纪 60 年代
变成一个全民识字的社会的。和古巴一样，教育体系是鼓舞和凝聚人们革命
性努力的一部分。

　　　　游牧民族非常尊重自己的民族和传统，同时他们的文化孕育了
　　强烈的集体责任感。这两个因素——尊重传统的生活方式和公共责
　　任感，被国家认同并纳入教育系统，又极大地促成教育系统的成功。
　　现在的人们批评这种国家中心主义。我认为对特定时间下的特定人
　　群来说，当文化和教育非常落后时，这不失为一个有益于国家福祉
　　和人民权利的人道主义政策。④

---

① Gasperini, L. (2000) *The Cuban Education System：Lessons and Dilemmas.* Washington, DC：World Bank Country Studies：Education Reform and Management Publication Studies, vol. 1 (5).

② Carnoy, M. (2007) *Cuba's Academic Advantage：Why Students in Cuba Do Better in Schools.* Stanford, CA：Stanford University Press, p. 156.

③ Steiner Khamsi, G. and Stolpe, I. (2006) *Educational Import：Local Encounters of Global Forces in Mongolia.* New York：Palgrave Macmillan.

④ Demberel and Penn, H. (2006) 'Education and pastoralism in Mongolia.' In C. Dyer (ed.) *The Education of Nomadic Peoples：Current Issues, Future Prospects.* Oxford：Berghahn, pp. 193-211.

蒙古和古巴的幼儿园系统均发展良好，含有对大多数农村偏远社区的延伸服务。他们的体系有清晰的政策且政策充分融入教育系统，满足了第五章讨论的课程和培训目标。他们的体系用（极）低的资源成本在所有公民的教育上取得了良好的成果。因此，联合国教科文组织针对贫困国家提出的教育目标是可实现的，即使到目前为止，实现这一目标的还只是一些非常特殊的国家。

还有一个支持早期教育政策的原因可能被联合国教科文组织和其他国际非政府组织忽视了。几乎每个国家的每个城市都已经有一些由小企业家创办的幼儿园。在顶端，这迎合了有高期待的中产阶级，并形成一个同样蓬勃发展的私立教育系统。这些幼儿园和北半球的标准基本一致——有卫生设施、自来水、用栅栏围起来的设施齐全的游戏空间，以及训练有素的、践行某种类型课程的员工。

但也有一些幼儿园是应城市贫困妇女的需求而产生的。自20世纪80年代以来，几乎在每一个国家都有大量的农村人口离开——从农村流向城市的人口激增。尽管这背后有多种原因，但无疑是大规模的人口迁移。如在南非，尽管政府试图重新安置移民，但由于迁徙人口不仅来自农村，也来自非洲南部其他地区，南非约翰内斯堡的棚户区比处于种族隔离时要大得多。正如许多研究所显示的，许多失业的移民都是带着儿童的女性，她们在找类似佣人、售货员或其他一些不需要技能的卑微的工作。她们工作的时间长，生存艰难。

来自加拿大麦克吉尔大学的乔迪·海曼（Jody Heymann）开展了许多关于棚户区职业女性的研究。她在博茨瓦纳（Botswana）的研究中发现，当妈妈在上班时，镇上约29%的儿童无人照料。正如你能想到的，这部分儿童的事故发生率比其他儿童更高。[①] 但是，一些迎合儿童需要的幼儿园比无人看护更糟糕。这些幼儿园大部分是由小型私人企业经营、由窝棚和车库改造的

---

① Heymann, S. J. (2006) *Forgotten Families：Ending the Growing Crisis Confronting Children and Working Parents in the Global Economy*. New York：Oxford University Press.

营利性机构，儿童和未经过专业训练的职工挤在设备简陋的狭小空间。这些小型商业幼儿园无法得到监管，因为它们达不到本书中的任何一项规定。

由于家长能够负担的费用微乎其微，幼儿园中没有水，没有厕所，没有户外空间，院子脏乱，未经训练的教师只能挣到微薄的工资。如此简陋的幼儿园很少受到监管，因为大多数这种服务都无法满足监管的基本要求，把这些要求强加于它们只是徒劳。除了不受监管之外，这些幼儿园也很少登记——关于它们的资料很少。最底层的儿童在家中无人看护，甚至父母都无法为他们提供最基本的安全保障措施。现实是：极度穷困的妇女，尤其是小镇棚户区和贫民窟中的移民妇女，需要格外努力地工作，如果不利用这些有质量问题的幼儿园，那么就要为了谋生和避免饥饿对儿童做出不适宜的安排。

非洲大部分幼儿园①和其他地方相当大比例的幼儿园②是由以盈利为目的的供应者出资的。质量与资源和物质环境密不可分。贫穷国家的幼儿园在这方面肯定达不到要求。那么，还有其他方式使幼儿园提供的服务概念化吗？许多贫穷国家依赖的幼儿园模式是小企业模式，该模式中最穷的人的待遇总是最糟糕的。我们还需要做很多工作来确定哪种管理模式最有效，如：合作机制是如何运行的？贫穷地区私立幼儿园的盈利意味着什么？③ 另一个可能性是我所谓的公平交易（fair trade）托儿所的概念。"公平交易"是一个流行的概念，即向本地的小生产者采购商品，价格合理，工人未被剥削，产品是当地的，是可持续的。"公平交易"也意味着有道德的消费者，关心交易产生的环境。公平交易幼儿园是有点不切实际的想法，但在贫穷国家早期教育投资往往只刺激私立的营利性市场的情况下，这可能是一个值得追求的方向，尽管有证据表明这些幼儿园可能比什么都没有更糟糕。

不平等的不良影响已经成为联合国教科文组织的报告所强调的另一个主

① ADEA（2008）Working Group on ECD：see www. adeanet. org/workgroups/en_wgecd. html.
② 联合国教科文组织的《强力开端》提供了不同国家私立机构中学前儿童的入学率，但这些数据很可能存在严重偏差，因为很多私立机构没有注册，且现有数据没有包含儿童照料服务.
③ Myers，R.（2000）'Thoughts on the role of the "private sector" in early childhood development.' Paper prepared for presentation at the year 2000 Conference on 'Early Childhood Development，Investing in Our Children's Future：From Science to Public Policy'，10-11 April. Washington，DC：World Bank.

题，该报告强调在以市场为导向的私立系统中倡导公平目标的矛盾。[1] 在斯威士兰（Swaziland）[2]、纳米比亚[3]和南非[4]的 3 个研究中，我探索了成本和质量是如何相关的。如果幼儿园完全依赖父母上交的费用，那么父母的费用越高，幼儿园用于教职工和资源方面的钱就越多。这些情况和欧洲国家相似。托费越低，可支出的费用就越少。我在研究中描述过，位于最贫穷之地的幼儿园，资源最不丰富，室内拥挤不堪，设备缺乏且不卫生；教职工未经培训或正在接受培训，收入微薄或者无收入；入学的儿童经常生病或营养不良。这些幼儿园被置于政府监管之外——很少对入学儿童进行登记，无人参观，开展的活动得不到支持也不受审查。在这种情况下，儿童早期发展（南半球的人们经常这么说）根本没有被严格监控。在极度贫困的国家和地区，早期教育服务没有财政支持，无法蓬勃发展，但是这些地区对早期教育服务的需求又非常大。最近的全民教育监测报告《抵达边缘》（*Reaching the Marginalized*）再次强调了入园机会的不平等。

> 和最富裕家庭的儿童相比，赞比亚最贫穷家庭的儿童的入园机会减少了 12 倍，在乌干达这一数字上升至 25，在埃及上升至 28。距离太远和负担不起学费是弱势家庭面临的其他困难。[5]

有一些极端的例子说明，许多社区日常生活中那些传统的、互惠互利的生活方式已经遭到破坏，对儿童进行额外保护是必要的。对儿童来说，最可怕的创伤环境，是战争和冲突的环境、难民营的环境和被艾滋病侵袭的环境。

① Unesco, *Overcoming Inequality：Why Governance Matters. EFA Global Monitoring Report*. Paris Unesco.

② Penn, H. (2005) *Unequal Childhoods：Young Children's Lives in Poor Countries*. London：Routledge.

③ Penn, H. (2008) 'Working on the impossible：Early childhood policies in Namibia.' *Childhood* 15 (3)：378-398.

④ Penn, H. and Maynard, T. (2010) *Siyabonana：We All See Each Other. Building Better Childhoods in South Africa*. Edinburgh：Children in Scotland.

⑤ Unesco (2010) *Reaching the Marginalized：EFA Global Report* 2010. Paris：Unesco. The quotation is from p. 11.

有大量文献是关于这些生存环境及在这些环境中生存的儿童的。①② 在 21 世纪，农村人口因为商业化而被迫离开家园，不仅因为白人家庭，也因为大企业集团控制了最富饶的土地，如为英国市场提供鲜花和蔬菜的津巴布韦商业农场——农场主要雇用农村的移民而不是当地失业群众，因此这个地方也是个极度混乱的地方。为了保护儿童远离农作物上常用的有害化学物质的伤害，救助儿童会（Save the Children Fund）组织了一个针对农场工人子女的早期项目。当母亲在农场工作时，这一项目为儿童提供最低限度的条件——安全的游戏空间、住所、食物和卫生设施。③

自从 2000 年全民教育目标确立以来，早期教育的供给在不断增加。在世界范围内，1999 年，有 11300 万名儿童被纳入早期教育计划，2007 年上升至14000 万名；同一时期，毛入学率（gross enrolment ratio，GER）从 33% 上升至 41%。尽管撒哈拉以南非洲、西亚和南亚基数很低，但它们的增长最为显著。亚洲中部早期教育的供应曾是合理的，但自从 20 世纪 90 年代以来，质量和数量都有所下降。④ 这些国家提供的幼儿园教育是进入小学前额外的一年教育，是那些已不能满足职业母亲需求的缺乏资源的学前班，而不是整体性幼儿园（这些幼儿园为了上层集团需求依然存在）。联合国儿童基金会因诺琴蒂研究中心关于中亚的监测报告不再包括幼儿园这一类别，现在只报告这种学前班。⑤

幼儿生活项目对来自秘鲁、埃塞俄比亚、印度安瓦尔邦（Anwar

① Lloyd, E., Penn, H., Barreau, S., Burton, V., Davis, R., Potter, S. and Sayeed, Z. (2005) 'How effective are measures taken to mitigate the direct experience of armed conflict on the psychosocial and cognitive development of children aged 0–8?' In *Research Evidence in Education Library*. London：EPPI-Centre, Social Science Research Unit, Institute of Education, University of London. See http：//eppi. ioe. ac. uk/EPPIWen/home. aspx? page =/reel/review_ groups/early_ years/review_ two. htm.

② Foster, G., Levine, C. and Williamson, J. (2007) *A Generation at Risk：The Global Impact of HIV/AIDS on Orphans and Vulnerable Children*, 2nd edn. Cambridge：Cambridge University Press.

③ Penn, H. (2001) 'Research in the Majority World.' In T. David (ed.) *Promoting Evidence Based Practice in Early Childhood Education：Research and its Implications*. Oxford：Elsevier, pp. 289–308.

④ IRC Transmonee 2008 database. Florence：Unicef/Innocenti Research Centre.

⑤ This is partly because Unicef/IRC has brought its data collection into line with OECD/Eurostat data collection, which focuses specifically on formal education systems.

Pradesh）和越南的 12000 名儿童进行跟踪调查（从童年至成年），提供了儿童对早期教育的态度和接受早期教育情况的全面数据。数据清楚表明，最贫穷的儿童获得早期教育和服务的机会最少，体验到的早期教育质量是最差的。① 即使政府为穷人提供了早期教育服务，这些服务的质量也往往较低，是富人避之不及的。格言"对穷人的服务是低劣的"适用于此处和富裕国家。通常情况下，如果没有教师，室内过度拥挤，资源贫乏，那么发生的学习也是非常有限的。

对联合国教科文组织 2010 年的报告有直接贡献的幼儿生活项目支持这一结论，即政府干预是必要的，私人服务应被监管，以确保贫穷国家有扶贫服务，保证早期教育的质量和入学机会。

> 公平和质量问题可能会破坏早期教育的效力：对不受监管的私立学校的鼓励与不能改善公立教育系统之间的分歧，降低了政府在建设一个包括各领域和各年龄段的整体框架中的作用。②

仍旧有一种观点认为可以用直截了当的科学方法来解决公平和质量问题。2007 年著名的医学杂志《柳叶刀》（*The Lancet*）发表了一系列有关早期儿童发展的文章，其建议被世界银行和联合国儿童基金会所采纳。③④ 这些建议成功引起了人们对这一问题的关注，非常重要且具有影响力，但这些策略主要是针对医学和流行病学的，基于相当大的人口测量数据。它们无疑是科学的，

---

① Woodhead, M., Ames, P., Vennam, U., Abebe, W. and Strueli, N. (2009) *Equity and Quality?* Working Paper on ECD 55. The Hague：Bernard Van Leer Foundation.

② Woodhead et al., *Equity and Quality?*, p. 80.

③ Grantham-McGregor, S., Cheung, Y. B., Cueto, S., Glewwe, P., Richter, L., Strupp, B. and the International Child Development Steering Group (2007) 'Child development in developing countries：Developmental potential in the first 5 years for children in developing countries.' *The Lancet* 369：60-70.

④ Engle, P. L., Black, M. M., Behrman, J. R., Cabral de Mello, M., Gertler, P. J., Kapiriri, L., Martorell, R., Young, M. E. and International Child Development Steering Group (2007) 'Strategies to avoid the loss of developmental potential in more than 200 million children in the developing world.' *The Lancet* 369：238-239.

提供早期服务无非是在系统地应用已知的科学事实。它们的观点是营养补充剂有助于儿童大脑和身体发育，以此类推，早期刺激有助于儿童的心理发展。这一事实和建议被认为可在每个国家普遍地、直接地应用。

- 在婴儿期通过家人和照看者实施早期发展干预，且增加3—6岁儿童的小组学习经验，尤其是对弱势儿童实施以上干预，可用以减少贫困。
- 健康和营养服务发展项目与儿童的早期学习有效结合，依赖家庭这一合作伙伴，确保项目有足够的质量、强度和持续时间以有效影响儿童的发展。
- 把早期儿童教育整合到现有的服务和系统当中，以扩大项目覆盖面。
- 通过测量儿童发展结果来监控项目的成效。
- 加大对儿童早期发展重要性和儿童发展潜力损失对个人和社会造成的后果的宣传力度。
- 把项目纳入国家级、地方级和国际层面的政策和财政拨款项目。
- 创建共担儿童早期发展责任的部门协调机制。
- 确保所有儿童摄入足够的营养，包括微量元素，如碘和铁。
- 明确儿童发展计划的有效特征，这些有效特征可以通过现有的健康、营养、教育和社会保障服务来强化和实施。
- 检验早期发展项目在缓解多种不利因素（包括贫困）中的效果。
- 从事父母干预方面的研究以识别最有效的、可拓展的策略。
- 界定不同国家都可以用且全球公认的儿童发展测量方法和指标。
- 评估并改善策略，以扩大对弱势儿童（包括孤儿）的服务。
- 加强产妇抑郁症、暴力、家长缺失、有毒物质和其他传染病对儿童发展影响的证据基础，确定有效的干预措施，以减少其风险和不良后果。

- 研发并测试用以估计不同早期儿童发展项目成本的工具。

为儿童提供早期刺激的依据是发展适宜性实践，在世界银行早期教育网站上有一个简化的发展适宜性文件，供发展中国家使用。儿童测量对项目实施十分重要，目前在世界银行网站上有一个测量技巧清单。这一清单并没有承认这些测量技巧与任何文化背景相关，不要求寻求"人民的支持"，也未对该服务的使用者和接受者的角色进行说明。

"家庭作为合作伙伴"和"家长干预"的含义比较隐晦。许多低成本的项目很大程度上依靠家访人员（home visitors）和志愿者，特别是针对 3 岁以下儿童的项目。这些项目被描述为一种家长干预，针对需要提高儿童照料技能的父母。这里也隐含有儿童照料的性别方面的争论。人们简单假设，促进儿童发展的任务本身就是足够的奖励，妇女又没有别的事可做，因此她们会践行引进的方案。营养补充或任何心理学知识也许有用，但如果没有其他政治和社会干预，也不能够改变这些人的生活。

致力于为穷苦儿童提供早期教育和营养补充的著名的印度儿童发展综合服务计划庭院庇护项目（Integrated Child Development Services Anganwadi programme）依靠妇女志愿劳动，现在针对牵涉其中的妇女剥削问题有许多抗议。[1] 非洲南部的许多联合国儿童基金会项目依靠无偿的家庭激励者（family motivators）鼓励社区采取行动，照看儿童。[2] 拉丁美洲的有条件方案（Conditionality programmes）也是一种流行的干预形式，那儿的妇女得到少量现金或者营养品——付出的回报。例如尼加拉瓜的社会网络保护系统（Red de Proteccion Sociale，RPS）一直依靠母亲的（非）义务劳动向 22000 多名儿童提供健康和营养服务。正如苏珊·布莱德肖（Susan Bradshaw）所说，无论这

---

① Woodhead et al.（2009）*Equity and Quality*? Working Paper on ECD 55. The Hague：Bernard Van Leer Foundation.

② Penn，'Working on the impossible'. *Childhood* 15（3）：378-398.

一项目的优点是什么，这种有条件方案强化并利用了传统的家庭观，包括妇女对家庭的无私奉献。①

是否劣质的幼儿园比没有幼儿园更糟糕？这是一个非常现实的问题。以津巴布韦的农民项目为例，极为简陋的幼儿园至少允许儿童在家庭外的一个安全的地方一起游戏并获得食物。没有任何假装的投入和教学。这个最低限度的保护可能比把儿童集中在一个小教室里更好——在教室内他们能做的就是和一个缺乏培训的照看者一起坐着。在南非，一个一直大力发展早期教育的国家（第十一章有更具体的介绍），其测量早期教育质量的指标首先包括基本要素，如：有出生登记、育儿补助金；幼儿园受过4级培训的人员（大约相当于16岁后再接受培训两年）达到一定比例；地方政府制定规划；有与地方和国家政策相配套的监控系统；有基本的园所注册设置、师生比要求和年度省级预算分配。②这些都是基本指标。相比之下，富裕国家的某些文献中对质量的一些讨论是一种放纵，认为质量观念与背景无关或者关系不大，是所有讨论中最大的放纵。③ 但这些指标最重要的方面是他们非常关注各级政府的行为，并将其视为决定室内互动性质的关键性因素。

那么，我们应该就早期教育输出得出什么样的结论呢？

首先，国家内部和国家之间的不平等破坏了早期教育和保育或促进儿童健康服务的效力；反之，平等使教育更有可能成功。政策不能不考虑不平等这一维度。

其次，即使你并不相信有关投资未来的人力资本的似是而非的证据，早期教育服务并不是贫穷国家的奢侈品。这是目前存在的问题。在大多数贫穷国家，不平等已经导致了迁移、混乱和急剧变化。城市中的贫困儿童和妇女、

①　Bradshaw, S and Quirós Víquez, A. (2010) 'Even if conditionalities work, do women pay the price? EIDIS Bulletin: www. eldis. org/index. cfm? objectid=786DBC92-BDA4-07FC-9592DE36FB92F88F.

②　Dawes, A., Bray, R. and van der Merwe, A. (2007) Monitoring Child Well-Being: A South African Rights Based Approach. Stockholm: Save the Children Sweden and Cape Town: Human Sciences Research Council (HSRC) Press.

③　Dahlberg, G., Moss, P. and Pence, A. (1999) Beyond Quality in Early Childhood Education and Care. London: Routledge.

生活在有害环境中的儿童需要基本的保护，更需要"高质量"的早期教育体验。许多地方已有的早期教育和保育加剧了不平等，必须要有记录，并提供支持，加以改善。在完全是小企业主开办幼儿园的特殊情况下，以上措施的实施变得困难重重甚至不可能。

最后，无论贫富，政府都发挥主要作用：建立积极的公平议程；制定明确的、协调整个教育系统的政策目标，认识到教育和更广泛的社会和经济改革之间的联系；提高质量标准，培训教师。但是，反过来，要做这些需要一个重要的理论基础——为什么提供服务？这些服务应该有什么目标？谁支持了这些服务？在这里，文化和背景就变得尤其重要。

输出童年

一方面，世界各国有强有力的理由支持并推动早期教育和保育发展，另一方面，也有相当多关于童年的认识——主要来自于人类学领域、民族志和文化理论，认为儿童在当代文化含义、边界和意义中是"中心人物"和演员。[1] 儿童行为与团体行为和社会行为有根本的区别，而儿童发展研究对这些深层次差异几乎没有任何认识或认同。[2]

不仅仅是早期教育存在输出问题。当然教育学家一般不会不知道有关全球借鉴的两难困境。"新扫盲"运动重新界定了家庭和学校边界，意味着读写算能力不是个人的成就，而是一种分布式学习和社会行为。[3] 这是全球性的责任，但地方的观念仍很顽固。

由约瑟夫·托宾及其合作者开展的一项标杆性研究说明了中国、日本和美国幼儿园之间的差异。他使用幼儿园一日生活录像，与每个国家的家长、

---

① Stephens, S. (ed.) (1995) *Children and the Politics of Culture*. Princeton, NJ: Princeton University Press, p. vii.

② Penn, H. (2010) 'Travelling policies and global buzzwords: How INGOs and charities spread the word about early childhood.' *Childhood* forthcoming.

③ Street, B. (ed.) (2005) *Literacies across Educational Contexts: Mediating Learning and Teaching*. Philadelphia, PA: Caslon.

实践者和政策制定者 3 类观众进行了讨论和比较。① 20 年之后，他利用原录像，又做了同样的研究。他展示了寻求变化和保持不变之间的张力。实践层面的连续性超过了他的预期，甚至物质变化最为显著的中国也是。② 托宾指出，他所调查的幼儿园保教结合（childrearing meets education），深受文化的影响。日本幼儿园的儿童被美国人集体认为不正常，而中国人认为美日两国的儿童都有问题。但是这些幼儿园都是各大国建立的系统的一部分。而南半球的童年概念，仍旧令人吃惊。

借鉴罗伯特·莱文等人的观点，我已在其他地方尝试描述体现文化差异的方面：个人与集体；家庭与社区；独立与依赖；精神世界与经验世界；性别、家长制和老年人政治（geron tocracy）等。所有这些差异都用语言——人们使用的母语编码。③④ 然而，正如布赖恩·斯特里特（Brian Street）评论的，文化是一个动词，而非一种存在状态，剖析和详细说明文化将是一项事业。⑤ 相反，使用人类学家克利福德·格尔茨（Clifford Geertz）"深度描述"（thick description）一词是有道理的（尽管这也引出了"谁在描述被描述的人"这一问题）。⑥

除了顾虑文化认同外，下面这段话我经常引用，以说明人们对儿童行为和能力的期待有着惊人差异。阿尔玛·戈特利布（Alma Gottleib）描述了一个非洲西部小村庄的儿童，在这儿，从儿童出生起，人们就积极鼓励他们把周围所有的人视为朋友。

---

① Tobin, J., Wu, D. and Davidson, D. (1989) *Preschool in Three Cultures*: *Japan*, *China and the United States*. New Haven, CT: Yale University Press.

② Tobin, J., Hsueh, Y. and Karasawa, M. (2009) *Preschool in Three Cultures Revisited*: *Japan*, *China and the United States*. Chicago, IL: University of Chicago Press.

③ Penn, H. (2009) 'International perspectives on participatory learning: Young children's perspectives across rich and poor countries.' In D. Berthelson, J. Brownless and E. Johansson (eds) *Participatory Learning in the Early Years*: *Research and Pedagogy*. London: Routledge, pp. 12–25.

④ Penn, H. (2009) 'The parenting and substitute parenting of young children.' In G. Bentley and R. Mace (eds) *Substitute Parents*: *Biological and Social Perspectives on Alloparenting*. Oxford: Berghahn, pp. 179–193.

⑤ Brice-Heath, S. and Street, B. (2008) *Ethnography*: *Approaches to Language and Literacy Research*. New York: Teachers College Press, p. 7.

⑥ Geertz, C. (1973) *The Interpretation of Cultures*. London: Fontana.

尚塔尔（Chantal），是活跃在我们院子里一个 2 岁大的孩子，只在中午午餐时候出现，然后是准备晚餐的时间——下午 5 点。尽管她因为太小而无法报告一日行程，但其他人会为我们记录：她经常去这个大村庄的那一头，甚至深入森林找她在森林工作或玩耍的哥哥姐姐。有着这样意料之外的独立性的学步儿要警惕危险的野生动物，例如蛇和蝎子。他们应该能够有效地处理这些危险——他们有把大砍刀。①

尚塔尔的行为对于富裕国家的儿童专家来说几乎是不可思议的——居然需要应对身体上的危险，应对大自然的危险。尽管不会说话，两岁的尚塔尔很安全、自主、好奇和能干。她有方向感和时间概念，会有效使用工具。她和她的父母对这一点很自信——如果有任何危险，她有足够的能力识别、躲避或请求别人的帮助。现代城市没有人会支持此类缺乏监管的看护，但即使在一个人与人彼此熟识、友好的村庄，专家也会认为不可能也不适宜给予尚塔尔这样的自由，不过他们认为经常用来评估儿童能力和独立的标准可能需要修改——戈特利布用自己的研究作为挑战依恋理论的一个基础。

下面是来自南非的另一个例子。我和特丽莎·梅纳德参加了一次博茨瓦纳学术会议，其间参观了一所靠近南非比勒陀利亚（Pretoria）的幼儿园。尼基季·法图边（Nikidi Phatudi）博士向我们解释了她对儿童的期望。

儿童应被教会尊重成年人和其他儿童，避免不必要的争吵和争论。在我小时候，如果有成人在场，就会被要求一直坐着并保持安静。这有时会约束和阻止儿童外出和自主探索。然而，我依然认为，儿童更应该有尊严地行动，乐于助人，尊重他人和有礼貌，不教儿童自我克制是在否认文化。②

---

① Gottleib, A.（2004）*The Afterlife is Where We Come from*：*The Culture of Infancy in West Africa*. Chicago, IL：University of Chicago Press，p. 32.

② Penn and Maynard, *Siyabonana*.

对儿童和成人关系的等级性和顺从的强调是许多社会都存在的问题。罗伯特·列文及其同事创建一个理论：行为是对特定生态环境进化的响应——农耕生活的压力对女性的体力要求非常高，她们没有时间和精力与儿童商议其行为。这反过来导致特定的"文化脚本"，期待儿童立即遵从命令。[①]

还有一个文化冲突的例子是桑族或布须曼人（San or Bushman People），非洲南部曾经的游牧民族，曾被残酷对待和安置。他们是一个与众不同的民族，他们奇妙的艺术和绘画作品已赢得了国际声誉。[②]

他们在恶劣的沙漠环境中的生存和追踪能力（tracking skill）有口皆碑。多年来人类学家和民族学家一直对他们非常感兴趣，他们可能是被过度研究的人群。研究者集中研究了其家庭关系模式和温暖、自由的儿童教养方式。[③]但他们仍然是那些漠视他们非凡而保存完好的历史的国际儿童发展计划的对象。我在纳米比亚时，有一个向桑族人分发沙丁鱼罐头的食品项目。当时，当地联合国儿童基金会办公室发布了一个关于家访和家庭激发者的视频，其中一家庭激励者这样说："我们要教这些人吃正常食物而不是粗野的食物！"儿童基金会不理解和认同他们特定的、独特的和难以理解的传统，认为桑族人愚钝，不关心子女，需要学习发展适宜性实践。像其他无依无靠的土著居民，很多人都被他们的遭遇、酒精中毒以及其他盛行的问题所害，但他们的文化历史、创新性，甚至他们的语言常常被忽略。

在加拿大土著社区工作的杰西卡·鲍尔（Jessica Ball）曾用"文化安全"来描述已被边缘化的当地民众的工作方式（见图10-1）。她认为任何早期教

---

①　LeVine, R., Dixon, S., LeVine, R., Richman, A., Keefer, C., Liederman, P. and Brazelton, T. (1994) 'The comparative study of parenting.' In R. LeVine and R. New（eds）*Anthropology and Child Development*：*A Cross-cultural Reader*. Oxford：Blackwell, pp. 55–65.

②　博茨瓦纳的一群艺术家于1990年启动了艺术项目（kuru），他们的作品很是出名，其中一件被英国航空用作飞机尾翼图案. 我曾拜访与这些艺术家合作过的艺术作品印刷商，并收集了几幅印刷品。

③　Hitchcock, R., Biesele, M. and Babchuk, W. (2009) 'Environmental anthropology in the Kala-hari：Development, resettlement, and ecological change among the San of Southern Africa.' *Explorations in Anthropology* 9（2）：170–188.

儿童、家庭与社区工作中的文化安全

杰西卡·鲍尔（Jessica Ball），维多利亚大学儿童和青少年照料学院（School of Child and Youth Care）
公共卫生学硕士、博士

文化安全是支持和保护人们通往幸福的可敬的行动。
"不同儿童和家庭通往健康的道路有很多。没有一种方法和程序模型对所有人有效。"
——梅多莱克部落委员会长官（Meadow Lake Tribal Council Administrator）

以前……
接触前……
文化多样性/保守的社区

然后……
殖民主义：
文化同质化/沉默/抵抗

文化不安全的指标
·对资源利用得少
·否认存在问题
·不接受指导或干预
·与专业人员交流少
·愤怒
·自我价值感低
·抗议主流文化输出给少数民族文化的工具和干预缺乏文化适宜性
文化：小组成员互动的形式和目标，他们如何理解他人并与他人沟通
文化敏感性：充分意识到文化差异
文化能力：理解同一种文化下成员按照自己的方式进行互动的能力
文化安全：个体在互动中体验他们的文化身份和存在方式，体验到被尊重或者至少不被挑战或伤害

文化安全是一个结果，由服务的接收者或项目和计划的参与者决定：
·相互尊重的关系创造文化安全
·平等的同伴关系认为各成员都有权利发挥作用
·参与的质量对参与的结果非常重要

不同文化观

1. 发展目标

2. 怎样支持最佳发展和生活

3. 怎样回应发展和生活问题

4. 谁最适合给予帮助

·工具、课程、干预策略及处理方法
·从业者、教育者、研究者
·项目参与者、委托人、家长和服务对象
所有这些都嵌入特定的文化历史、背景和议事日程中

这些是什么？他们怎样理解将要发生的互动和观念？

图 10-1　儿童、家庭与社区工作中的文化安全

我们能做什么来创造一个文化安全的环境呢？

我们怎样减少一些人在经历一个项目、服务或计划时体验到的个人危机感？

"我的祖父母曾教导我真正理解某些事情的重要性，你必须回头看七代人，往前看七代。"

——黛比·杰特（Debbie Jette），克里·埃尔德(Cree Elder)

现在……

现在：

文化重建/坚持种族主义和本质主义

未来……

超越国际主义：

混合的文化和认同/编织在一起："我们！"

对从业者的启示

1. 项目、服务和干预目标
2. 概念上的理解
3. 选择活动、服务方式和干预策略
4. 能力建设和安排（招聘、培训、分配）

文化安全的五大原则

协议
个人知识
过程
合作关系
积极目的

合作关系

在真实体验基础上实践

分享知识VS."讲述"

合作解决问题VS.专家/权威

加强彼此的能力VS.单项传送

共同实现目的

个人知识

磨炼对社会地位/权力的批判意识

你是谁？文化归属和专业形象

根据文化身份介绍自己

协议

表达尊重——请求同意/在知情的情况下同意

寻求文化知识——提问

展示互惠——双向学习

跟随集体的节奏——在实践社群中寻找盟友和导师

过程

确保各方的公平和尊严

谈判目标和活动

少说多听

积极目的

基于优势；避免消极标签；保密；负责；不伤害；确保真正的利益

详情可参考以下文献：

'Cultural safety' and the analysis of health policy affecting Aboriginal people.V. Smye and A. Browr.e, Nurse Researcher(2002), 9 (3): 42–56.

Cultural safety in nursing: the New Zealand experience. E. Papps & I. Ramsden. International Journal for Quality in Health Care (1996),8 (5): 491–497.

Troubling National Discourses in Anti–Racist Curricular Planning. C. Schick and V. St. Denis, Canadian Journal of Education (2005), 28 (3): 295–317.

For information and updates: www.ecdip.org

育计划要变得有效，文化尊重或至少避免伤害是最基本的。文化安全不仅意味着承认过去破坏了什么，而且意味着承认未来传统也可能遭到摒弃或破坏。①

爱丽·克莱霍恩和拉里·帕罗纳（Ailie Cleghorn and Larry Prochner）比较了印度泰米尔纳德邦（Tamil Nadu，India）的庭院幼儿园、南非一个乡镇的儿童发展中心和加拿大利特尔莱克（Little Lake，Canada）原住民的开端计划3种背景下的课堂实践。② 作者开始研究两大对立怎样变得融合：当地对儿童的认识以及与儿童一起工作的方式；关于实践的全球化观点，例如在世界银行网站上公布的发展适宜性实践的观点。他们关注环境中时间和空间的利用、时间表、室内环境创设和资源投放。他们发现，比起富裕国家，他们一日生活安排更宽松；通常被视为早期教育环境必备的资源基本被忽视。他们也比较了成人和儿童之间的互动、成人对儿童的期待以及儿童的回应方式。在上述3种背景的幼儿园中，儿童往往都通过观察成人而非通过自主操作来学习。尤其是在印度的那所幼儿园，全班一起学唱儿歌，通过不断重复学习。

这些实践反映了儿童所在社区的性质。无论国家对幼儿园有什么要求，保教实践都是当地行为方式的体现。教师并非像他们所受的培训那样，采用建构主义教学法，让儿童基于游戏来学习，而是依据他们认为的最好的行动准则来行动。受到国际借鉴（international borrowing）的强烈影响，这些早期教育机构中也产生了更多的正式教育。例如在南非，教育系统是围绕成果导向的教育和评价组织的，尤其是读写算要求。这反过来又对早期教育的组织方式施加了压力。政府以机会平等的名义提供"学前一年"（grade R）教育，在学校内实施学前一年教育（而不是作为邻里中心的一部分），使儿童"暴露"在以富裕国家的学习模型和资源为依据的国际标准之下。

---

① Early Child Development Intercultural Partnerships：www. ecdip. org.

② Cleghorn，A. and Prochner，L.（2010）*Shades of Globalization in Three Early Childhood Settings.* Rotterdam：Sense.

政府致力于发展经济和国际竞争力，这是可以理解的，但是把教育系统作为实现这些目标的工具却是目光短浅的……那些丧失了文化、语言和身份的国家是不可能实现发展的。[1]

就质量而言，如果发展指标是基于富裕国家或者偏向欧美国家的儿童养育观，那么研发标准显然很成问题。但无论协调当地人的预期和国家标准的任务是多么成问题，我们也需要创建一个质量标准。很多人尝试从本地出发去界定质量。[2] 问题在于，这样的尝试可能只是确认了存在的不平等现象，而没有向它提出挑战，有时甚至当地的质量定义也是有争议的。[3] 比如非洲以赢利为目的的私人幼儿园，可能反映了一些当地的标准和对进取精神的理解，但是他们也需要外部监管，并且和标准进行匹配。在重视地方的同时，不能忽视国家乃至世界。

回到出发点

城乡之间的人口流动是大多数贫困国家普遍存在的现象，但洲际之间的移民也越来越普遍。许多富裕国家有移民或避难者，公众对这些人的态度往往是敌对的。大多数欧洲国家都有右翼反移民政党。所以，理解和记录文化差异、体会单一文化路径的不足在富裕国家也很重要。对任何尝试呈现单一文化的国家来说，文化复杂性的意义、真王的多样性的意义和家长的儿童养育观念的意义都不容易被接受。移民被视为威胁传统生活方式和特权的外来者。一些国家依据种族来定义移民，因此，甚至第三或者第四代的孩子都被

---

① Cleghorn and Prochner, *Shades of Globalization*, p. 134.

② Woodhead, M. (1996) *In Search of the Rainbow: Pathways to Duality in Large Scale Programmes for Young Disadvantaged Children: Early Child Development. Practice and Reflections no.* 10. The Hague: Bernard van Leer Foundation.

③ Penn and Maynard (2010) *Siyabonana*. Edinburgh: Children in Scotland.

认为来自移民家庭，尚未被同化。①

有一些极具说服力的文献从移民的视角来描述"在历史和苦难阴霾下"的移民群体。② 茱帕·拉希里（Jhumpa Lahiri）的《同名同姓》（The Namesake）就是一个迁居的母亲努力理解一种新文化的写照，描写当女主人公努力适应与她生长环境完全不同的生活方式时，她的孩子是怎样用不理解回应她的念念不忘。③ 来自伊朗的拉维·哈吉（Rawi Hage）把自己形容成一只令人厌恶的蟑螂。④ 他们极具张力的、令人吃惊的小说语言描述了作为贫穷的移民在富国生活的状况。关于这些深刻的体验以及儿童在适应传统时所表现的坚忍（resilience）的相关知识启示我们，应该对大众对待年幼的移民子女及其家庭的方式进行调整。

人类学家南希·舍佩尔休斯（Nancy Scheper-Hughes）记录了边缘化的家庭养育儿童的努力。她主要关注美国移民的经历，但也考虑了现在和历史上一系列国家在儿童养育方面的文化冲突。在她的《小规模战争》（Small Wars）中，她主要把童年描述为一系列适应逆境、获得生存的故事。⑤ 这就是我们应该考察的逆境。

也有大量关于国家内部早期教育和保育的多样性方面的文献，深刻地提出实践中的问题。西莉亚·真尼石（Celia GeniShi）及其同事指出，美国处理多样性问题的任何分析都必须考虑和承认 3 个根植于社会结构和社会关系的主导范式，教育政策也是，即自卑范式（inferiority paradigm）、缺陷或文化剥夺范式（deficit or culturally deprived paradigm）以及文化差异范式（cutural difference paradigm）。他们认为这些范式影响了早期教育项目的设计、传递和

---

① Heckman, F. /NESSE (2008) *Education and Migration*: *Strategies for Integrating Migrant Children in European Schools and Societies. A Synthesis of Research Findings for Policy-makers*. Brussels: EU Directorate of Education and culture. 参见: www. nesse. fr/nesse/activities/reports/activities/reports/education-and-migration-pdf.

② Hemon, A. (2009) *The Lazarus Project*. London: Picador, p. 1.

③ Lahiri, J. (2004) *The Namesake*. London: HarperCollins.

④ Hage, R. (2008) *Cockroach*. London: HarperCollins.

⑤ Scheper-Hughes, N. and Sargent, C. (eds) (1998) *Small Wars*: *The Cultural Politics of Childhood*. Berkeley, CA: University of California Press.

课程。他们认为需要人们对社会公正和包容性政策有一种集体责任感，意识到各种多样性"需要颁布法律或通过表达来维护，是动态的、能动性的"①。

在充满争议的北爱尔兰贝尔法斯特（Belfast in Northern Ireland）工作的保罗·康纳利（Paul Connolly），系统地研究了儿童对差异的认识。他的研究结果揭示了儿童的种族态度和身份是如何发展的，但他们更普遍的观念需要结合特定背景来理解。② 不出所料，儿童的身上也体现了他们生长的地方和一起长大的玩伴。在非常分化的社会，人们需要做出更多努力来促进社会的公平和正义。康纳利提出了以下策略来促进公平：根据儿童权利设计、贯彻和评估早期教育项目；坚持通过严谨的科学研究了解种族分歧对儿童的影响，评估致力于此问题的计划；分享成功实践。

在北爱尔兰的研究反过来引起了伯纳德·范里尔基金会对网络上儿童和民族多样性联合行动（Joint Learning Initiative on Children and Ethnic Diversity，JLICED）的进一步资助。在北爱尔兰的基础上，研究试图联合存在棘手多样性问题的多个国家（美国、澳大利亚、北爱尔兰、比利时、加拿大、哥伦比亚、肯尼亚、墨西哥、印度尼西亚、斯里兰卡和南非）的学习共同体中的研究者、政策制定者和一线工作者，对致力于通过推广有效的早期教育方案来减少种族分裂和民族冲突、建设包容和彼此尊重的社区的相关项目进行比较和记录。该项目仍处于初级阶段，但对于从全球视角了解多样性、联系以及背景是一个具有挑战性的尝试。

正如齐格蒙特·鲍曼指出的，生活在一个全球化的世界，就是要意识到在其他地方，尤其是贫困的地方存在的问题和困难。在追求儿童权利和教育质量这些问题上，我们必须要与有相关经验的贫困国家建立联系。但要做到这一点，需要先在社会传统之外解决各种问题。最重要的是，这意味着大规模地克服贫困和不平等。这是从业者的职责，也是每个人的责任。我们至少

---

① Genishi, C. and Godwin, A. L. (2008) *Diversities in Early Childhood Education.* London：Routledge，pp. 3-4.

② Connolly，P. (2009) *Developing Programmes to Promote Ethnic Diversity in Early Childhood：Lessons from Northern Ireland.* Working Paper 52. The Hague：Bernard van Leer Foundation.

要认识到是什么造成贫困和不平等，是否可以在日常生活、消费和工作方面做些什么，以缓解贫困和不平等。①

无论富裕国家多么善良地为贫穷国家的儿童提供救济，都存在严重风险。除了经济原因和社会成见，如果我们没有敏感地发现内含的差异和不同背景，就会造成伤害。当前，富裕国家有关儿童发展文献里的家庭模式和儿童个性只是简化版的，并不能最大限度地涵盖已有的儿童养育观念和经验。

质量观念既能是全球通用的，也可在贫困国家有所不同，但是在不同的背景下探讨质量，提供了一个扩大质量含义、促进相互理解和宽容的机会。

---

① 我在《不平等的童年》（*Unequal Childhoods*）中有更深入的讨论.

第十一章
测量质量

科学知识可能大多数展示的是没有确切边界的科学和存在由来已久的边界问题的社区的显著外部特征。[1]

本章回顾了测量早期教育质量的观点。出于各种原因，质量是一个存在诸多争议的概念。早期教育的质量是很难界定和衡量的，就像前面所说，科学的严谨性往往被过分强调。我并不否认确立早期教育质量的可测量指标的必要性，但在这一章中也提到，我们需要更为谨慎地得出科学结论和科学知识。

服务有许多种形式，取决于谁来使用，其依托的基础是什么，持续多长时间，谁来负责支付（服务）等。早期教育服务的内容、地点、物质材料都存在巨大差异。在早期教育领域工作的女性（和男性）可能已经接受了4个星期或4年的培训。对质量的测量可以依据什么时间发生了什么，或者当儿童进入学校后发生了什么，或者儿童长大成人后发生了什么。任何质量概念都是基于服务提供的背景来界定和测量的。

但我希望，我通过这本书明确表达这样一个观点，即没有一个清晰的质

① Porter，T. (1995) *Trust in Numbers*：*The Pursuit of Objectivity in Science and Public Life*. Princeton，NJ：Princeton University Press，p. 230.

量概念同样是有问题的。循证决策是必要的（有时它被批评过分依赖可以量化的内容，而事实上很多内容是无法量化的。虽然这不代表每个人的观点）。① 几乎所有政府都在某种程度上或自觉或被迫、或直接或间接地投入了早期教育和保育服务，所以需要测量这些财政投入的价值。在地方或国家层面的监控和数据收集有助于政府和其他相关人员理解如何使用早期教育和保育服务，是否满足目标儿童和家庭的需要。父母需要了解孩子在幼儿园做了什么，学习了什么。教师也想知道他们的教学是否是有效的。

在这一章中，我会讨论监测早期教育和保育服务的购买和分配所需要的基本数据。一般情况下，政府可以列出一个清单，明确可以采取哪些举措来提升质量。在某种意义上，这也是这本书的主题。世界经济合作与发展组织在政府应该采取哪些必要的行动以保障质量方面提出了很多建议。而且，我在书中的第四章、第五章等都体现了世界经济合作与发展组织的建议。

高质量早期教育和保育服务的界定与背景相关，具有很强的情境性。那些饿着肚子上学的儿童，或者是来自深受创伤、陷入房产纠纷或良好家庭背景的儿童，他们都有自己的优势和不足。考虑到早期教育和保育服务反映儿童所处的具体背景，我会分析对社区的评价。

我也探索了根据具体情境来判断质量的评价。一方面，存在可提供"客观"或"标准化"判断的测验和量表，如我们熟知的《幼儿环境评量表》，另一方面，也有各种由教师自己开展的自我反思、记录和价值判断。

我也非常简要地讨论了一系列关于儿童发展评估的方法，其中很多是回溯性的，因为很难测量很小的儿童。但是，人们逐渐认识到应该询问儿童的想法和感受，即使儿童的答案是无法进行科学量化的数据，他们表达的想法与感受也会有助于了解儿童喜欢什么样的幼儿园。

测量情境

在量化处理并比较儿童所接受的早期教育和保育的所有尝试中，首要考

---

① MacClure, M.（2005）'Clarity bordering on stupidity.' *Educational Policy* 20（4）：393–416.

虑的应该是测量的维度。哪些应该包含在测量维度中，哪些可以忽略？

安迪·达韦斯（Andy Dawes）在《儿童身心健康的监测》（*Monitoring Child Well-Being*）一书中讨论了这些困境。他和他的同事分析了在南非这样一个遭受极度贫困、疾病和社会混乱困扰的国家开展评价的困难。[①] 该书的讨论都基于儿童权利的立场，强调所有儿童享有权利，否则就是没有意义的。针对南非的具体情况，作者提出了以下方法。

- 在以发展的眼光看待儿童之时，必须重视儿童的当下。享有高质量的生活既是一个当下追求的合理目标，也是未来要达到的结果。
- 同时关注积极和消极结果的评估——人们往往更侧重于对危险的和负面的结果的测量。
- 提供以儿童为中心的统计数据——统计分析的单位应是儿童个体，而非家庭或地区；以有意义的方式分析数据（例如儿童的性别、健康状况、受教育情况）。
- 记录儿童所处环境的质量和儿童发展结果之间的关系。
- 要考虑数据采集的时间——在收集数据时要与其他调查或教育时间表联系起来。

在这一点上，有必要比较分析南非模式与另一个监测项目即加拿大早期学习项目（the Canadian Early Learning Project），虽然二者并没有交叉。它是加拿大公共卫生专家和儿科专家设计的流行病学监测项目。[②] 该项目的设计

---

① Dawes, A., Bray, R. and van der Merwe, A. (2007) *Monitoring Child Well-Being*: *A South African Rights Based Approach*. Stockholm: Save the Children Sweden and Cape Town: Human Sciences Research Council（HSRC）Press.

② Schroeder, J., Harvey, J., Razaz-Rahmati, N., Corless, G., Negreiros, J., Ford, L., Kershaw, P., Anderson, L., Wiens, M., Vaghri, Z., Stefanowicz, A., Irwin, L. G. and Hertzman, C. (2009). *Creating Communities for Young Children*: *A Toolkit for Change*. Vancouver, BC: Human Early Learning Partnership. Available at www. earlylearning. ubc. ca.

并没有像南非项目那样明确提出是基于儿童权利的立场，主要是由英属哥伦比亚大学的塞德·赫兹曼（Cyde Hertzman）及其同事负责。这个项目认为可以通过清单（《儿童早期发展量表》，Early Development Instrument，EDI，类似英国的基础阶段档案）来测量学前班儿童的发展水平（5 岁，进入学校的第一年），并和其他社区指标一起来制作发展地图，从而判断一个社区是否为儿童提供了良好的环境。《儿童早期发展量表》可供教师在网上为班上的每一个儿童填写（自愿原则）。它从 5 个领域对儿童整体发展进行评分。

- 身心健康。
- 社会交流能力。
- 情感成熟度。
- 语言与认知发展。
- 沟通技能。

教师通常在二月份完成该量表，此时他们已经与学前班儿童有几个月的接触。虽然教师填写的是每一个儿童的情况，但结果却不是用在个体层面。他们是用来编一份地图，看居住在什么地方的儿童是最脆弱的（至少是在这一量表看来比较脆弱的），总共分 3 个层次：高风险、中等风险和低风险。地图显现了群体的分布。地图（复杂的地图技术）的使用较为灵活，地图的制作可以分社区、学区、健康领域、省等不同。

暂且不论教师评估的主观性（虽然这些教师接受了如何填写检核表的培训和指导），这些地图制作出来后又会发生什么呢？

我们需要测量结果，以告知社区早期教育和保育项目、政策和社会环境如何支持儿童的发展。①

---

① Human Early Learning Partnership（2008）*Early Development Instrument*. Vancouver，BC：University of British Columbia. 参见：www. earlylearning. ubc. ca/research/initiatives/early-development-instrument/.

虽然决策者得到了提醒，但社区（可能按地理、社会、行政等条件划定）负责针对地图上反映出来的不足进行改善。理想的情况是，社区中的积极分子、政治家、专业人士和富人等共同努力，做出改变。事实上，人们需要足够的诱惑才会做出反应。加拿大的早期教育项目给出了以下建议。

要学会了解你的社区资源

开始考虑社区资源。对有孩子的父母做一些调查。他们认为什么是可用于儿童的资源？他们使用这些资源的频率怎样？

收集社区资源数据的方法有很多，这里提供一些参考建议。

● 利用这个地区的交通网络信息、电话簿、社区指南、区域地图、城市规划文件。

● 运用个人知识、社会关系、非正式的网络去甄别有特殊才能和天赋的社区成员。

● 对资源进行分类（如个人、组织、自然资源和文化资源）。

● 思考资源与资源之间的关系：这些资源是如何相互联系的？这些相互联系的资源又是如何创设另外一种资源的？

● 观察外面的世界。当你思考周围环境如何影响儿童的发展时，你会有惊奇的发现。

● 你会不会成为一个破除障碍的领袖呢？到底是什么妨碍家庭获取资源？这些解决方案是不是符合当地的实际，而且这些方案能否对你的出资者和决策者起到作用呢？[1]

给人深刻印象的高科技电脑绘图可能在流行病学领域看起来很高级，但在政治上是比较幼稚的。"公众"很难依据这些地图建立新联盟从而为改善儿童发展进行游说，因为其背后最重要的理念是为那些落后的儿童采取补偿

---

[1] Schroeder et al. （2009）*Creating Communities for Young Children*. Vancouver，BC：Human Early Learning Partnership，p. 52.

干预措施。这里并没有儿童权利的观念，也没有关于如何提供儿童服务的想法。但是，它效仿发展适宜性实践，强调的是传统的优秀早期教育干预的观点。最关键的是这一地图在绘制时没有把地方、省乃至联邦的任何一个层次的政府行动作为监测维度，没有涉及经济合作与发展组织认为非常关键的有关早期和保育服务的国家数据。这些方面的监测完全依赖于政府自己的贡献。因此，并不意外的是，在《儿童早期发展量表》在加拿大英属哥伦比亚运行10年之后，联合国儿童基金会因诺琴蒂研究中心在满分10分的儿童身心健康方面只给加拿大打1分。

这里之所以讨论地图系统，是因为它的国际影响力在逐渐加强。它似乎是一个专注于儿童的复杂的流行病学工具，现在已经被许多国家使用。联合国教科文组织对该地图系统持谨慎态度。英国国家卫生与临床优化研究所（National Institute for Health and Clinical Excellence，NICE）将其作为一系列需要讨论的措施中的一部分。《儿童早期发展量表》系统的创建者建立了一个全球中心，为世界卫生组织中呼吁促进儿童发展的专家团队做出了重要贡献，与世界卫生组织中在《柳叶刀》上发表文章的专家（在第十章讨论）有着密切联系。世界卫生组织的文本文件表述了社区地图的目的。

- 呈现怎样的环境对儿童最重要，包括最近（家庭）、最远的环境（全球）。
- 分析对儿童发展最佳的环境配置，包括经济的、社会的和自然的环境等。
- 确定将广泛的社会经济背景与家庭、社区等最亲近的教养环境的质量联系起来的"可能关系"。
- 利用机会，在社会各层次（从家庭行为到国家、全球的政府行动），运用多种手段（即通过项目实施以及"以儿童为中心"的社会和经济政策的制定），改善儿童发展与教育的条件。①

基于群体的指标测量是一种医学模式，可能在识别疾病成因和分布方面很有用，但应用在儿童发展和教育领域就没有什么意义，因为就儿童发展和教育的问题及其解决策略并没有达成共识。

但好的数据是必需的，虽然数据的作用经常被夸大。大多数国家有国家统计机构定期收集人口、家庭、受教育程度和社会政策等方面的数据——通过家庭调查、人口普查等。根据经济合作与发展组织《强力开端 2》报道，这些数据的应用目的并非推进早期教育和保育的政策与供给，如年龄分组无法应用，有关儿童的统计数据无法与其家庭数据分离。在大多数国家，3 岁以下儿童的信息存在盲区。② 国际教育分类标准（International Standard Classification of Education，ISCED）同样存在问题——该标准是经济合作与发展组织的知名比较教育统计《教育概览》的主要数据来源。"学前教育" 被描述为 "有组织的教育的初始阶段"，没有细分。完全不同的系统被混在一起或者被一起排除，这影响了早期教育和保育服务支出的国际比较。经济合作与发展组织《强力开端》系列报告建议每个国家都应该对早期服务建立特定的国家级数据库，专注于需求、供给、公平和质量等关键问题，要包括 3 岁以下儿童的数据。重要的是，在混合经济的国家以及有大量营利性供给者的国家，这个数据库应该包括：

> 关于公共的和私人的儿童补助的可靠数据，可分解为不同类型的早期教育和保育服务支出和员工费用等关键要素；产假和育儿假的支出，关于儿童津贴的支出和其他针对有儿童的家庭的转移支付，包括现金奖励、税收优惠以及雇主提供的儿童保育补贴。③

---

① Irwin, L., Siddiqui, A. and Hertzman, C. (2007) *Early Child Development: A Powerful Equalizer*. Geneva: World Health Organization, p. 7.

② OECD (2006) *Starting Strong II: Early Childhood Education and Care*. Paris: OECD.

③ OECD, *Starting Strong II: Early Childhood Education and Care*. Paris: OECD, p. 180.

这种资金数据特别难获得，如 2009 年幼儿园信托基金的一篇报告特别提到估算英格兰早期教育服务支出的困难。[①] 尤其是旨在改善早期教育服务的政府，在没有充足资金数据的支持下制定政策是不太可行的。理想的情况是收集相应的数据，并使关注这一方面的人容易获取这些数据。

欧盟新的关于收入与生活条件的统计会提供一些新的比较数据，其中就包括儿童保育的数据。这是一个具有多重意义的工具，旨在促进社会融合。它主要集中在收入和就业，其中收入指标主要是以个人为单位，只有小部分指标以家庭为单位。此外，还包括社会排斥、住房条件、教育和健康的信息。它还包括托幼机构使用情况、家庭收入、贫困水平和就业情况——虽然没有独立的儿童数据。这就可以获得每一年的横断数据和纵向数据（4 年一周期）。这意味着整个欧洲有收集信息的共同指南和程序，并且比较容易在网络上获得这些数据结果。[②] 2009 年调查获取的欧洲妇女的就业信息和儿童保教中心信息就是典型的例子。

> 因此，质量监测的关键要素之一是具备定期收集、易于获得的良好数据库，这些数据也可用于国内和国际的比较。[③]

另一种获取情境性数据的方法是通过特定的研究项目，使用各种定性和/或定量技术收集数据。如果严格地、有组织地实施这些项目，他们可能会提

---

① Goddard, K. and Knights, E. (2009) *Quality Costs: Paying for Early Childhood Education and Care*. London: Daycare Trust.

② http://epp.eurostat.ec.europa.eu/portal/page/portal/living_conditions_and_social_protection/introduction/income_social_inclusion_living_conditions.

③ Plantenga, J. and Remery, C. (2009) *The Provision of Childcare Services: A Comparative Review of 30 European Countries*. Brussels: European Commission Directorate-General for Employment, Social Affairs and Equal Opportunities G1 Unit.

供新的视野。① 虽然总有一些新的和被忽视的问题，但最重要的是引进那些有助于实现长期政策目标的研究、行动框架和可持续性投资。在英国，中央政府和地方政府都坚持基于证据制定政策，一直都是循证决策的典范。很难有像英国这样由政府主持这么多早期教育研究并公开发表研究结论的国家。英国除了有关于托幼机构服务供需和运行等的年度数据，几乎每一个新倡议或项目都有其评价研究。确保开端、邻里托儿所、儿童中心和许多其他方案都有全面的监测和研究。② 即使结果是不确定的，或指向政策的内在矛盾，或未能充分考虑到营利性私立机构，相关信息都是公开的。轻点鼠标就能在政府网站获得大量有用的数据。

除了具体的研究性监测项目，还有与其他指标相联系的基于人口的研究项目跟踪调查政策对家庭的影响。最著名的大型项目是英国千禧年出生人口项目，对 2000 年出生的 19000 个孩子进行追踪研究。③ 该项目的数据可以与其他政策效果研究数据关联使用。

问题在于这些在英国、美国及其他国家开展的研究是不能用于与其他国家进行比较的，这些研究离开"原产地"就失去了其背景意义。正如我在本书前言部分指出的，大部分研究都有其局限性，即认为所研究的早期教育和保育是国际通用的而不具有特殊性。当我们系统地回顾早期教育和保育"整合"的影响效果时，就会碰到"整合的内涵到底是什么"这一问题。是整合为处境不利的儿童提供的基于福利的保育与教育，抑或是整合为工作的母亲提供教育儿童的服务，还是整合所有这些服务？或者是在什么条件下整合呢？研究者总是假设阅读他们文章的任何人都是广泛了解这些定义的，他们并没

---

① 澳大利亚、墨尔本大学儿童早期公平与创新中心（Center for Equity and Innovation in Early Childhood）在政府资助下开展了一项后现代质性研究，考察了澳大利亚土著和非土著社区的关系，参见：MacNaughton, G. and Davis, K.（2001）'Beyond "othering": Rethinking approaches to teaching young Anglo-Australian children about indigenous Australians.' *Contemporary Issues in Early Childhood* 2（1）：83–93.

② 完整研究名单见英国教育部网站：www.education.gov.uk.

③ 伦敦大学教育学院追踪研究中心开展了千禧年追踪研究，参见：www.cls.ioe.ac.uk/studies.asp？section＝000100020001.

有清楚地阐明必要的内容。① 系统回顾是一种文献元分析法，非常耗时，但对于探究细节和比较特定研究主题是非常重要的。②

经济合作与发展组织的报告指出：

> 在运用其他情境或国家、文化的研究时要格外谨慎。这里引用发展心理学一个探究不同年龄青少年心理发展和成熟状况的例子——它为早期教育的实践做出了有价值的贡献……然而研究的推论经常超出了实际的情况。③

非英语国家在推广或与其他国家比较他们的研究时尤其处于劣势。法国、德国、意大利、北欧和西班牙以及一些转型国家都有大量研究文献。所有材料都可能是具有重要价值的，它们的存在至少是应该得到认可的。细致的比较研究将对多样性、双语教育或多语言教育、移民、残疾儿童教育等主题有所启发。

大部分政府委托的研究都依赖于标准化的测量指标和复杂的取样程序，但不是所有的研究都是这样的。幼儿生活项目也在第十章讨论过，采用质性和量性的数据，尤其运用叙述的手法描述幼儿的处境。④ 作为标准化测量方法的补充，案例研究、人种志、视觉民族志和录像材料、重点小组访谈等得到越来越多的运用。举例来说，英国的确保开端项目允许地方开展他们自己

---

① Penn, H., Barreau, S., Butterworth, L., Lloyd, E., Moyles, J., Potter, S. and Sayeed, R. (2004) 'What is the impact of out-of-home integrated care and education settings on children aged 0-6 and their parents?' In *Research Evidence in Education Library*. London: EPPI-Centre, Social Science Research Unit, Institute of Education, University of London.

② Penn, H. and Lloyd, E. (2006) 'Using systematic reviews to investigate research in early childhood.' *Journal of Early Childhood Research* 4 (3): 311-330. Penn, H. and Lloyd, E. (2007) 'Richness or rigour? A discussion of systematic reviews and evidence based policy in early childhood.' *Contemporary Issues in Early Childhood* (8) 1: 3-18.

③ OECD, *Starting Strong II*: *Early Childhood Education and Care*. Paris: OECD., p. 189.

④ www. younglives. org. uk/research-methodology-data/young-lives-data.

的研究项目，这为广泛的项目评价提供了信息。① 因此，质量测量的第一套数据来自家庭基本情况、多样性、周围的邻居等信息的收集。第二套测量数据关注政策背景、早期教育和保育供需类型、特定政府项目的评价等。复杂的对比研究日益增多，例如是否以同样的方式测量贫困，或者是否以可比较的方式消费早期教育服务——虽然这些研究依赖于各国收集的可比较的数据。

正如联合国教科文组织提到的一样，在贫困的国家很难收到定期的、可靠的数据。② 大部分国家都进行某种类型的人口普查，其中包括某些家庭数据。相关教育部门通常也有教育监测与信息系统（education monitoring and information system，EMIS），统计学生数量、学生性别以及辍学率等。由于依据国际教育分类的界定标准收集到的早期教育数据通常是有问题的（见上文），早期教育和保育服务的信息一般都非常贫乏，特别是在私立机构数量庞大的国家。即使有这些机构的数据，也往往是一些近似的或经过修改的数据。

然而，了解其背景是判断服务质量本身的基础。数据可能来自多种途径，存在矛盾冲突，或者数据的信息量可能比较小，但却是准确的。当务之急，是尽可能地公开。只有数据公开以后，才能更好地监测质量。幸运的是，网络改变了提供信息的方式。至少在大多数发达国家，不是必须访问大学图书馆或向政府部门提出申请才能获得更多信息。相反，再没有什么理由可以忽视已经存在的东西了！

测量早期教育服务

所有尝试测量早期教育服务的努力都会遇到的问题，是运用可比较的标

---

① Anning, A. and Ball, M. (2007) 'Living with Sure Start: Human experience of an early intervention programme.' In J. Belsky, J. Barnes and E. Melhuish (eds) *The National Evaluation of Sure Start*. Bristol: Policy Press.

② Unesco (2007) *Strong Foundations: Early Childhood Education and Care. EFA Global Monitoring Report* 2007. Paris. Unesco. Available at http://unesdoc.unesco.org/images/0014/001477/147794E.pdf.

准化测量工具，还是运用可促进某个项目发展的自评方法？对于某些人来说，这两种方法是完全对立的，标准化意味着无法接受的束缚。有一些早期教育服务的后现代批评者认为这是事实。瑞典的后现代主义者希利·田口（Hilievi Lenz Taguchi）认为标准化否定了童年的本质和儿童"成长"的潜质。

> 作为教师，我们的关注重点不应该是从标准或常模角度看来正确的事并一心扑在儿童的学习目标和结果上。[1]

虽然她认为开放的师生关系是教育实践中的首要问题，关乎教育中的"伦理和公平"，但她忽略了影响早期教育服务的背景因素、文化价值观念、本土环境以及相关政策等，好像教师工作在一个一切可以再造的真空之中。也许少数或极少数地方可能有这样的自主性和新意识，但似乎又不太可能。它更不太可能出现在学校的系统里面。

随着《不让一个儿童掉队法》出台，美国关于标准化的讨论陷入僵局。这项法案在 2001 年通过，要求所有儿童达到国家规定的读写算标准。国家会拿出少量资金用于帮助落后的学校实现目标，如果学校不能达标则会遭受严重的惩罚。这项立法激起了各种反应。一方面，支持者认为这迫使学校认真对待学生的学业失败，优先考虑学生的需求。批评者则认为，它只不过使学校成为一个测试机器，并没有致力于满足生活在贫富差距较大、种族分裂的社会中贫困儿童的真正需求。美国关于结果导向的争论与英国是相似的，这种导向的教育有标准评估测试和成绩排名表，揭示最贫穷的地区往往成绩最差——但对政治家来说规则会有很多例外，他们认为教师做出更多努力会使结果有所不同。那些不平等的国家更支持结果导向的教育，教育测量方法被用来监测和解决糟糕的学业表现问题——把它作为处理更广泛的不平等问题

---

[1]　Lenz Taguchi, H. (2010) 'Rethinking pedagogical practices.' In N. Yelland (ed.) *Contemporary Perspectives on Early Childhood Education*. Maidenhead：Open University Press, p. 30.

的一种替代办法。芬兰是一个非常平等的国家，根据经济合作与发展组织国际学生评估项目（PISA）指标，芬兰 16 岁的学生在读写、计算和科学方面得分最高。在这个国家，标准测验显得无关紧要，甚至还被视为一种对儿童有害的方式。①

因为儿童的早期教育经验存在差异，所以测试他们的素养变得更加困难，而且这种结果导向的教育产生了连锁反应。例如，当儿童上学后，需要频繁地评估儿童的发展结果来审视早期教育和保育。学业结果的纵向回溯性评估是评估早期教育有效性的标准方法。被引用最多的英国有效学前教育项目和确保开端项目也是依赖于可追溯的数据。它们也是评估各种学前经验有效性的方法，美国国家儿童健康和人类发展研究所就追踪了 1364 个研究对象从婴儿到成人的情况，研究结果的引用率也很高。②

从政治的角度来看，如果儿童入小学后的学业表现较好，那么他们在小学前获得的经验就是有效的。决策者要关注的问题是：究竟什么是儿童真正的基础，是学前机构教育，还是儿童和母亲或照料者在一起获得的经验？如果是后者，那支付学前教育的费用就没有意义了。但是，就像我们第三章提到的一样，除了测量学业成绩，也有很多支持早期教育和保育以及测量儿童发展结果的方法。回溯性资料表明，通常情况下，高质量（更优质的员工、更好的师生比）的早期教育经验确实能够使儿童的学习成绩更好，但也产生了两个问题。首先，无论早期教育服务质量如何，相对而言，穷人的孩子表现更差。贫困的生活总是会阻碍儿童的学业成绩。其次，学校教育始终关注质量问题，好的早期教育经验可能是最基本的，但它并不是后续糟糕经历或境遇的"绝缘体"或者疫苗。像任何其他方式的测量一样，回溯性测量作为光谱监测与评价的一个部分，有它的作用。但这个测量方法并不是唯一的方

①　Fredriksson，P. （2006） *What is So Special about Education in Finland? An Outsider's View*. Uppsala Institute for Labour Market Policy Evaluation. Paper for EU Presidency Conference 28-29 September，Helsinki.

②　NICHD Early Child Care Research Network （2003） 'The NICHD Study of Early Child Care：Contexts of development and developmental outcomes over the first seven years of life.' In J. Brooks-Gunn，A. S. Fuligni and L. J. Berlin （eds） *Early Child Development in the 21st Century*. New York：Teachers College Press，pp. 181-201.

法，同样具有不确定性。

除了运用回溯性措施来评估儿童的学业表现以外，现在还有一些评定托儿所等级的标准化测量，最有名的是《幼儿环境评量表》。

《幼儿环境评量表》被称为"一个创造性的而坚实的研究工具、内部审计工具和评估工具……一个概念化的模板"[①]。美国的塞尔玛·哈姆斯和理查德·克利福德（Thelma Harms and Richard Clifford）研发了这一工具，并在1980年首次发表，其间经过了多次修订。经过实践者和研究者的持久讨论和反馈意见，形成了目前的修订版。不同国家将它翻译为不同的版本，并依据各国不同的环境对其进行修订。在这一评价量表的基础上，延伸出如今的《家庭照料评量表》（Family Day Care Rating Scale）、《婴儿—学步儿教育环境评量表》（Infant/Todale Enviroment Rating Scale）、《学龄儿童环境评量表》（School-Age Care Enviromant Rating Scale）。还有一些反映了当地情况的外语版本，不仅仅是翻译，更根据当地情况进行了改编，例如《泰米尔早期儿童评量表》（Tamil Early Childhool Rating Scale）。[②]

《幼儿环境评量表》在其官方网站持续发布有关量表信度和效度检验的论文。[③] 总的来说，量表是可靠的——不管环境和时间怎么变，不同的观察者给出了相似的分数，很少有多余的条目。

《幼儿环境评量表》包括7个分量表，总共43个条目。

- 空间和家具。
- 个人护理常规。
- 语言推理。

① Sylva, K., Siraj-Blatchford, I. and Taggart, B. (2006) *Assessing Quality in the Early Years Early Childhood Environment Rating Scale Extension (ECERS-E): Four Curricular Subscales.* Stoke-on-Trent: Trentham, p. 9.

② Swaminathan, M. (2000) *Quality Matters: Understanding the Relationship between Quality of Early Childhood Education and Learning Competencies of Children.* Chennai, India: M. S. Swaminathan Research Foundation.

③ Clifford, R., Reszka, S. and Rossbach, H. (2010) *Reliability and Validity of the Early Childhood Environment Rating Scale.* www.fpg.unc.edu/~ecers/ReliabilityEcers.

● 活动。

● 互动。

● 项目结构。

● 家长和员工。

该量表也有一个英国版（ECERS-E），反映英国基础阶段早期教育课程要求。该版本有 4 个新的分量表，主要用来评估几大领域（阅读、数学、科学和多样性）的课程质量。①

所有量表由那些受过培训的观察者来操作，另还包括培训课程、录像、内部一致性清单和其他补充材料。在某种程度上，该量表宣扬的口号是不适宜的——它提供了"一个有意义的、稳定的和可信的衡量全球早期教育质量的工具"②，但实际上，该工具主要在美国测试，就像作者说明的那样，是与美国幼儿教育协会认证系统联系在一起的。这也反映了美国早期教育市场的紧张程度。在美国文献中，有一种关于质量的说法占据主导地位：需要对糟糕的早期教育服务建立最低标准和可变化的最大限度。这反映了早期教育实践的一种特有的观点——物质环境很重要，成人和儿童之间的互动有其特定的风格，即高度重视语言活动。同时，该观点认为音乐、舞蹈、艺术表达或身体活动并没有重要意义，也不调查（探讨）入园机会或者管理水平、员工素质。

而且，《幼儿环境评量表》也是一个可靠的标准性工具，适用于早期教育高度私营化背景下标准多元化、表现不佳的情况。如果早期教育服务的质量标准普遍较高，或从业者提供的教育质量更胜一筹，这时工具就没有太大作用了。它也不能测量创新程度。在这些背景下，需要更先进的研究工具。往往在质量标准一直很高的地方，自我评估更能发挥作用。

---

① Sylva et al.（2006）*Assessing Quality in the Early Years Early Childhood Environment Rating Scale Extension*（*ECERS-E*）. Stoke-on-Trent：Tren tham，p. 9.

② Clifford et al.（2010）*Reliability and Validity of the Early Childhood Environment Rating Scale*. www. fpg. unc. edu.

这一工具在质量观念差异较大的地方也没有太大作用。在贫穷国家使用这一工具是非常有问题的，尽管上面提到一些在贫穷国家应用的例子。我们可以从表 11-1 中看出，即使大部分工具起源于美国，但各工具间还是存在很大不同。

总而言之，标准化的测量工具表明研究者开展了大量系统、有效的工作。他们提出了一种相对严谨的方法对早期教育环境进行比较和排名。但是他们的优点也是他们的缺点，标准化评估是一种封闭的评估体系，不可能跳出既定框架，只能测量事先预定的方面。

事实上，也有很多自我评估和自我反馈的工具，如英国教育标准局提供了一个配合基础阶段活动的自我评估工具。许多国家也推荐了一些国家级和地方级别的评估工具。

劳拉·麦克法兰（Laura McFarland）及其同事对早期教育专业学生（early childhood student）进行了调查，将这些学生分为高估自己能力、贬低自己能力以及自我评估稳定 3 个组别。[①] 这也是关于自我评估问题的一个完整阐述。自我评估的优势在于它与被评估者高度相关，但是自我感知经常被扭曲。人们要么不愿意承认自己不好，或者相反，在自我评估时不愿意说自己的好，认为那是吹嘘。举个例子，在《幼儿园比较》（Comparing Nurseries）一书中，我描述了这样一所幼儿园，无论从哪个评价标准来看都有问题：教职工缺勤率高，新员工和临时员工并没有由园所介绍给儿童，儿童经常不知道他们的名字；许多教职员工对儿童大吼大叫；对卫生的要求过了头，儿童一天之内被两次赶到空阔的大厅，他们正在用的所有玩具和活动被搁置，以对室内进行清洗和消毒。然而每周一次的自我评估会议上，教职工似乎并没有意识到这样的保教实践对儿童产生的影响。而实际上他们有很好的榜样可以参照，因为跟他们在一个地区的其他幼儿园等级都达到了很高标准，各园

---

① McFarland, L., Saunders, R. and Allen, S. (2009) 'Reflective practice and selfevaluation in learning positive guidance：Experiences of early childhood practicum students.' *Early Childhood Education Journal* 36 (6)：1082-3301.

所协调人也常聚在一起交换意见。但这所幼儿园的内部会议显然没有发挥作用。①

表 11-1　国际上评估早期教育和保育质量的工具

名称	主要类别（指标）	目的	研发/应用国家
幼儿环境评量表	空间和家具（8） 日常护理常规（6） 语言推理（4） 活动（10） 互动（5） 项目结构（4） 家长和员工（6）	用于研究和项目改进，现在被用作某些项目的资格标准	美国、英国、加勒比海地区的一些国家
国际循序渐进协会项目和教师标准（International Step by Step Association Programme and Teacher standards）	项目标准： • 师生互动（4） • 家庭参与（9） • 以儿童为中心（5） • 有意义学习的策略（4） • 学习环境（3） • 健康和安全（4） 教师标准： • 个性化（4） • 学习环境（3） • 家庭参与（9） • 有意义学习的教师策略（4） • 计划和评估（7） • 专业发展（4）	供循序渐进协会制订项目计划、认证	俄罗斯联邦、中亚和东欧的 29 个国家

---

① Penn，H（1999）*Comparing Nurseries*. London：Paul Chapman.

续表

名称	主要类别（指标）	目的	研发/应用国家
国际儿童教育协会自评工具（Association for Childhood Education International Self-Assessment Tool）	环境与物质空间（17） 课程内容与教学（39） 教育与照料者（13） 儿童与特殊需要（24） 与家庭和社区的合作（5）	美国背景下的自评工具	博茨瓦纳、智利、中国、日本、肯尼亚、墨西哥、厄瓜多尔、尼日利亚和美国等 26 个国家
国际教育成就评价协会（International Association for the Evaluation of Educational Achievement）学前项目	时间管理：分组、活动节奏 儿童活动：言语、同伴活动等 成人行为：直接教学、参与程度、倾听	基于美国研究的工具（与高瞻合作开发学前工具）	比利时、中国、芬兰、德国、希腊、印度尼西亚、波兰、葡萄牙、罗马尼亚、斯洛文尼亚、西班牙、泰国和美国等17个国家
项目评估工具（Programme assessment tool，SCF-UK）	专业实践（制定明确的目标、保护策略、照料计划，有回顾，照料有连续性） 个人照料（健康、卫生、休息、隐私、身份认同、控制和可选择性） ＊照料者（4） ＊资源（可获得性、有利健康） ＊管理（记录保存、保密、问责）	专业发展的规划和改善工具 宣传和政策制定工具	埃塞俄比亚、刚果、卢旺达、索马里、坦桑尼亚等 6 个国家

来源：Unesco（2007）*Strong Foundations：Early Childhood Education and Care：EFA Global Monitoring Report*. Table 8-2.

新西兰的玛格丽特·卡尔尝试着把儿童发展和课堂评估系统化。在表

11-2 我呈现了根据她的模型改编的一个版本。[①] 她叙述的学习故事跨越了儿童评估与项目评估之间的界限，她认为评估过程有 4 个阶段：描述儿童的学习故事（依据新西兰的课程），记录学习故事，和其他人一起讨论记录的内容，决定如何推进。

表 11-2 评估模式

假设	标准评估	创新性评估
目的	检查是否掌握了学校教授的技能	促进学习
结果	割裂的、去情境化的学校技能	学习品质，儿童有目的、能力和意愿去学习
干预重点	缺陷模式，确保弥补缺失的技能	能力模式，认可并强化儿童已有的品质
效度	客观评估	解释性观察，通过讨论达成一致意见
进步	儿童掌握必要的技能体系	儿童更多地参加活动
实施程序价值	检核表，受外部机构监视	学习故事，面向儿童、家庭和其他教师，也用于教师评估

来源：改编自 Margaret Carr（2001）*Assessment in Early Childhood Settings*：*Learning Stories*.

质量观念隐含的是我们对正在从事的工作的一些评估和总结。"评估和总结"是我们在有关质量的讨论中频繁使用的词。如美国儿童照料网络有一张光盘，名为《评估和总结：评估项目、主管、教师和儿童的工具和策略》（*Taking Stock*：*Tools and Strategies for Evaluating Programs*，*Directors*，*Teachers and Children*）。该光盘里含有 64 篇关于以下评估主题的文章。

- 你的组织健康吗？
- 你需要一个评估表评估组织的氛围吗？

---

① Carr，M.（2001）*Assessment in Early Childhood Settings*：*Learning Stories*. London：Sage，p. 3，Table 1. 1.

- 有无迹象表明你的组织增长过快？

- 专门委员会成员的 9 个问题：一个交流评估工具。

- 你的机构安全吗？你需要提出的 20 个问题。①

这些文章从项目评估、管理者评估延伸到儿童观察与评估。人气并不高的小册子《回顾：评估和提升早期学习和项目质量》（*Taking Stock：Assessing and Improving Early Childhood Learning and Program Quality*）是哥伦比亚大学沙伦·卡根领导的专家组的研究成果。他们指出，在美国不系统且贫乏的资源体系中开发测量和评估工具面临结构、概念、技术和资源的挑战。与上述流行的版本相反，专家组要求工具的信度和效度应达到最高标准。

> 各州应确保所有儿童和方案的评估都是有效和可靠的，符合心理测量的高标准，并且能够符合预期目的。数据分析和报告方法应采用最新方法，来准确和公平地记录方案的情况。如果条件允许，记录儿童评估和项目评估的相关信息。②

专家组指出，任何评估或测量都不能脱离实际：质量评估是在了解早期教育和保育质量体系及其背景的情况下进行的。早期教育服务的目标和组织必须保证评估是有价值的，否则没有办法进行比较或衡量。

这里还有一个印度版本的《评估和总结：分析早期教育和保育成本和收益的发展指标》（*Taking Stock：Developing Indicators for Analysing Costs and Benefits of Early Childhood Education and Care*）。这个手册是印度斯瓦米纳坦（M. S. Swaminathan）基金会在印度全国推行的一个项目的成果，由伯纳德·范里尔基金会资助。这也指出我们需要：

- 了解和重新定义发展指标中的多维概念。

---

① https：//secure. ccie. com/catalog/product_ info. php? products_ id＝5400127.

② Foundation for Child Development, Pew Charitable Trust and Joyce Foundation （2005）*Taking Stock：Assessing and Improving Early Childhood Learning and Program Quality. The Report of the National Early Childhood Accountability Task Force.* New York：Columbia University Press，p. 5.

- 列出开发和优化核算成本工具的可能性。
- 讨论在微观层面上进行成本核算的方法。
- 介绍在宏观层面进行成本分析的必要性。

这里，核算成本也是评估的组成部分，但指标的范围很广泛，包括项目指标、儿童指标、妇女和家庭相关的指标以及定性指标。这些工具中还包括一些在贫穷的国家很常见但很少在其他地方使用的参与性工具（participatory tools），如资源地图、社区/家庭地图/一日常规图、财富排名、时间线，以及其他更多的地方性工具，如恰巴提图。这些建议的工具比那些划分相对清晰的欧洲版本的工具更为兼容和彻底。[①]

儿童发展评估

如果评估的环境和背景有问题，那么儿童测量也有隐患。许多国家有基于教师的测量工具，即教师被要求通过一系列的变量评估学生的表现，就像前面提到的《儿童早期发展量表》这一工具。也有许多专业测试是由训练有素的专家（通常是心理学家）主导的。世界银行提供了目前正在使用的 32 种儿童评估测试的综合清单以及各种测试使用情况的整体介绍。[②] 这包括《贝利婴儿发展量表》（Bayley Scales of Infant Development，BSID）、《婴儿—学步儿社会情绪评估表》（Infant-Toddler Socio-Emotional Assessment，ITSEA）、《皮博迪图片词汇测试》（Peabody Picture Vocabulary Test）、《斯坦福—比奈智力测验》（Stanford-Binet Intelligence Test）和《韦氏儿童智力量表》（Wechsler Preschool and Primary Scales of Intelligence）等著名的、历史悠久的

---

① Swaminathan, M. (ed.) (2000) *Taking Stock*: *Developing Indicators for Analysing Costs and Benefits of Early Childhood Education and Care Report of a Brain Storming Workshop organized by Project Access.* Proceedings no. 35. Chennai, India: M. S. Swaminathan Foundation.

② Fernald, L., Kariger, P., Eagle, P. and Raikes, A. (2009) *Examining Early Child Development in Low Income Countries*: *A Toolkit for the Assessment of Children in the First Five Years of Life.* Washington, DC: World Bank. Available at http: //sitere-sources. worldbank. org/INTCY/Resources/395766 – 187899515414/ Examining_ ECD_ Toolkit_ FULL. pdf.

评估工具。这一清单还对在富裕国家开发的测试的普遍适用性和特异性提出了警告。它建议研究者不要把所有鸡蛋放在一个篮子里，而需要使用多种测试获得可靠的结果。

甚至还有针对儿童焦虑的化学测试。研究者测试儿童的压力荷尔蒙皮质醇水平作为儿童适应幼儿园环境的指示因素。据说这种荷尔蒙刺激具有不确定性，伴随着"需要全力警备和心理参与的无法预知的不可控事件"[1]。一些偏医学方向的研究者认为这种测试方法比任何心理指标都更为可靠。

这些测试主要用于诊断有行为问题的儿童，但第九章引述的《柳叶刀》的文章建议在贫穷国家广泛使用这些评估方法。他们认为这些测试应该用来论证早期教育干预的成功或失败。正是在这个基础上，世界银行发布了其清单。然而有些评论家认为这些评估工具虽然在社会中被使用和比较，但还是无法避免文化偏见。[2][3]

正如玛格丽特·卡尔提出的问题，对儿童进行测量究竟是为了了解很多有关儿童背景的信息，还是为了了解怎样——除了用最简单的方法鼓励儿童学习？这同时也引起了一个非常有争议但本书没有提及的问题，即怎样识别和解决残疾问题。

达到标准

我已经讨论了有关测量早期教育质量的一些观点。在每一个等级都有无数的质量测量工具，任何工具都需要你明确自己在做什么以及为什么这样做。另一方面，不要逃避测量和评估。问责（accountability）对儿童、父母、教

① Flinn, M. and Leone, D. (2009) 'Alloparental care and the ontogeny of glucocorticoid stress response among stepchildren.' In G. Bentley and R. Mace (eds) *Substitute Parents*: *Biological and Social Perspectives on Alloparenting in Human Societies*. Oxford: Berghahn, p. 268.

② Greenfield, P. (1997) 'You can't take it with you: Why ability assessments don't cross cultures.' *American Psychologist* 52 (10): 1115-1124.

③ Serpell, R. (2000) 'Intelligence and culture.' In R. J. Sternberg (ed.) *Handbook of Intelligence*. Cambridge: Cambridge University Press, pp. 549-577.

职工、政治家，甚至每一个人以及纳税人（即便对于早期教育服务成本来说微乎其微）都很重要。但问责制源于更基本的问题：早期教育服务的基本原理和目的、服务目标和对象以及组织方式等。我们应该可以问一个体系是否达到国家或国际标准，附近幼儿园的质量是否良好，以及儿童是否有良好的表现。

第十二章
质量链

我在本书尝试分析和总结有关早期教育和保育服务质量的观点。本书立足于多个理论基础，并采用一种国际比较的视野，而非简单地介绍几个国际案例。当然，我知道这些论述仍然存在诸多局限，因为早期教育和保育服务涉及的问题十分广泛和复杂。如果我有更多的时间、空间和金钱，或许我能够在此基础上做得更好。所以，我只做了一般意义上的论述。我在书中提出：政府在各个历史时期的作为和不作为造就了早期教育和保育服务质量框架，而质量框架是在更广泛的社会背景和经济结构下实施的。政策不仅具有可变性，还具有持久的连续性。

尽管在某种意义上，两个国家可能会被联系在一起，但不同国家拥有不同的历史和文化传统，可以说两个国家的历史和文化不可能是相像的。比如信奉新自由主义且以英语为母语的国家可能会出现政策相似的现象，而北欧的另一些国家则截然不同。众所周知，这就是不同问题下出现的社会政治集团的分化现象。

我的许多观点和实例都是站在国际或者国家层面的。我认为，探寻政府为什么投入并建立早期教育和保育的评估和审查机制是可能的，但这些原因很少得到认真研究。因为有时候，甚至很多情况下，价值观念和理论基础是不一致的，甚至相互矛盾，无法得到我们想要的结果。没有一个政府的行动是完全正确或合理的；在一个领域合理，但在另一个领域未必合理。任何政策或理论基础都存在一定的模糊性，只是有时看似错误，并表现出"政策黏性"。

我也尝试阐述这些政府实施早期教育和保育相关工作的过程。政策的实施是保障政策效果的关键。一些政策实施模式相对更有效。不幸的是，由于实施不到位，或者未能投入足够的资金，一些政策只不过是华丽的辞藻。正如经济合作与发展组织所指出的，管理至关重要。再就是要认识到，早期教育服务是根植于教育、健康、贫困、工作与家庭的协调等广泛的社会问题之中的。倘若将早期教育服务看作一项孤立的政策，它将不可能是有效的和高质量的。因此，高质量的早期教育和保育服务需要充分的法律法规制度、瞄准机制，此外，人力资源、确保弱势儿童的措施、持续有效的监管和审查评估体系以及足够的经费支持都是需要考虑在内的。

在一些奉行新自由主义传统的国家，早期教育和保育服务过分依赖于私有企业，因而政策遭到了严重的削弱。监管变得越来越重要，但矛盾的是，服务的标准并不能让人满意。与此同时，要将每一个人都纳入监管的范围，就会对监管体系提出更高的要求，耗资巨大。

以公认的国际标准为基础开展的国际比较发现，即使在考虑不同的背景因素之后，一些国家提供的早期教育和保育服务还是明显优于其他国家。虽然国家之间有很多相似、重叠的因素，但很难直接对不同国家的早期教育和保育服务进行比较。

本书试图从宏观层面解释社会和政府的作为与不作为如何影响早期教育和保育体系。脱离地方、国家和国际大背景，我们将无法全面认识和理解早期教育和保育。

在理想的情况下，政府履行所有应尽职责，确保早期教育和保育的发展（现实中极少政府能做到），给予早期教育机构一定的自主权。这对早期教育和保育会带来怎样的影响呢？

我在本书中主要聚焦于宏观层面的探讨，较少涉及微观层面，因为以往有关质量的讨论主要停留在微观层面的实践问题。如在科学课程中，扁豆和通心粉可否定义为大自然中的有生命的物体？① 在幼儿园之外，荨麻是否被人们视为一种有害于健康的植物？② 当然有一些非常严重的实践问题在书中未能涉及，最严重的就是：约有 1/6 的由于健康或其他背景原因而极度脆弱的儿童被排斥在早期教育和保育外，不管他们的脆弱是暂时的抑或是永久的，这种排斥每天都在发生。我们知道，各个阶层都有处境不利儿童，但贫困加剧了脆弱的程度。倘若脆弱的儿童有机会接受早期教育和保育，他们和他们的父母又将会受到怎样的对待？如何教育其他儿童关心和照料他们？或者用瑞典课程的话语来说，如何培养个体对弱势群体的共同责任？这个问题在某种程度上是良好实践的一个关键，也是任何保育和教育系统都会涉及的人道主义问题。它需要得到更多关注，也需要理智的讨论。对于儿童感染艾滋病毒和其他地方性疾病较多的国家来说，这是实现良好实践必须解决的一个重要问题。

尽管我强调了宏观层面的问题，但是我仍然坚持，我们不应该忽视儿童的小事。儿童的一天是由许多小的活动、事件和变化构成的，历来都待在熟悉的小团体里。进入机构接受教育和照料对他们而言是一种强烈冲击。社会生物学家约阿希姆·本塞尔（Joachim Bensel）说过这样一段话。

> 工业社会中多种"非母亲的"照料都是把儿童关进"笼子"里，儿童不情愿但无能为力。他们无法实现回到"有求必应"的主要依恋对象那里的愿望。当他们不能适应环境时，这种愿望会更加强烈，而照料质量是有限制的，儿童并不会把新的照料者作为其安全的港湾，尤其是拘谨胆怯的儿童更不会对其有好感，反而将其视为威胁。在这种养育环境下长大的儿童有着很强烈的分离焦虑，这必定不利于他们自身的发展。另一方面，对于那些有足够安全感的

---

① 如在使用《幼儿环境评量表》评估机构教育的质量时，就有讨论在班级活动中使用扁豆和法式小面包是否属于科学活动.

② 我曾经参观过一所幼儿园. 该园管理人员在花园角落发现荨麻后，出于健康和安全的考虑，立即向上级报告要求派人清理.

儿童，可以利用一个新的社会平台，获得在家中难以获得的宝贵经验。①

　　对于社会生物学家来说，人类的婴儿就像其他灵长类动物的婴儿一样，都是"依赖父母的个体"，他们与亲密的照料者一起度过童年早期，并需要丰富的触觉刺激以感受照料者的存在。在发达国家，触觉刺激在一定程度上被语言刺激所取代。成人不再按传统做法把儿童背在背上，成人与儿童一起睡觉也不被接受。以往在大家庭中，姑姑、姨、姐姐、表哥和奶奶等都可以提供照料，现在只有母亲是照料者，或者父亲提供一点帮助和支持。所以，从社会生物学角度来看，儿童在家里或在幼儿园获得的许多经验是"不自然的"。从概念上来说，早期教育是一种社会建构，但这尚未得到很好的阐述。

　　儿童当然具有非常强的适应能力，但是有关他们如何学会应对集体生活、什么样的集体生活是可能的以及如何达到集体生活和家庭生活的一致的讨论相当少。心理学家有相关研究，但研究很有限。如著名期刊《儿童发展》（*Child Development*）在 2003 年有一期是关于日托中心的，尽管这些文章密切关注了儿童的经验（应用了毫无瑕疵的科学方法），但绝大多数都忽视了宏观事件，并把机构教育视为一个亘古不变的现象，而非一个产品——尤其是在极端商业化的美国。② 而实现对质量的界定的关键在于结合宏观和微观的证据，但这的确是一项非常难做到的任务。

　　概括来说，我认为我们为儿童提供的教育安排还是相对新的、实验性的，虽然这些安排被普遍认为是经过深思熟虑的。不同国家的早期教育和保育存在诸多差异，所以从一种情境推广到其他情境时必须非常谨慎。虽然基于长期的观察和测验形成了某种共识或获得了一定的证据，任何一个国家的研究者都不能自认为发现了儿童经验的某种国际标准。在实践的细节和社会价值之间现在存在曲折漫长的质量链，并将一直存在。

---

　　① Bensel，J.（2009）'Separation stress in early childhood.' In G. Bentley and R. Mace（eds）*Substitute Parents：Biological and Social Perspectives on Alloparenting*. Oxford：Berghahn，p. 300.

　　② *Child Development* 2003（4）：969-1825.

儿童，即便是年龄最小的儿童，都不是模型和工具，不是某些商业计划中可以操纵的数据，或是某个公共政策文件的注解。任何有孩子的人都愿意看到自己的孩子得到认可，被鼓励成为健康、主动、有能力并融入社会的人。不能因为儿童顺从、脆弱，就把他们关进房间、过度教导或者边缘化他们。儿童需要有技能且富有爱心的人去照顾和教育他们，像他们的妈妈和其他家人一样爱护他们，使他们身心充分发展，成为行动者和学习者。

但仅有对质量的定义、调查、描述、分析——还有华丽的辞藻——是不够的。典型的问题应该是：如何不断提升质量？联合国儿童基金会因诺琴蒂研究中心提供了一个大致排名。如果有其他更好的数据提示儿童发展不良，那么，也许生活在缺乏统计和记录的国家的我们应该加以利用。为什么我们国家的儿童及其家庭表现比较差？如果数据结果清晰明了，那么决策者、实践工作者、研究人员或者父母是否有责任毫不犹豫地采取行动去改变？可以在许多不同的节点上施加压力，改变质量链：与儿童建立良好关系；就日常实践进行对话、回顾和反思；改善管理程序；制定更好的政策；影响政治过程；测量结果；分析趋势；培训那些在儿童身边工作的人，让他们变得更具实践性并具有自我反思能力。即使我们在质量链中如此微不足道，我们都应心怀愿景，了解正在发生的一切并努力去改变。

术　语

Abecedarian study，USA	美国启蒙者研究
accreditation	认证
adult（s）	成人
child-adult ratios	儿童—成人比例
child-adult communication	儿童—成人交流
role in learning	在学习中的角色
working spaces	工作空间
benefits of early education and care	早期教育和保育的收益
Bernard Van Leer Foundation	伯纳德·范里尔基金会
birth rates，low	低出生率
building design and awards	建筑设计和奖项
business model of leadership	商业模式的领导
Canada	加拿大
aboriginal communities,'cultural safety'	土著社区"文化安全"
measurement of quality（EDI）	质量测量
care assistants	保育人员
Catholic nursery education	天主教幼儿园教育

Chicago Child-Parent Centres study, USA	美国芝加哥儿童—家长中心研究
child development and learning	儿童发展与学习
context and culture	背景与文化
conversation	对话
practitioner understanding of	实践工作者的理解
quality practice	高质量实践
Childcare Acts (1989/2006), UK	英国《儿童照料法案》(1989/2006)
childcare workers	儿童照料工作者
Children's Act (2008), South Africa	南非《儿童法案》(2008)
children's rights	儿童权利
co-operative nurseries	联营幼儿园
collective model of leadership	集体模式的领导
'critical incidents' study	"关键事件"研究
cultural differences	文化差异
'distributed leadership'	分权领导
Diversity in Early Childhood and Training European Network (DECET)	儿童早期多样性与培训欧洲联盟
Early Childhood Development (ECD) agenda, South Africa	南非儿童早期发展计划
Early Childhood Environment Rating Scale (ECERS)	《幼儿环境评量表》
Early Development Instrument (EDI)	《儿童早期发展量表》
Effective Provision of Pre-School Education (EPPE), UK	英国学前教育有效性研究
embodiment and physicality	身体和肉体性
Employment, Social Affairs and Equal Opportunities EU directorate (DG5)	欧盟就业、社会事务与平等机会管理局
European Commission (EC)	欧盟委员会

European Union（EU）　　　　　　　　　　欧盟

  comparison of services　　　　　　　　　早期教育比较

  policy rationales　　　　　　　　　　　政策的理论基础

  Statistics on Income and Living Conditions　　收入与生活条件统计

  （EU-SILC）

fair trade nurseries　　　　　　　　　　互惠幼儿园

for-profit services　　　　　　　　　　营利性儿童照料机构

gender perspective　　　　　　　　　　性别观念

Head Start，USA　　　　　　　　　　　美国提前开端项目

health care and outcomes　　　　　　　　健康照料与结果

  Lancet articles　　　　　　　　　　　《柳叶刀》的文章

High Scope，USA　　　　　　　　　　　美国高瞻项目

home environment　　　　　　　　　　家庭环境

human capital theory　　　　　　　　　人力资本理论

in-service training　　　　　　　　　　在职培训

individuality　　　　　　　　　　　　个体性

inequality　　　　　　　　　　　　　不平等

  market economics　　　　　　　　　　市场经济

intellectual property　　　　　　　　　智力资源

international perspectives　　　　　　　国际视野

International Standard Classification of Ed-　国际教育标准分类

  ucation（ISCED）

investment rationales　　　　　　　　　投资的理论基础

Joint Learning Initiative on Children and　　儿童与种族多样性联合学习项目

  Ethnic Diversity（JLICED）

on embodiment and physicality	异化和自然化
New Zealand	新西兰
Te Whariki	《国家早期教育课程框架》
Ofsted	英国教育标准局
Organization for Economic Cooperation and Development（OECD）	经济合作与发展组织
Babies and Bosses report	《婴儿与老板》报告
curricula studies	课程研究
inequality report	关于不平等的报告
international research issues	国际研究问题
league table	排行榜
staff issues	师资问题
Starting Strong report	《强力开端》报告
parental involvement	家长参与
Perry High Scope study，USA	美国佩里高瞻项目研究
playgroup movement，UK	英国游戏小组运动
poor quality and investment rationale	低质量与投入的理论依据
postmodernist perspectives	后现代主义观点
poverty	贫困
social inclusion and mobility	社会融合与流动
vulnerable children	脆弱儿童
public-funded services	公立机构
expenditure，OECD countries	OECD 国家公立机构支出
local authority provision	地方政府办早期教育机构
and private nurseries	私立幼儿园
subsidies and taxation	补助与税收
quality chain	质量链

ethnicity/migration	种族/移民
working practices and conditions	工作实践与条件
financial contribution	经济贡献
workplace learning	在职学习

出版　人　李　东
责任编辑　王春华
版式设计　孙欢欢
责任校对　贾静芳
责任印制　叶小峰

图书在版编目（CIP）数据

早期教育质量：国际视角／（英）海伦·佩恩
（Helen Penn）著；潘月娟，杨晓丽，宋贝朵译 . —北
京：教育科学出版社，2017.9（2022.2 重印）
书名原文：Quality in Early Childhood Services：
An International Perspective
ISBN 978-7-5191-0774-1

Ⅰ.①早…　Ⅱ.①海…②潘…③杨…④宋…
Ⅲ.①早期教育—教育质量—研究　Ⅳ.①G61

中国版本图书馆 CIP 数据核字（2017）第 250820 号
北京市版权局著作权合同登记号：01-2016-1384 号

早期教育质量：国际视角
ZAOQI JIAOYU ZHILIANG：GUOJI SHIJIAO

出版发行	教育科学出版社				
社　　址	北京·朝阳区安慧北里安园甲 9 号	市场部电话	010-64989572		
邮　　编	100101	编辑部电话	010-64989395		
传　　真	010-64989419	网　　址	http://www.esph.com.cn		
经　　销	各地新华书店				
制　　作	北京金奥都图文制作中心				
印　　刷	保定市中画美凯印刷有限公司				
开　　本	720 毫米×1020 毫米　1/16	版　　次	2017 年 9 月第 1 版		
印　　张	15.5	印　　次	2022 年 2 月第 2 次印刷		
字　　数	207 千	定　　价	40.00 元		

如有印装质量问题，请到所购图书销售部门联系调换。

Quality in Early Childhood Services: An International Perspective

By Helen Penn

ISBN: 033522878X

Copyright© Helen Penn 2011

All Rights reserved. No part of this publication may be reproduced or transmitted in any form or by any means, electronic or mechanical, including without limitation photocopying, recording, taping, or any database, information or retrieval system, without the prior written permission of the publisher.

This authorized Chinese translation edition is jointly published by McGraw-Hill Education and Educational Science Publishing House. This edition is authorized for sale in the People's Republic of China only, excluding Hong Kong, Macao SAR and Taiwan.

Copyright© 2017 by McGraw-Hill Education and Educational Science Publishing House.

版权所有。未经出版人事先书面许可，对本出版物的任何部分不得以任何方式或途径复制或传播，包括但不限于复印、录制、录音，或通过任何数据库、信息或可检索的系统。

本授权中文简体字翻译版由麦格劳-希尔（亚洲）教育出版公司和教育科学出版社合作出版。此版本经授权仅限在中华人民共和国境内（不包括香港特别行政区、澳门特别行政区和台湾）销售。

版权© 2017 由麦格劳-希尔（亚洲）教育出版公司与教育科学出版社所有。

本书封面贴有 McGraw-Hill Education 公司防伪标签，无标签者不得销售。